José de Alencar aos 32 anos

Capa: Caricatura de José de Alencar alusiva à proibição da peça *As Asas de um Anjo*.

José de Alencar e o Teatro

Coleção Estudos
Dirigida por J. Guinsburg

Equipe de realização – Revisão: João Roberto Faria; Produção: Plinio Martins Filho.

*obra publicada
em co-edição com a*
EDITORA DA UNIVERSIDADE DE SÃO PAULO

Reitor: José Goldemberg
Vice-reitor: Roberto Leal Lobo e Silva Filho

EDITORA DA UNIVERSIDADE DE SÃO PAULO

Presidente: José Carneiro. Membros: Alfredo Bosi, Antônio Brito da Cunha, José E. Mindlin e Oswaldo Paulo Forattini

João Roberto Faria

JOSÉ DE ALENCAR E O TEATRO

EDITORA PERSPECTIVA

EDITORA DA UNIVERSIDADE DE SÃO PAULO

Dados de Catalogação na Publicação (CIP Internacional Câmara Brasileira do Livro, SP, Brasil)

Faria, João Roberto, 1952 –
  José de Alencar e o teatro /João Roberto Faria.
  São Paulo : Perspectiva : Editora da Universidade de São Paulo, 1987.

(Coleção estudos ; 100)

Bibliografia

1. Alencar, José de, 1829–1877 2. Alencar, José de, 1829–1877 – Crítica e interpretação 3. Teatro – Brasil – História 4. Teatro brasileiro – História e crítica I. Título II. Série.

CDD–869.9209
  –792.0981
  –928.699

87–1959

Índices para catálogo sistemático:

1. Brasil : Escritores : Biografia 928.699
2. Brasil : Teatro : História e crítica : Artes de representação 792.0981
3. Teatro : Literatura brasileira : História e crítica 869.9209

EDITORA PESPECTIVA S.A.
Av. Brigadeiro Luís Antônio, 3025
01401 – São Paulo – SP – Brasil
Telefones: 885-8388/885-6878
1987

Sumário

AGRADECIMENTOS	XI
ABREVIATURAS UTILIZADAS	XII
PREFÁCIO – Décio de Almeida Prado	XIII
INTRODUÇÃO	XVII
1. TEATRO AO CORRER DA PENA	1
2. IDÉIAS SOBRE TEATRO	13
3. *O RIO DE JANEIRO, VERSO E REVERSO*	25
4. *O DEMÔNIO FAMILIAR*	37
5. *O CRÉDITO*	55
6. *AS ASAS DE UM ANJO/A EXPIAÇÃO*	73
7. *MÃE*	97
8. CONTRIBUIÇÃO À ÓPERA NACIONAL/ DESAVENÇA COM JOÃO CAETANO	111
9. *O QUE É O CASAMENTO?*	123
10. A "QUESTÃO GUARANI"	137
11. *O JESUÍTA*/MANUSCRITOS INACABADOS	153
12. O PERCURSO REVISTO	171
BIBLIOGRAFIA	175

Agradecimentos

A versão original deste livro foi apresentada como dissertação de mestrado à Faculdade de Filosofia, Letras e Ciências Humanas da Universidade de São Paulo e aprovada em maio de 1982.

A presente publicação traz ligeiras modificações que me foram sugeridas por leitores pacientes e amigos, aos quais sou profundamente grato. São eles os professores José Aderaldo Castello e Jacó Guinsburg, que fizeram parte da banca examinadora, Beth Brait, Denise Guimarães, Marilene Weinhardt, Marta Morais da Costa, Paulo Franchetti e Rosse Bernardi. A José Luís da Veiga Mercer, agradeço a revisão gramatical do texto; a Flávio Aguiar, a doação de um exemplar de sua tese de doutoramento, cujo assunto é o teatro de Alencar; a Fábio Freixieiro, a presteza com que me atendeu no Museu Histórico Nacional, onde realizei boa parte da pesquisa. Por fim, dirijo um agradecimento especial a Décio de Almeida Prado. O apoio constante do amigo e a orientação segura do professor foram estímulos que jamais me faltaram nos momentos de cansaço e dúvida. Dedico-lhe, pois, com afeição, este trabalho que tanto deve às suas sugestões.

Abreviaturas Utilizadas

ACB – José de Alencar, *A Comédia Brasileira*. In: *Obra completa*. Rio de Janeiro, Aguilar, 1960. v. 4.
ACP – José de Alencar, *Ao Correr da Pena*. Idem.
EL – José de Alencar, *Ensaios Literários – As Asas de um Anjo*. Idem.
CT – Machado de Assis, *Crítica Teatral*. Rio de Janeiro, Jackson, 1942, v. 30.
JC – Décio de Almeida Prado, *João Caetano*. São Paulo, Perspectiva, 1972.
PAN – Afrânio Coutinho (org.), *A Polêmica Alencar-Nabuco*. Rio de Janeiro, Tempo Brasileiro, 1965.

Prefácio

Os bons livros de crítica, a exemplo dos bons romances e das boas peças de teatro, têm sempre um certo enredo – aquilo que Aristóteles, na *Poética*, chama de princípio, meio e fim. Não queria ele dizer, obviamente, que as obras literárias começam, passam por um estágio intermediário e terminam. Mas que existe nelas uma ordem interna necessária, que as faz crescer até atingir a plenitude, além da qual só restam o fenecimento e a extinção.

Em livros semibiográficos, como estes, essa ordenação é feita pelo tempo, que sabe tecer igualmente os seus enredos. Não deixa de ser patético acompanhar pelas mãos de João Roberto Faria a carreira dramática de José de Alencar, dos primeiros triunfos aos últimos dissabores. É uma história, como tantas outras no teatro brasileiro, de *great expectations*, cedo desmentidas pelos fatos.

O Romantismo sonhara com as grandes causas, a independência nacional, a liberdade de pensamento, a fusão de raças, tudo projetado sobre um passado entre mítico e histórico. O Realismo, escola dúbia, de transição, preparatória do Naturalismo que a sucederia e a aniquilaria, não só reconduz o teatro ao presente e restabelece a distinção entre drama e comédia, abolida em teoria por Victor Hugo no *Prefácio do Cromwell*, como restringe o foco em dois sentidos: formalmente, tende a encurtar de novo o espaço e o tempo, embora sem se restringir, obrigatoriamente, às unidades clássicas; socialmente, já não contempla a nação como um todo, substituindo-a, de preferência, pela família (a burguesa naturalmente), escolhida por constituir-se na célula mater da sociedade.

Alencar vai ser entre nós, durante cinco anos aproximadamente, de 1857 a 1862, o principal arquiteto dessa suposta ruptura, que nunca chega a se efetivar. Não se lhe pode negar, de início, uma das qualidades fundamentais do grande escritor: o desejo de ser grande. Ambição artística, confiança nas próprias forças, é o que não lhe falta. Ele quer nada menos do que renovar o teatro brasileiro, que mal existe, modernizando-o, pondo-o ao nível da dramaturgia européia mais avançada. E, ao fazê-lo, reformar ao mesmo tempo a sociedade brasileira, livrando-a de suas taras e contradições ao reafirmar no palco os valores ideais da moral burguesa. Tratava-se, no fundo, de não conceder ao dinheiro (entidade reconhecidamente anti-romântica) mais ou menos do que ele merece, como peça indispensável da engrenagem moderna, e de sanar a sexualidade, tanto a masculina quanto a feminina, já que ambas se conjugam, saindo dos trilhos quando não giram em torno da família. Um terceiro item, abordado menos diretamente, seria a liberação gradual dos escravos, levada a efeito pela iniciativa particular (como já se vinha fazendo, timidamente e por motivos econômicos, no Ceará, província natal do escritor).

A nacionalização da literatura dramática pode ser considerado o ponto central do esforço doutrinário de Alencar, já que ele, pela prédica e pelo exemplo, acabou abrindo caminho a um número apreciável de jovens compatriotas seus que intentavam ingressar nos palcos cariocas, até então quase vedados a brasileiros. Mas, paradoxalmente, numa contradição que está na base da nossa cultura, esse passo adiante em direção à independência dramatúrgica só se completaria, segundo ele, pela adoção das mais recentes invenções de Paris, nosso constante modelo em todo o século XIX. As farsas nativamente singelas, ou toscas, de Martins Pena deveriam ser deixadas de lado porque o progresso, por definição, teria de vir do alto, não de baixo, dos que se achavam acima de nós, não dos que se contentavam com as nossas limitadas proporções. Ao Brasil como ele é do autor de *O Juiz de Paz da Roça*, Alencar opunha o Brasil como deveria ser, um Brasil de seriedade nos negócios, dedicação ao trabalho, amor entre cônjuges, sem usurários, especuladores, esposas adúlteras, caçadores de dotes, cortesãs, e com escravos restituídos ao plano moral pelo exercício da liberdade e da cidadania. A preocupação normativa, conseqüência talvez de sua formação jurídica, agravada ainda mais pelo alto teor moralizante do chamado teatro realista francês, torna-o um caso típico de escritor vitimado pelo excesso de boas intenções. Se ele parece freqüentemente moderno, como se verá neste livro, é mais pelas questões que coloca, com notável amplitude de vista, que pelas respostas fornecidas por seu teatro, preso em demasia à época e ao meio, de burguesia aristocratizante, que lhe deu origem.

A dramaturgia alencarina, merecidamente, é das mais bem estudadas do nosso teatro. João Roberto Faria retoma-a para completar e sedimentar o retrato, não para lhe alterar as linhas fundamentais. O que se adivinhava antes, comprova-se ou desmente-se agora. O que se desconhecia surge à luz com efeitos às vezes surpreendentes. Nada mais engraçado, por exemplo, do que uma versão dramática de *O Guarani*, autorizada por Alencar depois de penosas idas e vindas, com trechos intercalados da ópera de Carlos Gomes e um aparato mirabolante emprestado à *féerie* francesa (traduzido por "mágica" em português), em que trabalhavam antes a imaginação e a habilidade dos cenógrafos, citados nominalmente, do que os atores ou a massa colossal dos figurantes (duzentas e cincoenta pessoas no palco). É um dado concreto, que fala com eloqüência sobre o teatro tal como de fato existia no Rio de Janeiro de 1874, aquele que atraía multidões e se pagava. Alencar, ironicamente, recebia por fim a consagração da bilheteria, graças a dois adaptadores menos fiéis ao espírito do seu romance do que hábeis manipuladores da carpintaria cênica, um dos quais, Visconti Coaracy, pai do escritor Vivaldo Coaracy, legou-nos em tom humorístico um dos poucos testemunhos pessoais sobre os atores brasileiros da segunda metade do século XIX. É dele, sob pseudônimo, a autoria da *Galeria Teatral*, editada em 1884.

O método empregado em *José de Alencar e o Teatro* consiste em mergulhar cada espetáculo no dia-a-dia da vida teatral carioca – e não havia praticamente outra em terras de Santa Cruz –, relacionando-os com a censura (quando não diretamente com a polícia), com críticas benévolas ou malévolas, com incidentes ligados a direitos autorais, e, acima de tudo, com as numerosas polêmicas, não destituídas de acidez, alimentadas pelo temperamento suscetível e combativo do escritor cearense.

Tal confronto com realidades um tanto alheias à pureza literária, possibilitado pela pesquisa em jornais e revistas do período, pesquisa sempre das mais trabalhosas e realizada com tal rigor pela primeira vez, rende ao autor uma visão muito acurada do que significaram no momento as peças, proporcionando-lhe ainda como bônus um número não pequeno de inéditos, artigos e notas publicadas na imprensa, onde permaneceram esquecidos.

João Roberto Faria, neste livro de estréia, revela-se já um excelente narrador – visto que nas obras críticas, repito, também há ou pode haver enredo –, claro, fluente, conciso, seguro ao colocar em seus devidos lugares tanto as análises críticas, próprias ou alheias, como as citações, estas diversificadas, bebidas em várias fontes, relativas ora a Alencar, ora ao teatro, ora à literatura em geral. Tudo vem a seu tempo e hora. Os autores teatrais franceses chamavam a essa arte de *numérotage*: saber numerar as cenas da peça, das primeiras às últimas, decidindo de antemão onde e quando devia entrar determinada personagem ou determinado episódio, de maneira que a ação caminhasse sem tropeços, movida como por si mesma. *José de Alencar e o Teatro* parece-me perfeito por esse lado. Embora a cronologia facilitasse-lhe em parte a tarefa, servindo-lhe de espinha dorsal, a verdade é que esta acaba por apagar-se sob uma rede bem articulada de informações e reflexões.

As opiniões do autor, optando por uma entre diversas interpretações já aventadas ou dando destaque ao que não fora ainda observado, brotam assim sem esforço aparente, impondo-se pelo equilíbrio do julgamento, não pela busca da originalidade. Tal gênero de crítica, modesta, não enamorada de si própria, evita com elegância alguns dos percalços do pensamento e da escrita universitária, como sejam a análise exaustiva, que se torna exaustiva igualmente para o leitor, e a mania interpretativa, que, em vez de ajudar, dificulta não raras vezes o acesso à obra questionada.

Não há, na história literária, estudos definitivos. Por um lado, quanto mais penetramos no futuro, melhor conhecemos o passado, uma vez que a ciência percorre o tempo nos dois sentidos. Por outro, a crítica, sendo uma invenção permanente, não admite limites. O que se pode assegurar sobre este livro, portanto, é que, de acordo com os conhecimentos atuais, ele diz a última palavra sobre as tempestuosas relações, de amor mal correspondido, travadas entre José de Alencar e o teatro. Exatamente como promete o título.

DÉCIO DE ALMEIDA PRADO

Introdução

Em 1873 José de Alencar escreveu uma pequena e interessante autobiografia – *Como e Porque sou Romancista* – que se tornou leitura obrigatória para os seus críticos e biógrafos. A certa altura dessa obra afirmou:

> Outros romances é de crer que sucedessem a *O Guarani* no folhetim do *Diário*, se meu gosto não se voltasse então para o teatro. De outra vez falarei da feição dramática de minha vida literária, e contarei como e por que veio-me essa fantasia[1].

Como se sabe, *O Guarani* foi originalmente publicado em forma de folhetim no *Diário do Rio de Janeiro*, nos primeiros meses de 1857. Mas a partir desse ano e durante os outros quatro seguintes Alencar dedicou-se quase que exclusivamente ao teatro, tendo escrito sete peças – *O Rio de Janeiro, Verso e Reverso; O Demônio Familiar; O Crédito; As Asas de um Anjo; Mãe; O Jesuíta; O que é o Casamento?* – e um libreto de ópera – *A Noite de S. João*. Em 1865, já afastado do teatro, escreveu *A Expiação*, sua última peça, a única, diga-se de passagem, que nunca foi encenada.

Nosso objeto de estudo é, pois, a produção teatral de Alencar. Além disso, considerando que ele não cumpriu a promessa de relatar "como" e "por que" foi dramaturgo, pretendemos também caracterizar a "feição dramática" da sua vida literária. Desse modo, este trabalho desenvolve-se em torno de dois objetivos básicos: *analisar as peças de Alencar e reconstruir a sua trajetória como dramaturgo*.

---

1. ALENCAR, José de. *Obra completa*. Rio, Aguilar, 1965, v. 1., p. 119.

Definidos os objetivos, não custa dizer que a importância de Alencar no quadro geral da literatura brasileira os justifica. Passemos então a explicitá-los. Inicialmente, é preciso lembrar que os biógrafos do escritor pesquisaram muito mais a vida do romancista e político do que a do dramaturgo. Dentre todos, apenas R. Magalhães Júnior abordou mais demoradamente o seu envolvimento com o teatro, embora com equívocos e omissões lamentáveis, na obra *José de Alencar e sua Época*, publicada em 1971. Diante da pobreza de dados relativos à faceta de Alencar que nos interessava, logo nos convencemos de que a pesquisa nas fontes, isto é, em jornais antigos do Rio de Janeiro e em arquivos, era o único caminho para traçarmos o perfil biográfico do dramaturgo. O leitor perceberá que a maior parte da pesquisa feita em jornais foi dedicada aos anos que vão de 1855 a 1862, período em que Alencar esteve mais ligado ao teatro e viu quase todas as suas peças encenadas. Mas igualmente nos empenhamos em relação aos anos de 1870, 74 e 75, visto que o espetáculo de ópera *Il Guarany*, a encenação de uma adaptação teatral do romance *O Guarani* e a representação de *O Jesuíta* foram eventos relacionados com a vida teatral do nosso autor. Quanto aos arquivos, os mais importantes para este trabalho foram o da Seção de Manuscritos da Biblioteca Nacional e, principalmente, o do Museu Histórico Nacional.

A pesquisa que realizamos, além de servir para a descrição da carreira de dramaturgo de Alencar, preenchendo uma lacuna deixada por ele mesmo e por seus biógrafos, foi fundamental para o estudo crítico das peças, pois nos possibilitou apreendê-las nas circunstâncias histórico-sociais e culturais em que foram escritas e encenadas. Neste trabalho não há, portanto, análises efetuadas do ponto de vista exclusivamente formal. Preocupamo-nos evidentemente com os processos de estruturação interna das peças, para podermos emitir juízos de valor, mas procuramos estudá-las em consonância com a situação do teatro no Brasil entre 1855 e 1875 e, por vezes, com as transformações sócio-econômicas pelas quais o país passou a partir de 1850, com a extinção do tráfico de escravos.

1. Teatro ao Correr da Pena

O interesse de Alencar pelo teatro não parece ser posterior ao aparecimento do romance *O Guarani*, como sugere a cronologia da sua vida e obra. Pelo menos dois acontecimentos anteriores à representação da sua primeira peça, *O Rio de Janeiro, Verso e Reverso*, em outubro de 1857, devem ser levados em conta para se compreender melhor a sua inclinação para o gênero dramático: o ingresso no *Correio Mercantil*, como folhetinista, em setembro de 1854, e a criação do Teatro Ginásio Dramático, em março de 1855, pelo empresário Joaquim Heleodoro Gomes dos Santos.

Como folhetinista de um órgão importante da imprensa fluminense, Alencar não podia deixar de freqüentar assiduamente os teatros, sob pena de se ver privado de um dos assuntos mais palpitantes da vida cultural brasileira no Segundo Reinado. O contato permanente com a situação teatral da época fê-lo perceber logo a estagnação a que estava submetida a cena nacional, sufocada de um lado pela ópera italiana, no Teatro Lírico Fluminense, e de outro pelos *vaudevilles* e melodramas franceses e portugueses, no São Pedro de Alcântara. Esses dois edifícios eram os únicos no Rio de Janeiro que funcionavam regularmente em fins de 1854. Para se ter uma idéia dos seus repertórios nessa época, basta uma rápida passada de olhos nos anúncios de espetáculos dos jornais. No Lírico, as cantoras Casaloni e Charton dividiam os aplausos e as pateadas dos diletantes, representando óperas de Rossini (*O Barbeiro de Sevilha, Semíramis*), Verdi (*O Trovador, Ernani*) e Bellini (*Os Puritanos, A Sonâmbula*), entre outros. No São Pedro, João Caetano, empresário e primeiro ator, sem se preocupar com a renovação e atualização do repertório da sua companhia dramática, repetia velhas comédias e alguns sucessos da sua carreira: *A Nova Castro*, de João Batista Gomes Júnior; *Os Dois Renegados*, de José da Silva Mendes Leal; *Antonio José ou O Poeta e a Inquisição*, de Gonçalves de Magalhães; *A Gargalhada*, de Jacques Arago; *D. César de Bazan*, de Anicet Bourgeois e Dumanoir; *A Dama de S. Tropez*, de Bourgeois e Adolphe Dennery.

Alencar via esse quadro com desalento:

> A única cena onde se representa em nossa língua ocupa-se com *vaudevilles* e comédias traduzidas do francês, nas quais nem o sentido nem a pronúncia é nacional.
>
> Deste modo ficamos reduzidos unicamente ao teatro italiano, para onde somos obrigados, se não preferirmos ficar em casa, a dirigirmo-nos todas as noites de representação, quer *cante* a Casaloni, quer *encante* a Charton, quer *descantem* as coristas. Tudo é muito bom, visto que não há melhor (*ACP*, p. 685).

Não passou despercebido a Alencar o processo de desnacionalização que vitimava o teatro brasileiro, pobre de textos dramáticos e de bons atores. Nasciam nesse momento as suas primeiras preocupações acerca da necessidade de criação de um autêntico teatro nacional. E intuindo talvez que a renovação cênica normalmente antecede a dramatúrgica, propunha, como primeiro passo, a criação de uma escola de arte dramática que viesse suprir a falta de bons artistas. Tal tarefa, no entanto, só poderia ser levada a cabo pelo único ator talentoso e de larga experiência que tínhamos: João Caetano. Assim pensava Alencar, a despeito das restrições que fazia ao famoso ator. No folhetim de 19 de novembro de 1854 expôs o seu ponto de vista:

> Em São Pedro de Alcântara o aparecimento de João Caetano produziu uma noite de entusiasmo e um novo triunfo para o artista distinto, único representante da arte dramática no Brasil.
>
> Infelizmente as circunstâncias precárias do nosso teatro, ou outras causas que ignoramos, não têm dado lugar a que João Caetano forme uma escola sua, e trate de elevar a sua arte, que no nosso país ainda se acha completamente na infância.
>
> É a este fim que deve presentemente dedicar-se o ator brasileiro. Sua alma já deve estar saciada destes triunfos e dessas ovações pessoais, que são apenas a manifestação de um fato que todos reconhecem. Como ator, já fez muito para sua glória individual; é preciso agora que como artista e como brasileiro trabalhe para o futuro de sua arte e para o engrandecimento do seu país.
>
> Se João Caetano compreender quanto é nobre e digna de seu talento esta grande missão, que outros, antes de mim já lhe apontaram; se, corrigindo pelo estudo alguns pequenos defeitos, fundar uma escola dramática que conserve os exemplos e as boas lições do seu trabalho e a sua experiência, verá abrir-se para ele uma nova época.
>
> O Governo não se negará certamente a auxiliar uma obra tão útil para o nosso desenvolvimento moral; e, em vez de vãs ostentações, de coroas e de versos que se procuram engrandecer unicamente pelo assunto, terá o que lhe tem faltado até agora, o apoio e a animação da imprensa desta corte.
>
> Uma das coisas que têm obstado a fundação de um teatro nacional é o receio da inutilidade a que será condenado este edifício, com o qual decerto se deve despender avultada soma. O Governo não só conhece a falta de artistas, como sente a

dificuldade de criá-los, não havendo elementos dispostos para esse fim (*ACP*, pp. 684-685).

João Caetano não ignorou a reivindicação que era de Alencar e da imprensa da época. Mas fê-lo muito tarde. No acervo do Instituto Histórico e Geográfico Brasileiro há uma cópia de um plano de Escola Dramática elaborado pelo ator em julho de 1857. Informa-nos, todavia, Décio de Almeida Prado, que esse projeto, apresentado ao Governo, foi rapidamente arquivado (*JC*, p. 160). Em 1862 João Caetano faria nova tentativa, enviando ao Marquês de Olinda, Presidente do Conselho de Ministros, uma "Memória", na qual solicitava do Governo manutenção integral de uma escola e uma companhia dramática. Também esse pedido não teve resposta.

Alencar não poupou críticas ao individualismo e, conseqüentemente, à falta de sentimento nacionalista de João Caetano. É de admirar a ousadia das suas observações e o modo pelo qual exigiu do experimentado ator um comprometimento maior com o seu país. Afinal, não passava de um jovem e desconhecido folhetinista. Mesmo assim, não hesitou em tocar numa questão tão delicada quanto a do nacionalismo e em apontar a João Caetano "alguns pequenos defeitos" que podiam ser corrigidos pelo estudo. Não é difícil de se perceber nessas palavras a crítica um tanto velada ao estilo de interpretação do autor das *Lições Dramáticas*, grandioso, eloqüente, exagerado, como convinha aos heróis das peças do seu repertório, uma mistura de tragédias neoclássicas, dramas românticos e melodramas. Alencar, nesse momento, partilha com toda uma nova geração de intelectuais as idéias recentes sobre teatro que vinham da França. O realismo teatral iniciado por Alexandre Dumas Filho em 1852, com *A Dama das Camélias*, propunha uma representação natural, espontânea, sem lances cediços. João Caetano, formado nas velhas escolas neoclássica e romântica, já não agradava aos espíritos mais jovens.

A criação do Teatro Ginásio Dramático, em março de 1855, pelo empresário Joaquim Heleodoro Gomes dos Santos, foi, de certa forma, uma resposta ao anacronismo do São Pedro de Alcântara. Tendo como ensaiador Emílio Doux, que passara por palcos franceses e portugueses, a nova empresa logo acolheria peças do repertório moderno de Paris, sobretudo do teatro *Gymnase-Dramatique*, reduto dos dramaturgos realistas. O primeiro espetáculo do Ginásio, realizado a 12 de abril, apresentou um drama em dois atos de Scribe, *Um Erro*, e a ópera-cômica em dois atos *O Primo da Califórnia*, de Joaquim Manuel de Macedo. A imprensa saudou a estréia com entusiasmo, menos pelo valor das peças representadas ou pelo trabalho dos atores do que pela esperança de renovação do teatro brasileiro. Alencar, "ao correr da pena", exprimia essa opinião:

E isto vem a propósito, agora que a nova empresa do Ginásio Dramático se organizou, e promete fazer alguma coisa a bem do nosso teatro.

Assistimos quinta-feira à primeira representação da nova companhia no Teatro de São Francisco: foi à cena um pequeno drama de Scribe e a comédia do Dr. Macedo.

Embora fosse um primeiro ensaio, contudo deu-nos as melhores esperanças; a representação correu bem em geral, e em algumas ocasiões excelente.

O que resta, pois, é que os esforços do Sr. Emílio Doux sejam animados, que a sua empresa alcance a proteção de que carece para poder prestar no futuro alguns serviços.

Cumpre que as pessoas que se acham em uma posição elevada dêem o exemplo de uma proteção generosa à nossa arte dramática. Se elas a encorajarem com a sua presença, se a guiarem com os seus conselhos, estou certo que em pouco tempo a pequena empresa que hoje estréia se tornará um teatro interessante, no qual se poderão ouvir alguns dramas originais e passar-se uma noite bem agradável (*ACP*, pp. 760-761).

Amparado pelos folhetinistas da imprensa fluminense, em pouco tempo o Ginásio conquistou boa parcela do público freqüentador de teatros. A contribuição de Alencar, nesse sentido, foi decisiva. Com certa sutileza ele colocou a nova companhia sob a proteção das suas "amáveis leitoras", que por amor à arte "não deixariam de olhar com bons olhos para esse seu protegido". Todas as moças que se debruçavam nas balaustradas dos camarotes pertenciam às melhores famílias e eram gentis e belíssimas aos olhos do folhetinista; o clima era de jovialidade e alegria; não havia lugar no Rio de Janeiro onde se passasse uma noite mais agradável. Com esses ingredientes Alencar procurou atrair para o Ginásio uma platéia regular, a fim de que a nova empresa não sucumbisse por falta de recursos financeiros.

Durante os seis primeiros meses de trabalho, o repertório do Ginásio compôs-se quase que exclusivamente de comédias e dramas de Scribe, traduzidos pela atriz portuguesa Maria Velutti, cujos encantos, diga-se de passagem, certamente contribuíram para o surgimento da nova empresa teatral. Mulher bonita e inteligente, viveu em Lisboa até os vinte anos de idade, onde, segundo Sousa Bastos, "a sua formosura estonteou a cabeça a muitos. Foi amante de um ator distinto e de vários escritores, entre eles, Garrett"[1]. Com uma formação acima da média – sabia perfeitamente o francês e o italiano –, chegou ao Brasil em 1847 e, depois de algum tempo, começou a trabalhar na companhia de João Caetano. Conta Múcio da Paixão que uma "desinteligência" havida entre o empresário e a atriz foi "a causa que levou o capitalista Joaquim Heleodoro Gomes dos Santos a montar uma empresa dramática no Teatro Ginásio, no ano de 1855"[2]. Romance à parte, importa observar que a opção pelas peças de Scribe foi bastante feliz. Em primeiro lugar, porque seria impossível para a companhia nascente competir com João

---

1. BASTOS, Antonio de Sousa. *Carteira do Artista*. Lisboa, J. Bastos, 1898, p. 441.
2. PAIXÃO, Múcio da. *O Teatro no Brasil*. Rio, Brasília Ed., 1936, pp. 185-186.

Caetano no terreno da tragédia neoclássica ou do melodrama e, em segundo, porque apresentava à platéia fluminense um repertório mais leve, anti-romântico, que exigia inclusive um estilo de representação menos eloqüente, mais natural, diferente portanto do utilizado no São Pedro de Alcântara. A esse respeito, aliás, vale a pena transcrever um trecho de um folhetim anônimo, publicado no *Diário do Rio de Janeiro*, a 5 de agosto de 1855. Após felicitar o Ginásio pela contratação do ator Martinho Corrêa Vasques, diz o cronista: "Este ator, de tão reconhecido mérito é sinceramente uma boa fortuna para aquele teatro. Esperamos contudo que se não deixe levar por certas exagerações, filhas de uma escola já hoje anacrônica e ridícula, para se entregar francamente aos grandes recursos que lhe fornece o seu talento e naturalidade". A referência implícita ao tipo de teatro que se fazia no São Pedro de Alcântara deixa bem claro que os jovens intelectuais viam no trabalho do Ginásio o melhor caminho para a renovação da cena nacional. Todavia, com o repertório praticamente restrito às peças de Scribe, tal renovação jamais se daria. Apesar de "moderno", comparado com um Adolphe Dennery ou um Pixérecourt, suas peças estavam longe de pertencer à última novidade européia: o realismo teatral de autores como Alexandre Dumas Filho, Émile Augier, Octave Feuillet, entre outros. Desse modo, após encenar cerca de vinte e cinco peças de Scribe – lembremos apenas por curiosidade que ele foi autor de quase quinhentas –, o Ginásio tratou logo de incorporar ao seu repertório as comédias realistas francesas, também conhecidas como "dramas de casaca", devido aos trajes das suas personagens. A 26 de outubro de 1855, ocorria a primeira representação de um drama do realismo francês: *As Mulheres de Mármore*, de Théodore Barrière e Lambert Thiboust, traduzido por J. J. Vieira Souto. O problema da prostituição, discutido anteriormente em *A Dama das Camélias*, começava então a aparecer na cena brasileira. Alencar, em folhetim datado de 11 de novembro, relata que o drama foi largamente elogiado pelos diversos folhetinistas da imprensa fluminense e que houve grande aceitação por parte do público. Não faltou, porém, quem considerasse a peça imoral. Para Alencar, tratava-se de "uma acusação injusta" (*ACP*, p.841). Curiosamente, em meados de 1858, sua peça *As Asas de um Anjo*, inspirada em Dumas Filho e Barrière/Thiboust sofreria a mesma acusação de imoralidade e teria a representação proibida pela polícia.

Todo o apoio de Alencar ao trabalho do Ginásio está documentado nos folhetins que escreveu entre abril e novembro de 1855. Elogiando invariavelmente tanto o repertório do teatro quanto o desempenho dos artistas, procurou conscientizar os seus leitores do papel importante da nova empresa no processo de renovação do teatro brasileiro. E, com efeito, o Ginásio não só introduziu a nova escola francesa entre nós como despertou o interesse de uma jovem geração de intelectuais para o gênero dramático. É impossível negar a influência das peças do repertório realista francês na formação de dramaturgos como Alencar,

Aquiles Varejão, Pinheiro Guimarães, Joaquim Manuel de Macedo, Quintino Bocaiúva, que se agruparam em torno do Ginásio entre 1857 e 1863. Assim, a renovação que se operou primeiramente no palco, e da qual Alencar foi entusiasta, logo alcançou o texto dramático, dando origem a um dos períodos mais férteis da história do teatro brasileiro.

*

Alencar encerrou a série de folhetins *Ao Correr da Pena* em novembro de 1855. Nessa época já havia se desligado do *Correio Mercantil* e passado para o *Diário do Rio de Janeiro*, não mais como folhetinista, mas como redator-gerente. Parece, todavia, que o "demônio inspirador dos vinte anos", como diria Francisco Otaviano, não abandonara ainda o jovem Alencar. Durante o ano de 1856 ele volta a escrever folhetins, embora sem a assiduidade dos primeiros tempos. São apenas quatorze, espalhados em cerca de onze meses, sob três títulos – "Folhetim", "Folhas Soltas", "Revista" – e dois subtítulos – "Conversa com os meus leitores", "Conversa com as minhas leitoras". Nesses folhetins Alencar não se refere uma única vez ao Ginásio nem comenta espetáculos dramáticos. Certamente porque o folhetim regular do *Diário*, "Livro do Domingo", tinha essa função. Mas isso não significa que ele não tenha assistido às representações de *A Dama das Camélias* e *O Mundo Equívoco* (*Le Demi-Monde*), de Dumas Filho; de *O Genro do Sr. Pereira*, de Émile Augier e J. Sandeau; de *A Crise*, de Octave Feuillet, e de muitas outras peças do repertório realista francês que subiram à cena no Ginásio em 1856.

Dos folhetins desse ano apenas dois são importantes para se caracterizar o interesse de Alencar pelo teatro na fase inicial da sua carreira literária. A 12 de junho e 1º de julho, ao invés de "conversar" normalmente com os seus leitores, como então vinha fazendo, o folhetinista lhes dá uma comédia, cuja idéia central é a mesma do *Verso e Reverso*. É lamentável que a deixasse inacabada, com apenas três atos escritos – todos bem curtos –, e perdida nas páginas do *Diário do Rio de Janeiro*. Vejamos como ele a introduz:

Nem sempre se está de veia para conversar; portanto tenha paciência por hoje, meu amável leitor.

Em lugar de levarmos uma meia hora de palestra, vou apresentar-lhe uma comédia de minha invenção.

Não pense porém que é qualquer drama de teatro, com o seu competente aparato; é um quadro verdadeiro, uma espécie de painel vivo, uma cena com toda a sua cor local.

Devo porém preveni-lo que não há nessa comédia nenhuma alusão às pessoas; tudo refere-se às coisas, e não aos indivíduos.

Prepare-se pois, meu bom leitor, para assistir à representação; recline-se na sua poltrona, e suponha que se acha em uma cadeira do teatro lírico.

A orquestra dá o sinal, e toca uma sinfonia magnífica; é um concerto de carroças e de ônibus de um efeito admirável.

Enquanto dura essa harmonia encantadora, o meu leitor pode abrir o libreto da ópera e correr sobre ele um lanço de olhos para compreender o enredo do drama.

Eis o título:

O RIO DE JANEIRO
ÀS DIREITAS E ÀS AVESSAS
COMÉDIA
DE
UM DIA

O título é um pouco original; mas o que talvez ainda vos admire é o enredo da peça: cada cena é uma espécie de medalha que tem o seu verso e reverso; de um lado está o *cunho*, do outro a *efígie*.

Tudo leva a crer que estamos diante da "fonte" do *Verso e Reverso*. Com efeito, além de haver uma semelhança sensível entre os títulos das comédias, a intenção parece ser idêntica: criar um quadro verdadeiro, com toda a cor local, por meio da observação direta dos fatos cotidianos e de uma ênfase em elementos contrastantes. *O Rio de Janeiro às Direitas e às Avessas*, como o *Verso e Reverso*, foi escrito pela mão do folhetinista, e não pelo dramaturgo conhecedor das idéias realistas francesas. Afinal, pintar o direito e o avesso do Rio de Janeiro, ou melhor, suas qualidades e defeitos, era exatamente o que Alencar vinha fazendo desde que ingressara no *Correio Mercantil* como folhetinista. Há, no entanto, uma diferença fundamental entre os dois textos. Em *O Rio de Janeiro às Direitas e às Avessas* as ações não se passam com pessoas. A comédia, bem próxima do gênero revista, apresenta como personagens profissões, cargos públicos e políticos, posições sociais, a fim de apreender certas facetas do Rio de Janeiro com o máximo de amplitude. As situações apresentadas não formam um enredo fechado e uno. Ao contrário, os atos são formados por quadros independentes uns dos outros, ligados apenas pela idéia central que está no título.

No primeiro ato, três assuntos diferentes estão justapostos: os efeitos da intensa vida artística sobre a população do Rio de Janeiro, a crítica à má administração pública e a expectativa em torno da estréia do tenor Enrico Tamberlick e da soprano Julienne Dejean, cantores de renome internacional. Lembremos, a propósito, que o entusiasmo pelos espetáculos líricos no Brasil alcançou seu ponto culminante entre 1853 e 1858.

A primeira cena se passa ao nascer do dia e mostra um *dandy* e uma mocinha da alta sociedade se recolhendo, após uma noitada de

SESSÃO EM 11 DE JUNHO DE 1856.
Presidencia do Sr. visconde de Baependy.
A' hora do costume, feita a chamada, achão-se

Eis o titulo:

O RIO DE JANEIRO
ÁS DIREITAS E ÁS AVESSAS.
COMEDIA
DE
UM DIA.

O titulo é um pouco original; mas o que talvez ainda vos admire mais é o enredo da peça: cada scena é uma especie de medalha que tem o seu verso e reverso; de um lado está o *cunho*, do outro a *effigie*.

Não é bom porém adiantar idéas: a orchestra terminou, o apito do contra-regra soou; vae começar a representação.

Sóbe o panno.

Acto I.

A scena passa-se na rua; vem amanhecendo o dia.

SCENA I.
O Dia e um Lampeão de gaz.

O DIA: — Que tal! esta gente parece que não faz caso de mim!

O LAMPEÃO: — É que houve esta noite theatro Lyrico, partida de Club, Gymnasio, e não sei que mais.

O DIA: — Ah! sim; pelo seu accórdar...

Entra em discussão a proposta do governo fixando as forças de terra.

Occupa sua cadeira o Sr. ministro da guerra.

(*Batendo n'uma porta.*) Olá! mandrião, pule para o serviço.

O OPERARIO: — Sim, senhor, já vou.

O DIA (*batendo a' outra porta*): — Então não acorda?

O DANDY: — Não me importune, Sr. malcriado.

O DIA: — Está bem, meu senhor; vejamos esta mocinha. (*Bate a uma janella.*) Menina, não se levanta?

A MOÇA: — Que patêta! se eu ainda não me deitei!...

O DIA (*coçando a cabeça*): — Já vejo que perdi o meu tempo; estou quasi indo deitar-me outra vez. (*Sae.*)

SCENA II.
O Rio de Janeiro e a Camara municipal.

(O Rio de Janeiro traja á franceza, traz a barba á ingleza, e usa de *pince-nez*, casaca côr de lama de Pariz, calças a *Bassompierre*, e sapatos de couro-panno, por causa dos calos. A Camara municipal é uma senhora de idade avançada, mas de semblante agradavel; usa de *mantilha*.)

O RIO DE JANEIRO (*abrindo a porta e deitando o nariz de fóra*): — Fumm!... Que máo cheiro!..

A CAMARA MUNICIPAL (*batendo-lhe no*

Cópia do trecho inicial da comédia inacabada *O Rio de Janeiro às Direitas e às Avessas*, publicada no *Diário do Rio de Janeiro*, a 12 de junho e 1º de julho de 1856.

teatro, ao passo que nessa mesma hora um operário se levanta para mais um dia de trabalho. Em seguida, contracenam o Rio de Janeiro e a Câmara Municipal. Alencar parece não ver com bons olhos a europeização crescente da cidade e a faz entrar em cena com estas características: "O Rio de Janeiro traja à francesa, traz a barba à inglesa e usa de *pince-nez*, casaca cor de lama de Paris, calças à *Bassompierre* e sapatos de couro-pano, por causa dos calos". Mas o assunto é outro: o Rio de Janeiro queixa-se à Câmara Municipal do mau cheiro que infesta a cidade. Mas a culpa, segundo a acusada, é da Polícia. Esta, por sua vez, responsabiliza o Ministro do Império, num jogo de "empurra-empurra" que não teria fim, se houvesse outras personagens. A cena seguinte nada tem a ver com as anteriores. O Teatro está à procura dos diletantes para informar-lhes que chegaram Tamberlick e Dejean. O Rio de Janeiro entra em cena e o Teatro mostra-lhe um cartaz e grita-lhe a novidade. Mas para sua tristeza o Rio de Janeiro não se mostra entusiasmado com a estréia dos dois cantores. Preocupado, o Teatro se queixa ao Folhetim, que o tranqüiliza, prometendo toda a propaganda dos espetáculos para que não haja prejuízo do empresário.

O segundo ato, mais interessante que o primeiro, mostra o fascínio que a política exerce sobre os homens ambiciosos. Vale a pena transcrever a primeira cena, na qual a Política seduz um jovem bacharel, afastando-o do comércio e da indústria:

A POLÍTICA (*vestida à Pompadour e penteada à Stuart*): Então, não me acreditas?

O BACHAREL: Seria muita felicidade para mim.

A POLÍTICA: E eu não seria feliz também, eu que te amo?

O BACHAREL: Mas tudo isso são bonitos sonhos que nunca se realizarão.

A POLÍTICA: Por quê?

O BACHAREL: Porque amo outra mulher, porque me dediquei a ela, e a ela devo tudo que sou.

A POLÍTICA: Ingrato! E o meu amor, e as minhas promessas nada valem? Que te poderá dar outra mulher que valha os prazeres e as honras que te destino? Eu te farei deputado, conselheiro, ministro, visconde; dar-te-ei uma farda bordada, e farei brilharem no teu peito as fitas de todas as ordens. Quando passares, todas as mulheres te olharão, todas as vistas se fitarão em ti, e eu direi com orgulho: – É meu amante.

O BACHAREL: E depois amarás a outros, e esquecerás o sacrifício que fiz.

A POLÍTICA: Nunca, a ti só amarei: eu sei que dizem de mim muito mal, mas acredita-me, meu amigo, sou pura e casta, sou digna de ti: eu o juro, assim jurasses tu que me amarias.

O BACHAREL: Pois bem, juro-o.

A POLÍTICA: Obrigada, meu amigo; como sou feliz!

O BACHAREL: Vou despedir-me de meu pai – o COMÉRCIO, de minha mãe – a INDÚSTRIA, para te seguir e te acompanhar.

A POLÍTICA: Até logo, meu anjo; eu te espero.

Há um domínio perfeito do diálogo teatral, característica aliás de quase todas as peças de Alencar. Não é difícil prever o desfecho da cena transcrita. As promessas feitas ao Bacharel não serão cumpridas e provavelmente ele acabará como o Empregado Demitido da terceira cena, sem emprego, ordenado ou sequer cargo político. Na segunda cena dialogam a Política e o Deputado, que lhe cobra a promessa de fazê-lo ministro. Como sempre, ela lhe diz para esperar, que há tempo, e o dispensa depois de hábil manobra. A única personagem que é infensa aos ataques e encantos da diabólica Política é o Senador. Definindo-se como homem maduro, manda-a guardar as promessas para os mais ingênuos, pois entre eles não é mais possível pacto algum:

> O SENADOR: Nada de frases ocas; tratemos da realidade. Houve um tempo em que nos amamos; a senhora tirou de mim o partido que pôde, e eu fiz o mesmo; agora nem eu preciso da senhora, nem a senhora de mim; continuemos pois a ser amigos, que é o melhor; a senhora tem muita gente a quem enganar, e eu tenho uma dívida sagrada que pagar ao meu país. Quero ao menos que a minha velhice resgate os desvarios de minha mocidade consumida num amor impuro e estéril.

Sem saber, Alencar antecipava, nesse segundo ato, o seu próprio envolvimento com a política, que lhe traria então toda sorte de infortúnios.

O terceiro ato foi publicado no folhetim de 1º de julho. Tamberlick havia estreado a 26 de junho, cantando a ópera *Otelo*, de Rossini. Em cena, comentam o espetáculo o Deputado, o Diletante, o Jornalista, o Rio de Janeiro e seu filho, o Público. O famoso tenor não agradou ao Deputado, mas o Diletante aplaudiu-o com entusiasmo, como o Público. Na verdade, a temporada de Tamberlick no Rio de Janeiro foi uma série ininterrupta de triunfos, segundo informação de Ayres de Andrade[3]. O próprio Alencar, no folhetim *Ao Correr da Pena* de 21 de outubro de 1855, havia previsto o sucesso que o cantor faria entre nós. Ainda na primeira cena, um assunto que dividiu a opinião pública do Rio de Janeiro na década de 1850 é abordado: o das sociedades em comandita. Já nos primeiros folhetins Alencar criticara asperamente a facilidade com que o Governo concedia privilégios às companhias privadas. Julgava perigosa a ascensão descurada do capitalismo, que, todavia, se tornara irreversível desde que o Código Comercial (Lei nº 556, de 25 de janeiro de 1850, assinada por Eusébio de Queirós) fora aprovado. As especulações desenfreadas tomaram conta da Bolsa do Rio de Janeiro e as concessões foram abundantes. Através dos folhetins Alencar ponderava que o Governo devia fiscalizar intensamente os beneficiados e não conceder privilégios excessivos. Em certa ocasião, chocado pela ganância generalizada e pelos abusos dos financistas da década de 1850,

---

3. ANDRADE, Ayres de. *Francisco Manuel da Silva e seu Tempo*. Rio, Tempo Brasileiro, 1967, v. 2., p. 57.

chegou a afirmar que cabia ao próprio Governo a tarefa de criar as empresas convenientes ao bem do país e administrá-las. Como observou R. Magalhães Jr., Alencar teria sido, em teoria, um precursor das empresas estatais[4]. A inevitável exploração da classe proletária, conseqüência do modelo econômico adotado, foi recriminada pelo folhetinista:

> Esta classe, pois, merece do Governo alguma atenção; o que hoje é apenas carestia e vexame, se tornará em alguns anos miséria e penúria. É preciso, ao passo que o país engrandece, prevenirmos a formação dessa classe proletária, dessa pobreza, que é a chaga e ao mesmo tempo a vergonha das sociedades européias (*ACP*, p. 739).

Como vemos, nos folhetins as críticas às sociedades em comandita e suas conseqüências maléficas deixam transparecer o traço nada conservador do pensamento político do jovem Alencar. Na peça, porém, o enfoque do problema tem uma dimensão menor: as personagens limitam-se a discutir se a opinião pública é a favor ou não desses investimentos econômicos. O Jornalista defende a idéia de que ela não se opõe, ao passo que o Deputado pensa exatamente o contrário. O Diletante, por outro lado, acredita que a opinião pública não tem nada a ver com as sociedades em comandita. As cenas seguintes são de pouco interesse: Alencar satiriza a péssima situação dos transportes coletivos da cidade e a displicência dos cocheiros de tílburis. Na última cena, ambientada no Hotel da Europa, reforça as críticas que no primeiro ato havia feito à europeização que descaracterizava o Rio de Janeiro:

> O PÚBLICO: Pois Vm., não contente com estar vestido à inglesa, e emborrachado à americana, fala francês, janta na Europa, bebe vinho do Reno, toma sopa na Itália, chá na Índia, come queijo na Suíça, e passas na Grécia.
>
> O RIO DE JANEIRO: São os efeitos da civilização, menino. Depois que se inventaram os caminhos de ferro, os homens como nós podem permitir-se uma dessas pequenas fantasias de Lucúlio.

O Rio de Janeiro às Direitas e às Avessas não passou de um primeiro ensaio de Alencar. A peça é apenas a teatralização dos fatos e situações que alimentavam os folhetins da época, como a vida teatral, a política, a administração pública. O enredo, exageradamente fragmentado, resulta num vasto painel de costumes, mas peca pela superficialidade. O texto, enfim, mais parece um enorme folhetim dialogado do que uma peça teatral. Apesar disso, tem certa importância para se compreender a evolução artística de Alencar, pois é a prova mais evidente de que ele acalentou o desejo de escrever para o teatro desde os tempos de folhetinista.

4. MAGALHÃES JR., R. *José de Alencar e sua Época*. 2. ed., Rio, Civilização Brasileira, 1977, p. 53.

2. Idéias Sobre Teatro

A vida teatral no Rio de Janeiro, durante os anos de 1856 e 1857, caracterizou-se por uma estimulante rivalidade entre as companhias dramáticas do São Pedro de Alcântara, do São Januário e do Ginásio Dramático. Longe de ter sido apenas uma questão empresarial, essa rivalidade refletiu sobretudo o embate de duas tendências estéticas antagônicas: a romântica e a realista. Evidentemente, o problema se originou com a criação do Ginásio Dramático. Apresentando um novo estilo de representação e um repertório atualizado, com base nos teatros *Gymnase-Dramatique*, *Varietés* e *Vaudeville*, a pequena empresa, quase ao mesmo tempo que Paris, apresentava peças realistas francesas, às vezes elegantemente traduzidas, conforme testemunho de Sousa Ferreira, folhetinista do *Diário do Rio de Janeiro*[1]. João Caetano, à frente do São Pedro de Alcântara, percebeu que estava perdendo terreno para o Ginásio e decidiu renovar o repertório da sua companhia. Contudo, avesso aos "dramas de casaca", não aderiu à nova escola francesa, preferindo deixar de lado boa parte do antigo repertório português para apresentar "algumas traduções dos dramas mais modernos, representados nos teatros da *Porte Saint Martin* e *Gaîté*". O Teatro de São Januário, por sua vez, bebia nas mesmas fontes do São Pedro, provendo-se "nos repertórios da *Gaîté* e *Ambigu*, escolhendo os dramas de grande espetáculo", segundo ainda Sousa Ferreira.

1. *Diário do Rio de Janeiro*. Rio, 19 jul. 1856, p. 1.

Como vemos, o teatro brasileiro encontrava-se numa situação paradoxal: a par do que havia de mais moderno na Europa (poder-se-ia dizer França), não desenvolvia a sua própria dramaturgia. Essa situação, em parte decorrente da disputa acirrada entre as empresas teatrais, feria sensivelmente os brios nacionalistas da intelectualidade da corte. O momento era de emancipação literária, de acordo com um dos objetivos do movimento romântico. Mas o teatro, vivendo substancialmente de traduções, não contribuía para a formação da nacionalidade literária brasileira, ao contrário do que vinham fazendo a poesia e a prosa. Conseqüentemente, a inexistência quase que absoluta de textos nacionais nos palcos das nossas companhias dramáticas era criticada com freqüência pelos folhetinistas da época. Machado de Assis, por exemplo, já no seu primeiro trabalho importante de crítica literária, escrito em abril de 1858, interrogava: "Para que esta inundação de peças francesas, sem o mérito da localidade e cheias de equívocos, sensaborões às vezes, e galicismos, a fazer recuar o mais denodado *francelho*?"[2].

Embora a inquietação de Machado seja compreensível, é preciso observar que não havia, na época, um repertório de peças brasileiras que pudesse substituir as traduções. Gonçalves de Magalhães escrevera apenas duas tragédias e abandonara o gênero; Martins Pena deixara ótimas comédias e alguns péssimos dramas, mas desaparecera prematuramente; e Joaquim Manuel de Macedo, por sua vez, tivera duas ou três peças encenadas, sem, no entanto, manter uma produção regular[3]. Mesmo assim, para a maior parte dos folhetinistas que se ocupavam do assunto, a causa da estagnação e pobreza do teatro nacional não estava na falta de talentos, mas nas direções de empresas teatrais que prefeririam as traduções às peças brasileiras, negando, com esse procedimento, apoio e incentivo aos escritores que poderiam se dedicar ao gênero dramático. O próprio Alencar compartilhava desse ponto de vista. Comentando a encenação da sua primeira peça, *O Rio de Janeiro, Verso e Reverso*, confessou que não esperava vê-la subir à cena tão logo havia sido concluída, pois acreditava também "na opinião geral de que os nossos teatros desprezavam as produções nacionais, e prefeririam traduções insulsas, inçadas de erros e galicismos". Acrescentou, todavia: "Não sei até que ponto é verdadeira essa opinião em relação aos outros teatros que só conheço como espectador; mas tenho motivos para declarar que ela é inteiramente falsa a respeito do Ginásio" (*ACB*, p. 43).

2. MACHADO DE ASSIS, J. M. "O Passado, o Presente e o Futuro da Literatura". *In: Obra Completa*. Rio, Aguilar, 1973, v. 3, p. 788.
3. Evidentemente, havia outros dramaturgos brasileiros nessa época que foram inclusive representados por João Caetano. Mas são autores de melodramas da pior qualidade imaginável, sem nenhuma expressão literária, como Carlos Antonio Cordeiro (*O Escravo Fiel; Notável Coincidência ou a Justiça Divina; Ernesto ou O Hábito da Rosa*), Luiz Antonio Burgain (*Os Três Amores; A Casa Maldita; Pedro-Sem*) ou Joaquim A. Costa Sampaio (*Os Pobres do Rio de Janeiro*).

Como no Rio de Janeiro existiam apenas dois teatros, além do Ginásio, não é difícil perceber que a crítica de Alencar era endereçada ao São Pedro de Alcântara. João Caetano, enquanto empresário, vinha sendo constantemente atacado pela imprensa, por acolher peças estrangeiras, de preferência a brasileiras, em sua companhia dramática. Em contrapartida, o Ginásio, ao encenar *O Rio de Janeiro, Verso e Reverso* e *O Demônio Familiar*, em outubro e novembro de 1857, respectivamente, não só dava mostras de que suas portas estavam abertas aos escritores brasileiros, como apontava o caminho da renovação da nossa literatura dramática, sob o signo da estética realista.

Alencar já conquistara certo prestígio como jornalista e era autor de dois romances – *Cinco Minutos* e *O Guarani* – quando resolveu dedicar-se ao teatro. É bem provável que tenha havido razões bastante fortes para fazê-lo interromper a carreira de romancista, auspiciosamente iniciada, e aventurar-se como dramaturgo. Por isso, não podemos aceitar sem reservas a explicação redutiva de Araripe Jr., segundo a qual Alencar foi levado ao teatro pela "vanglória do polemista, cheio dos movimentos do dia e das oposições de escola (...) ávido de vitórias e desejoso de mostrar a multiplicidade de seu talento"[4]. Preocupado apenas com a psicologia do escritor, o ilustre biógrafo não levou em conta a situação teatral no Rio de Janeiro, na segunda metade da década de 1850, e formulou uma explicação que não satisfaz. Afinal, se Alencar voltou-se para o teatro por vaidade, o mesmo se poderia dizer em relação ao jornalismo, à política, ou a quaisquer das suas atividades. E isso não explica nada. Antes de Araripe Jr., Joaquim Nabuco dissera algo semelhante, ou seja, que Alencar começou a escrever para o teatro porque *O Guarani* não provocou, ao aparecer, "a ovação que o seu autor aguardava" e quer por isso "a impaciente ambição do Sr. José de Alencar achou então que tardava-lhe o triunfo, e quis logo dirigir-se a um público mais apaixonado, mais pródigo de aplausos, mais entusiasta do que o dos leitores – o dos teatros" (*PAN*, p. 113). As palavras de Nabuco refletem apenas um ataque pessoal e não tocam no cerne da questão. Assim, tanto ele quanto Araripe Jr. se esqueceram de que quando Alencar iniciou sua carreira de dramaturgo, a situação contraditória da arte cênica na corte – riqueza de espetáculos com base em traduções e pobreza de textos nacionais – originara uma calorosa discussão na imprensa acerca da necessidade de se "criar" um verdadeiro teatro nacional. Com o pensamento voltado para esse problema, e com uma série de idéias em mente, como ainda veremos, Alencar escreveu as suas primeiras peças. Dizia então ao amigo Francisco Otaviano:

> Nós todos jornalistas estamos obrigados a nos unir e a criar o teatro nacional; criar pelo exemplo, pela lição, pela propaganda. É uma obra monumental que excede as forças do indivíduo, e que só pode ser tentada por muitos, porém muitos li-

---

4. ARARIPE JR., T. A. *José de Alencar*. 2. ed., Rio, Fauchon, 1894, p. 62.

gados pela confraternidade literária, fortes pela união que é a força do espírito, como a adesão é a força do corpo.

Essas palavras fazem parte do artigo "A Comédia Brasileira", publicado a 14 de novembro de 1857 no *Diário do Rio de Janeiro*, em forma de carta-resposta a Francisco Otaviano, que, dias antes, havia elogiado *O Demônio Familiar* nas páginas do *Correio Mercantil*. Nesse artigo, Alencar explicou a gênese da sua segunda comédia e expôs, de modo mais sistematizado do que nos folhetins da série *Ao Correr da Pena*, suas idéias a respeito do teatro brasileiro e do fenômeno teatral. Observador atento das manifestações artísticas do seu tempo, voltou-se contra a desnacionalização do nosso teatro, que se intensificava em função da excessiva dependência de traduções, posicionou-se contra a estética romântica adotada por João Caetano e apoiou a renovação teatral iniciada pelo Ginásio Dramático, agora como dramaturgo. Reafirmava e redefinia assim as posições tomadas já nos primeiros anos da sua carreira literária.

Alinhado com vários intelectuais que atuavam na imprensa, como Bruno Seabra, Quintino Bocaiúva, Henrique Muzzio, Francisco Otaviano, Leonel de Alencar – seu próprio irmão –, entre outros, Alencar trouxe novo alento ao movimento que visava à renovação do teatro nacional. Tinha plena consciência de que o sucesso da empreitada dependia de um trabalho coletivo, no qual teriam participações decisivas os escritores, as empresas dramáticas e o público. Parecia-lhe, todavia, que o problema fundamental era a inexistência de um repertório de peças nacionais, uma vez que o Ginásio se dispusera a acolher os dramaturgos brasileiros e o público aceitara com entusiasmo as suas primeiras investidas no terreno teatral. Daí a razão do apelo aos colegas jornalistas. Era preciso que os intelectuais não se limitassem a discutir ou a lamentar na imprensa a situação precária do nosso teatro, mas que fizessem a imaginação trabalhar e contribuíssem de uma maneira mais concreta, isto é, com peças, para que houvesse uma efetiva renovação dramatúrgica e a conseqüente formação de um repertório original. De certa forma, Alencar assumiu naturalmente a liderança do movimento. Foi o primeiro escritor brasileiro de seu tempo que, diante das duas tendências estéticas teatrais existentes nos palcos da corte, a romântica e a realista, optou pela segunda, numa clara demonstração de apoio à linha de trabalho adotada pelo Ginásio. Além disso, a sua tomada de posição revestiu-se de um pragmatismo deliberado, já que tencionava também apontar o caminho da renovação aos novos escritores que porventura surgissem em seguida: "... os que vierem depois não hão de lutar com a prevenção que eu tinha contra mim; e acharão o público disposto a aceitar a comédia como ela é" (*ACB*, p. 45).

O projeto de "criação" do teatro nacional definia-se, portanto, pela assimilação dos preceitos do realismo teatral que vinham sendo delineados na França. Eis por que Alencar tratou logo de dispensar o concurso de João Caetano. À nova geração, formada quase toda por homens da imprensa, cabia a tarefa de libertar os nossos palcos dos excessos do Romantismo e introduzir no Brasil "a verdadeira escola moderna". É bem verdade que se poderia pensar, a princípio, numa contradição, pois o movimento se pretendia nacionalista. Mas num país colonizado, sem civilização própria, sem tradição literária, compreende-se que o nacionalismo não seja de todo incompatível com idéias e costumes importados. Como diria Alencar, alguns anos mais tarde, "os povos não feitos... tendem como a criança ao arremedo; copiam tudo, aceitam o bom e o mau, o belo e o ridículo, para formarem o amálgama indigesto, limo de que deve sair mais tarde uma individualidade robusta"[5]. O teatro brasileiro ainda vivia a sua infância. Alimentara-se durante quase vinte anos com a estética romântica, mas não alcançara a maioridade. O realismo teatral, com novos condimentos, poderia talvez trazer a solução para o problema. Enfim, a importação das idéias renovadoras de Alexandre Dumas Filho, Émile Augier, Octave Feuillet não ia de encontro com os princípios nacionalistas dos intelectuais que pretendiam reformar o nosso teatro. A finalidade justificava tal atitude, apagando qualquer indício de contradição.

Parece-nos, contudo, que a questão do nacionalismo não basta para explicar o recurso ao modelo realista francês. Quando Alencar – ou qualquer companheiro de geração – fala da necessidade de se "criar" um autêntico teatro nacional, fica implícito o reconhecimento de que os esforços empreendidos nesse sentido pelos nossos primeiros românticos resultaram em nada. E, com efeito, Alencar abominou toda a dramaturgia brasileira anterior a 1855, julgando-a, como observou Sábato Magaldi, "com extrema e mesmo injusta severidade"[6]. Vejamos o seu próprio depoimento:

> No momento em que resolvi a escrever *O Demônio Familiar*, sendo minha tenção fazer uma alta comédia, lancei naturalmente os olhos para a literatura dramática do nosso país em procura de um modelo. Não o achei; a verdadeira comédia, a reprodução exata e natural dos costumes de uma época, a vida em ação não existe no teatro brasileiro. Dois escritores, é verdade, começaram entre nós a escrever para o teatro; mas a época em que compuseram as suas obras devia influir sobre a sua escola.
>
> O primeiro, Pena, muito conhecido pelas suas farsas graciosas, pintava até certo ponto os costumes brasileiros; mas pintava-os sem criticar, visava antes ao efeito cômico do que ao efeito moral; as suas obras são antes uma sátira dialogada, do que uma comédia.
>
> Depois de Pena veio o Sr. Dr. Macedo, que, segundo supomos, nunca se dedicou seriamente à comédia; escreveu em alguns momentos de folga duas ou três obras que foram representadas com muito aplauso (*ACB*, p. 44).

---

5. ALENCAR, José de. "Bênção Paterna". *In: Obra Completa*, Rio, Aguilar, 1965, v. 1., p. 496.
6. MAGALDI, Sábato. *Panorama do Teatro Brasileiro*. São Paulo, Difel, 1962, p. 91.

O balanço crítico que Alencar faz do passado teatral brasileiro não é apenas severo e injusto, mas sobretudo tendencioso. Sua ótica já é de autor preocupado com o efeito realista no teatro, como denotam suas palavras referentes à "verdadeira comédia". Ora, a naturalidade na reprodução dos costumes de uma época era novidade introduzida pelos realistas franceses. Como poderia Alencar encontrar tal modelo na dramaturgia brasileira do período romântico? Igualmente tendenciosa e mesmo improcedente é a restrição feita a Martins Pena. A comédia realista transpunha para o palco a seriedade burguesa, a preocupação com as instituições e a moral. Mas o nosso primeiro comediógrafo, segundo Alencar, queria apenas provocar o riso, não tinha em mente nenhuma preocupação elevada. Por isso, era preciso deixá-lo de lado, assim como Macedo, e buscar em outras fontes um novo caminho para a literatura dramática brasileira. É claro que o juízo crítico de Alencar carece de uma formulação consistente. Os seus argumentos têm por base um preconceito originado pela antiga distinção entre "baixa comédia" e "alta comédia", segundo a qual o tipo de peça caracterizado por procedimentos cômicos farsescos possui menor valor artístico do que aquele construído com sutilezas de linguagem, alusões e jogos de palavras. Isso mostra, a nosso ver, que ele não aceitou as peças teatrais de seus predecessores, como possíveis modelos a serem aproveitados, por uma razão muito simples: não eram comédias realistas! O que importava, na verdade, era ajustar os nossos passos à marcha dos movimentos literários europeus, particularmente do teatro, mas ao mesmo tempo fazer com que as novas idéias estéticas, ao invés de parecerem mero produto importado, se tornassem instrumento de luta pela renovação do teatro nacional. Assim, as críticas de Alencar, ainda que infundadas, eram estratégicas. Ao apontarem o pretenso anacronismo da dramaturgia brasileira das duas primeiras décadas do Romantismo, justificavam, naturalmente, a opção realista. Concluía, então, o nosso autor:

> Não achando pois na nossa literatura um modelo, fui buscá-lo no país mais adiantado em civilização, e cujo espírito tanto se harmoniza com a sociedade brasileira; na França.
>
> Sabe, meu colega, que a escola dramática mais perfeita que hoje existe é a de Molière, aperfeiçoada por Alexandre Dumas Filho, e de que a *Question d'Argent* é o tipo mais bem acabado e mais completo.
>
> Molière tinha feito a comédia quanto à pintura dos costumes e à moralidade da crítica; ele apresentava no teatro quadros históricos nos quais se viam perfeitamente desenhados os caracteres de uma época.
>
> Mas esses quadros eram sempre quadros; e o espectador vendo-os no teatro não se convencia da sua verdade; era preciso que a arte se aperfeiçoasse tanto que imitasse a natureza; era preciso que a imaginação se obscurecesse para deixar ver a realidade.
>
> É esse aperfeiçoamento que realizou Alexandre Dumas Filho; tomou a comédia de costumes de Molière, e deu-lhe a naturalidade que faltava; fez que o teatro reproduzisse a vida da família e da sociedade, como um daguerreótipo moral (*ACB*, p. 45).

Alencar é bastante claro em sua exposição. O que ele denomina "alta comédia" ao se referir a *O Demônio Familiar* nada mais é do que a comédia realista assentada em dois princípios básicos: a moralidade e a naturalidade. De um lado, a influência clássica; de outro, a realista. Na síntese de ambas, o "daguerreótipo moral", ou seja, a peça teatral "moderna" e com preocupações elevadas, a um só tempo.

O papel moralizador do teatro foi colocado, portanto, em primeiro plano pelos dramaturgos realistas, que viam o palco como um "canal de iniciação", um "meio de educação pública" (*CT*, p. 17). São expressões cunhadas por Machado de Assis, mas que poderiam ter saído da pena de qualquer um dos seus companheiros de geração, ou mesmo de um Alexandre Dumas Filho[7]. Escrevendo em 1859, Machado se proclamava adepto da escola realista por ser ela "mais sensata, e mais natural, e de mais iniciativa moralizadora e civilizadora" (*CT*, p. 30). Não era diferente o pensamento de Alencar. O intuito moralizante da sua dramaturgia já está presente na concepção da primeira peça, que, entretanto, não se prende intrinsicamente à estética realista. Ao assistir no Ginásio Dramático à representação de uma pequena farsa "que não primava pela moralidade e decência da linguagem", mas que provocava o riso e o rubor nas espectadoras, Alencar perguntou-se: "Não será possível fazer rir, sem fazer corar?" (*ACB*, p. 43). *O Rio de Janeiro, Verso e Reverso* foi o resultado dessa reflexão, mas não passou de um primeiro ensaio quanto ao aspecto da moralidade. Os grandes "temas morais" do realismo, a *question d'argent* e a prostituição, desenvolvidos por Dumas Filho e vários outros dramaturgos franceses, aparecem logo em seguida nas peças *O Demônio Familiar*, *O Crédito* e *As Asas de um Anjo*, também escritas em 1857, e em *A Expiação*, de 1865. Nas duas primeiras são analisadas as relações entre o amor, o dinheiro e o casamento; nas outras, as possibilidades de regeneração da prostituta por meio do amor e do casamento. À semelhança dos mestres franceses, Alencar procedia no Brasil à defesa de valores burgueses fundamentais como o trabalho e a família. A comédia realista, abordando as questões sociais pelo prisma da moralidade, transformava-se assim em peça de tese e destinava-se a dar lições edificantes à sociedade.

À intenção moralizadora dos dramaturgos realistas justapunha-se, como vimos, outro propósito não menos importante: o de retratar objetivamente a realidade social. Para Alencar, estava claro que a arte devia imitar a natureza, reproduzir a vida da família e da sociedade de modo

---

7. Eis como o autor de *A Dama das Camélias* define o papel educativo e utilitário da arte: "... toute littérature qui n'a pas en vue la perfectibilité, la moralisation, l'idéal, l'utile, en un mot, est une littérature rachitique et malsaine, née morte". (Citado por Décio de Almeida Prado, no ensaio "Os Demônios Familiares de Alencar". Separata de *Revista do Instituto de Estudos Brasileiros*, São Paulo (15):34, 1974.)

exato e natural, que o artista devia utilizar menos imaginação e ser mais fiel à realidade. No caso específico do teatro, a aplicação desses conceitos não poderia deixar de levar em conta o elemento extraliterário que uma peça comporta, ou seja, a sua potencialidade cênica. Em outras palavras, isso significa que a noção de naturalidade deveria se estender necessariamente ao espetáculo teatral, pois é no palco, não no texto, que se concretiza a reprodução da realidade. Não era sem motivo então que Alencar afirmava: "O *jogo de cena*, como se diz em arte dramática, eis a grande criação de Dumas" (*ACB*, p. 45). Sim, porque concebendo a comédia como "imagem da vida", Dumas Filho propunha ações que dispensavam os arrebatados *coups de théâtre* do Romantismo e exigiam um estilo de representação mais natural, adequado à expressão de uma realidade próxima do cotidiano.

No artigo "A Comédia Brasileira", Alencar tratou demoradamente da noção de naturalidade, ressaltando a peculiaridade da encenação realista, em oposição ao modo romântico de conceber o espetáculo teatral. A partir das suas próprias palavras podemos estebelecer um quadro aproximado das características de ambas as estéticas teatrais, confrontando-as entre si. Vejamos:

ESTÉTICA ROMÂNTICA	ESTÉTICA REALISTA
a) as personagens representam: tendência à dramatização;	a') as personagens vivem: tendência à naturalidade;
b) as cenas são construídas com lances dramáticos cediços, que se arranjam com palavras enfáticas e entradas imprevistas;	b') as cenas representam o que está dentro do natural; as personagens movem-se, falam, pensam como se fossem indivíduos tomados ao acaso em qualquer sala;
c) o riso é provocado por disparates ou incidentes cômicos;	c') o riso é provocado pela força do dito espirituoso e pela graça da observação delicada;
d) as peças chocam os nervos;	d') as peças chocam o espírito ou o coração;
e) lances cediços, gritos, pretensão teatral.	e') a cena se arrasta vagarosamente; no meio do mais profundo silêncio, os espectadores acompanham os movimentos do ator, que só depois de cinco minutos diz uma palavra.

Na ótica de Alencar, a naturalidade é, efetivamente, o pressuposto teórico que fundamenta o realismo teatral, ao passo que o romantismo se caracteriza pela dramaticidade grandiloqüente. No final do artigo ao qual nos referimos, ele sintetiza o seu pensamento posicionando-se radicalmente contra a estética romântica: "O tempo das caretas e das exagerações passou. *Inês de Castro*, que já foi uma grande tragédia, hoje é para os homens de gosto uma farsa ridícula" (*ACB*, p. 46). A respeito dessas palavras, com muita pertinência observou Décio de Almeida Prado:

> A referência a João Caetano não podia ser mais direta e cruel. Era todo um repertório, todo um estilo de representação, que começavam a parecer enfáticos e vazios para as gerações literárias mais moças, afeitas ao coloquialismo, ao intimismo, à placidez burguesa e moralizante dos "dramas de casaca" (*JC*, p. 130-131).

O ritmo teatral proposto pela dramaturgia realista visava, portanto, incorporar à comédia os momentos frios e calmos que existem na própria vida. Compreende-se então por que até o silêncio passou a ser considerado um recurso cênico. Tudo devia convergir para o efeito total de naturalidade. O caminho era, evidentemente, a substituição da estética exageradamente teatral do Romantismo por um modo mais sensato e equilibrado de propor a ação dramática, obtendo-se assim o máximo de fidelidade à realidade cotidiana: "É fácil escrever belas palavras de imaginação, mas é difícil fazer que oito ou dez personagens criados pelo nosso pensamento vivam no teatro como se fossem criaturas reais, habitando uma das casas do Rio de Janeiro" (*ACB*, p. 46).

Alencar se refere ainda a um problema relativo à concepção do texto teatral, mas que obviamente transparece na representação, qual seja, os finais dos atos:

> Quanto aos finais dos atos, outrora era costume fazê-los como se costuma praticar com os romances em folhetim; deixando o espectador suspenso sobre um acontecimento inesperado.
>
> Atualmente, os mestres baniram semelhante extravagância; o ato termina quando a cena fica naturalmente deserta; é o exemplo de Ponsard, de Dumas, e dos melhores autores franceses (*ACB*, p. 46).

Para se ter uma idéia exata do que significa a observação de Alencar, vale a pena transcrever do ensaio "Os Demônios Familiares de Alencar", de Décio de Almeida Prado, um excerto no qual o ensaísta estabelece um interessante confronto entre alguns finais de ato românticos com o final do primeiro ato de *La Question d'Argent* de Dumas Filho:

> Eis alguns finais de ato românticos:
>
> "*Marguerite* (à part, menaçant) – Oh! Buridan, c'est moi maintenant qui tient ta vie entre mes mains!"
>
> (Alexandre Dumas: *La Tour de Nesle*)
>
> "*Gilbert* – Songe que tu me promets de me venger!

Simon Renard – Songe que tu me promets de mourir!"

(Victor Hugo: *Marie Tudor*)

Sente-se o ritmo ofegante da ação, ansiosa por chegar aos desfechos carregados de fatalidade:

"*Antony* – Morte!... oui, morte!... Elle me résistait, je l'ai assassinée! (Il jette son poignard aux pieds du colonel)".

(Alexandre Dumas: *Antony*)

"*Dona Lucrezia* – Ah! tu m'as tuée!... – Gennaro, je suis ta mère!"

(Victor Hugo: *Lucrèce Borgia*)

Agora o final do primeiro ato de *La question d'argent*, de Dumas Filho, tão admirado por Alencar:

"*Madame Durieu* – Voyons. (Elle examine les notes.) Boulanger, vingt francs. Boucher, quatre-vingt-dix francs... Épicier..."[8].

Alencar aprendeu bem a lição de Dumas Filho. Eis, para exemplificar, o final do segundo ato de *O Demônio Familiar*:

AZEVEDO – Os estrangeiros têm razão! Estamos ainda muito atrasados no Brasil!
D. MARIA – Entremos, é quase noite![9]

Nada mais natural!

Mas Alencar não pretendia ser apenas um discípulo de Dumas Filho. Em relação a alguns processos teatrais do passado, como o aparte e o monólogo, tinha posições mais inovadoras do que o próprio mestre francês. Vangloriava-se de ter construído *O Demônio Familiar* sem esses recursos obsoletos, anti-realistas, que haviam sido utilizados com muita freqüência tanto pelo Classicismo como pelo Romantismo. Dumas Filho, porém, se servira do monólogo em *Le Demi-Monde* (1855). Na peça seguinte, *La Question d'Argent* (1857), deixou-o de lado, pois compreendera que era prejudicial à naturalidade da ação dramática; entretanto, aproveitou-se de alguns apartes. Isso não impediu que Alencar a considerasse o tipo mais bem acabado e mais perfeito de comédia realista. Ao escrever *O Demônio Familiar* acreditava, portanto, ter dado um passo adiante, no sentido de aperfeiçoar o realismo teatral[10].

---

8. PRADO, Décio de Almeida. "Os Demônios Familiares...", p. 37.
9. ALENCAR, José de. *O Demônio Familiar. In: Obra Completa*, Rio, Aguilar, 1960, v. 4. Para as demais transcrições de trechos de peças de Alencar, feitas sempre a partir desta edição, dispensamos as notas de rodapé.
10. Afirmava Alencar: "O tempo dirá que muitos defeitos que hoje se notam são qualidades; o tempo dirá que não existem muitas comédias sem um monólogo e um aparte, como *O Demônio Familiar*". Décio de Almeida Prado, no ensaio que citamos anteriormente, mostra que apesar dessa afirmação, há, na peça, numerosos apartes, ainda que não caracterizados à maneira tradicional. Aparecem por meio de rubricas como "a meia voz", "baixo" etc.

Em conclusão, podemos dizer que o retrato tradicional de Alencar como um escritor substancialmente romântico sofre algumas ranhuras diante das suas concepções teatrais. O artigo "A Comédia Brasileira" não só é uma verdadeira profissão de fé realista, mas também a prova cabal de que seu autor iniciou-se no teatro com um programa definido, que, aliás, tinha como um dos principais objetivos pôr fim ao romantismo teatral no Brasil.

Finalmente, para completar o quadro das primeiras idéias desenvolvidas pelo dramaturgo Alencar, transcreveremos a parte mais significativa de um texto de sua autoria, datado de 27 de dezembro de 1857, no qual reafirma as suas convicções realistas e esclarece o propósito que norteou a criação das suas primeiras peças. Trata-se da "Dedicatória do Autor da Comédia *As Asas de um Anjo* ao Conservatório Dramático", que o *Diário do Rio de Janeiro* publicou a 26 de janeiro de 1858:

Quando encostei um momento a pena do jornalista para traçar alguns esboços dramáticos, a minha intenção foi pintar os costumes de nossa primeira cidade e apresentar quadros antes verdadeiros do que embelezados pela imaginação e pelo artifício.

Para este fim em cada uma das minhas obras tomei um ponto de observação diferente, como faria um pintor, que desejando copiar a natureza em todos os seus acidentes, procurasse diversas perspectivas.

O Rio de Janeiro, Verso e Reverso é a comédia da rua; *O Demônio Familiar* é a comédia do interior da casa; *O Crédito* é a comédia da sala. Na primeira procurei desenhar o público; na segunda a família; na terceira a sociedade.

Elas representam pois as três faces características da vida de uma cidade; mas, para que o quadro fosse completo, faltava a pintura dessa parte corrupta da população, que já não é nem o público, nem a família, nem a sociedade, e que entretanto ainda se acha ligada ao corpo pela aderência da matéria.

As Asas de um Anjo é a imagem dessa vida excepcional, que à semelhança da vegetação parasita esgota a seiva da árvore, e morre por ter morto o ramo que a alimentava.

Cada um desses gêneros dramáticos tentados por mim exige, para ser bem desenvolvido, muitas obras e tão perfeitas quanto as minhas são acanhadas e defeituosas; deixo isto a outros que tenham mais recursos, mais tempo, e bastante coragem para vencer o indiferentismo que existe em toda a nossa sociedade e sobretudo naqueles que pela sua posição e pelos seus talentos deviam ser os primeiros a dar o exemplo.

Casa onde nasceu o escritor em Mecejana, Ceará.

3. *O Rio de Janeiro, Verso e Reverso*

Alencar apresentou a sua primeira comédia, *O Rio de Janeiro, Verso e Reverso*, à censura do Conservatório Dramático provavelmente na segunda quinzena de agosto de 1857. Não a assinou, como já fizera com *Cinco Minutos* e *O Guarani*, romances publicados alguns meses antes no folhetim do *Diário do Rio de Janeiro*. Sob o anonimato, resguardava-se de possíveis críticas. A comédia, entretanto, foi licenciada com louvor e elogiada tanto pelo censor Antonio Luís Fernandes da Cunha quanto pelo presidente da entidade, Diogo Soares Bivar, que emitiram os seus pareceres a 1º de setembro. Vejamo-los:

PARECER DA COMISSÃO DE CENSURA SOBRE A COMÉDIA – *O Rio de Janeiro, Verso e Reverso*.

Autor – Nº 267 – A fantasia em dois quadros, intitulada – *O Rio de Janeiro, Verso e Reverso* – semelha à mimosa florzinha do ramalhete de uma menina ingênua e inocente. O aroma que rescende é puro e suave; o colorido é vivo e brilhante; a graça é sedutora e irresistível.

A simplicidade do estilo imprime um certo e inapreciável cunho de originalidade nesta composição, que é perfeita em todo o sentido, e merece os elogios do Conservatório, quando por outra razão não fosse, ao menos para que o autor não quebre as cordas da sua simpática lira, e produza mais alguns frutos delicados como este, que lhe foi inspirado pela sua musa romântica.

Rio de Janeiro, 1º de setembro de 1857

DESPACHO

Vista a censura com a qual me conformo, pode esta comédia ser levada à cena em qualquer teatro desta corte. Seu enredo, posto que simples, mas natural, sua linguagem bem acomodada aos caracteres que representa, as conveniências bem guardadas e ao mesmo tempo a crítica discreta contra os costumes e artimanhas da época, hão de captar a benevolência do público, assim como granjearam para o seu autor os elogios do Conservatório.

Rio de Janeiro, 1º de setembro de 1857 – D. Bivar, presidente. Está conforme – Francisco Correia da Conceição, 1º secretário[1].

É de se acreditar que o estímulo foi benéfico. Animado com os elogios, Alencar correu imediatamente ao Ginásio Dramático e ofereceu ao empresário Joaquim Heleodoro Gomes dos Santos a sua composição, já recomendada pelo aval do Conservatório. Ainda na primeira semana de setembro, diante dos artistas do teatro, o próprio Alencar fez a leitura do *Verso e Reverso*, que foi então acolhido com muita simpatia. Por fim, tudo leva a crer que os entendimentos com vista à representação da peça se realizaram prontamente, pois no dia 6 de setembro o folhetinista anônimo da seção "Livro do Domingo", do *Diário do Rio de Janeiro*, fazia o seguinte comentário:

> Durante a semana, foi lida perante a companhia do teatro do Ginásio uma linda comédia intitulda *O Rio de Janeiro, Verso e Reverso*. O título deixa entrever o assunto dessa composição; conjectura-se logo que é ela uma pintura da capital vista através de dois prismas diversos.
>
> Mas o que o título não pode dizer, o que eu não digo também para deixar às minhas leitoras, que freqüentam o Ginásio, o prazer da surpresa, é a novidade das situações em que se acha o protagonista, a fidelidade com que foram pintados alguns tipos, que passam despercebidos entre nós, a naturalidade do enredo e principalmente a simplicidade do estilo, o que não exclui algumas cenas que revelam no autor o poder de compor no mesmo gênero obra de maior vulto.

Lembremos que Alencar era o redator-gerente do *Diário*. O folhetinista, obviamente seu amigo, anunciava em primeira mão a encenação futura da peça pelo Ginásio e repetia, em linhas gerais, os mesmos elogios feitos pelo Conservatório, referentes à simplicidade do estilo e à naturalidade do enredo, sem, todavia, mencionar o nome do autor.

Alencar, talvez por excesso de zelo, fez questão de manter o anonimato na ocasião da sua estréia como teatrólogo. A partir de 20 de

---

1. *Diário do Rio de Janeiro*, Rio, 17 set. 1857, p. 2. Na seção de manuscritos da Biblioteca Nacional há a cópia original do parecer de Antonio Luís Fernandes da Cunha, que foi designado pelo presidente do Conservatório Dramático para fazer a censura e julgamento da comédia. Lamentavelmente, a seção de manuscritos possui pareceres sobre apenas quatro peças de Alencar, que são as seguintes: *O Rio de Janeiro, Verso e Reverso; O Demônio Familiar, O Crédito* e *O que é o Casamento?*

outubro, os jornais passaram a anunciar, quase que diariamente, os últimos ensaios de "uma espirituosa composição nacional, escrita por uma das mais hábeis penas da imprensa fluminense, intitulada *O Rio de Janeiro, Verso e Reverso*". A primeira representação deu-se a 28 de outubro e a segunda a 30, com bastante sucesso de público. Satisfeito com o resultado, Alencar consentiu que o anúncio da terceira representação trouxesse o seu nome, o que ocorreu a 1º de novembro. Nesse mesmo dia, Sousa Ferreira, no "Livro do Domingo" do *Diário*, em carta a Leonel de Alencar, fazia a primeira apreciação elogiosa da comédia, citando nominalmente o autor:

> Essa composição não passa de uma revista, espécie muito vulgar nos teatros de França, mas uma revista em que diversos tipos da sociedade fluminense foram apanhados a daguerrétipo e grupados com muita graça. O que há aí de dramático é o modo por que se combinam todas as cenas, o laço que prende todos os personagens a um mesmo fim e o conhecimento das exigências do teatro. A elegância e a naturalidade do estilo são qualidades que se encontram em todos os escritos do Dr. J. de Alencar.

Não escapou a Sousa Ferreira o traço novo que a comédia de Alencar trazia para o teatro brasileiro, ou seja, a reprodução fotográfica de alguns tipos comuns da cidade do Rio de Janeiro. Não concordamos, porém, que o *Verso e Reverso* pertença inteiramente ao gênero revista. A peça é híbrida, metade comédia, metade revista, como assinalou R. Magalhães Jr., em nossos dias[2].

O segundo folhetinista a saudar a estréia do novo dramaturgo foi Francisco Otaviano, nas "Páginas Menores" do *Correio Mercantil*, a 2 de novembro. Intelectual respeitado na corte e velho amigo de Alencar, notou com bastante justeza a semelhança entre a peça e os folhetins escritos alguns anos antes "ao correr da pena". E, como Sousa Ferreira, elogiou também a feição renovadora da composição:

> Seguramente os leitores não esqueceram o delicado e espirituoso escritor que "ao correr da pena" historiava há anos neste mesmo lugar a vida e os feitos da população da capital.
>
> Com a mesma graça e facilidade transportou ele agora para a cena um desses estudos de costumes que sabia traçar com naturalidade e sentimento.
>
> Verdade nos tipos que escolheu, simplicidade e viveza no diálogo, enredo fácil e desfecho feliz, são as qualidades que se notam no primeiro ensaio do novo autor dramático.

Após três representações muito aplaudidas e elogios de penas ilustres da imprensa fluminense, Alencar, recém-saído do anonimato, saboreava o primeiro triunfo na seara teatral e aguardava, por certo com

---

2. MAGALHÃES JR., R. *José de Alencar e sua Época*. 2. ed., Rio, Civilização Brasileira, 1977, p. 106.

alguma ansiedade, a estréia de *O Demônio Familiar*, marcada para 5 de novembro. Mas, inesperadamente, um comentário irônico a respeito do *Verso e Reverso*, publicado nas páginas de *A Marmota*, três dias antes, veio conter o seu entusiasmo. As alfinetadas partiam de Paula Brito, proprietário do jornal, e atingiam não só a comédia, mas também o seu autor, por ter estreado anonimamente. A nota, intitulada "Estréia Dramática", dizia:

Um dos nossos mais hábeis jornalistas estreou no – Ginásio Dramático – oferecendo-lhe, a um tempo, duas de suas composições; da primeira, já três vezes representada, não se deu como autor e é – *Rio de Janeiro, Verso e Reverso*; – na segunda, porém, não só pôs o seu nome, como a dedicou mesmo a S.M., a Imperatriz.

Ora, se o autor duvidava do feliz êxito da sua comédia, e tanto que não a assinou, e nem os jornais a deram como dele: – porque havemos de encarecê-la? não; guardemo-nos para aquela, que está por ele assinada – *O Demônio Familiar*.

Entretanto, continuem todos a ver o *Rio de Janeiro*, que, se acharem quem o acuse no princípio, encontrarão quem o defenda no fim. Oh! se os Primos quiserem ver o que é amor, dedicação, honestidade, mimo, respeito filial, enfim tudo o que quiserem, numa Prima, em tudo interessante, não deixem de apreciar o *O Rio de Janeiro*.

No *Rio de Janeiro* há lojas de modas, há amigos fiéis e francos, há zangões da praça do comércio, negociantes sisudos, moças de saia-balão, vendedores de bilhete de loteria, versistas, falsas mendigas, meninas de pandeiro etc., etc; ora, tudo isso em movimento, já se vê que é alguma coisa.

Quando o autor fez o 1º ato da sua comédia, nunca tinha escrito para o teatro; mas quando fez o 2º, já tinha escrito o 1º.

Irritado, Alencar respondeu secamente às palavras provocadoras de Paula Brito, fazendo publicar no *Diário do Rio de Janeiro*, de 3 de novembro, uma nota na qual justificava o anonimato e recriminava o tipo de crítica que seu colega jornalista fizera:

Na *Marmota* lêem-se algumas palavras que parecem escritas a medo sobre a comédia que se representou no Ginásio, intitulada *O Rio de Janeiro, Verso e Reverso*.

Dizemos que essas palavras parecem escritas a medo, porque acabando de lê-las, não sabe o leitor se aquele que as escreveu achou boa ou má a comédia.

Não era isso o que cumpria fazer aqueles que podem julgar de uma composição; entendemos que mais vale emitir um juízo franco do que ocultar o seu pensamento com torneios de frases.

O autor de *O Rio de Janeiro, Verso e Reverso* não teme a censura; se a temesse não apresentava ao público a sua obra, e não criticava a dos outros pela imprensa, clara e abertamente como o costuma fazer.

Também não corre atrás de elogios; para recompensa do seu trabalho basta o acolhimento que deu um público ilustrado, e as palavras animadoras com que o saudou uma das mais belas inteligências do seu país, o Sr. Dr. Otaviano.

Quanto a não ter assinado sua comédia, a razão é porque não julga que o seu nome obscuro exprimise cousa alguma em um livro, e porque não costuma fazer preceder o pouco que faz por grandes anúncios e avisos prévios.

Também não assinou a outra, como pensa quem escreveu o artigo; assinou apenas a dedicatória a S.M. a Imperatriz, porque um anônimo não podia dirigir-se à Majestade.

Esse pequeno incidente entre Paula Brito e Alencar teve desdobramentos poucos dias depois, quando *O Demônio Familiar* subiu à cena. Mas isso é assunto do próximo capítulo. Por ora, basta assinalar que a crítica de Paula Brito não atrapalhou absolutamente o sucesso do *Verso e Reverso*. A peça teve cerca de dez representações nos últimos meses de 1857, e nos dois anos seguintes esteve incorporada ao repertório do Ginásio Dramático, que a apresentava de tempos em tempos. Curiosamente, quem não ficou satisfeito com o resultado geral da encenação foi o próprio Alencar, que recriminou com aspereza a displicência de alguns atores responsáveis por papéis secundários: "... podia ser melhor representado do que foi, se não houvesse em todos os teatros certos atores que se desonram em fazer pequenos papéis, e que por isso não se importam de sacrificar uma peça, um autor e o teatro que os sustenta" (*ACB*, p. 43). Sousa Ferreira, no folhetim a que já nos referimos, foi mais benevolente. Notou alguma hesitação nos atores apenas durante a primeira representação, acrescentando que a segunda transcorreu normalmente. Seus maiores elogios foram dirigidos à atriz Adelaide Amaral, pela "perfeita interpretação" que soube dar ao papel de Júlia, bem como ao cenário do primeiro ato, pintado por Bragaldi, que mostrava a Rua do Ouvidor com a esquina da Rua da Quitanda.

*

Não é improvável que, pelo menos em parte, o bom acolhimento que teve a comédia de Alencar se deveu à contemporaneidade da ação representada no palco. O público fluminense deparava-se com o Rio de Janeiro dos seus dias, apreendido em sua faceta mais característica: a Rua do Ouvidor, com toda a sua palpitação e alguns dos tipos mais variados que compunham então a sua fisionomia, como o cambista de loterias, o corretor de ações, a falsa mendiga, o aposentado politiqueiro, o rapaz elegante, o menino vendedor de fósforos, a menina de realejo e o poeta à cata de assinaturas para financiar a publicação dos seus livros.

No primeiro ato da peça, essa galeria de personagens desfila aos olhos dos espectadores, movimentando-se numa loja de modas "montada com luxo e no gosto francês", conforme indicação do autor. A Rua do Ouvidor, centro comercial chique da época, é o pano de fundo da ação, mas tudo se passa no interior da loja. A primeira cena se abre com a chegada de Ernesto, que entra de um salto, já que na rua estava sendo atropelado pela grande movimentação de pessoas e por todos os tipos de carros, carroças, carretas e ônibus em circulação. Ernesto é a personagem principal da comédia. Estudante em São Paulo, encontra-se no Rio de Janeiro para passar as férias, mas após oito dias de permanência na cidade que tanto queria conhecer, só vê defeitos à sua volta:

> ERNESTO (*a* BRAGA) – ... Como as coisas mudam vistas de perto! Quando estava em São Paulo o meu sonho dourado era ver o Rio de Janeiro, esse paraíso terrestre, essa maravilha de luxo, de riqueza, de elegância! Depois de três anos de esperanças consigo enfim realizar o meu desejo: dão-se as férias, embarco, chego e sofro uma das mais tristes decepções da minha vida. Há oito dias apenas que estou na corte e já tenho saudades de São Paulo.

Por que Ernesto se decepcionou tanto com o Rio de Janeiro? É o que todo o primeiro ato procura mostrar. Inteligentemente, Alencar evitou, na medida do possível, os enxertos narrativos com os quais a personagem explicaria a sua desilusão com a cidade. Pelo contrário, tratou de dinamizar a ação dramática, fazendo Ernesto ou reviver algumas situações ou passar por novas experiências que iam influindo mais e mais em sua crescente aversão à vida da corte. A comicidade do primeiro ato da comédia é extraída dessa situação bem corriqueira. Ernesto não consegue se adaptar ao dia-a-dia movimentado do Rio de Janeiro e não suporta as investidas dos tipos que habitam a Rua do Ouvidor. Mal entra na loja de modas do Sr. Braga, um menino vem gritar-lhe no ouvido que vende fósforos; em seguida, Felipe, o cambista de loterias, quer empurrar-lhe um bilhete a todo custo. A irritação de Ernesto, que já é grande, aumenta com a chegada de Augusto, corretor de ações, que o toma por um acionista, e pretende comprar-lhe ações. Notamos, nessa altura, que o traço caricaturesco de algumas personagens secundárias é outro elemento cômico importante na peça de Alencar. Custódio, um velho aposentado e apaixonado pela política, e Augusto são os melhores exemplos. Para o segundo, tudo gira em torno de transações de crédito e câmbio; para o primeiro, o que interessa é a formação dos ministérios, os escândalos e a imoralidade dos políticos. Eis um típico diálogo de surdos entre ambos, escrito com bastante graça:

> CUSTÓDIO (*cumprimentando* AUGUSTO) – Passou bem, Sr. Augusto? Que há de novo?...
> AUGUSTO (*rápido*) – Câmbio 27 1/2; juros 9 e 10%; cotação oficial. Ações – vendas animadas; Estradas de Ferro, dez, bastante procuradas. Tem Estrada de Ferro?...
> CUSTÓDIO – Dizem que o ministério não está seguro?...
> AUGUSTO (*rápido*) – Seguro monstro – estacionário. Banco do Brasil – 102; Hipotecário 205 – mercado regular, poucas vendas. Mangaratiba – frouxo; Paquetes e Gás – oscilam; Rua do Cano – baixa completa, desconto.
> CUSTÓDIO – Então não diz nada a respeito da política?
> AUGUSTO – Digo que tome o meu conselho; Estrada de Ferro, Estrada de Ferro, e largue o mais. Adeus; vou concluir uma operação importante.

As personagens secundárias da peça comportam, sem exceção, a conhecida definição de "personagens planas" elaborada por E. M. Forster[3]. Felipe só sabe falar de bilhetes e prêmios de loterias, Augusto se ocupa apenas de transações comerciais, e Custódio, além de só se interessar pela política, sempre que entra em cena faz a mesma pergunta a quem quer que seja: "Que há de novo?". Alencar construiu essas personagens como tipos, cuja função não é apenas a de causar o riso, mas formar, em conjunto, um quadro de alguns costumes urbanos do Rio de Janeiro de meados do século passado. Para completar esse quadro, não poderia faltar o moço elegante da Rua do Ouvidor que, à falta de ocupação definida, vive vendendo bilhetes de espetáculos teatrais em benefício de algum artista ou protegendo publicações de obras poéticas. Para azar e desespero de Ernesto, esse é o próximo tipo que entra na loja após Augusto e Custódio. Resultado: a contragosto, compra um bilhete e toma uma assinatura de um livro de poemas. Finalmente, a última exploração a que o herói da comédia é submetido parte de D. Luísa, uma falsa mendiga que para todos repete a história de um marido falecido e oito filhos – às vezes nove – desamparados. Lá se foram mais alguns mil-réis. Após todas essas cenas, Ernesto só poderia ver o Rio de Janeiro como um verdadeiro inferno. É o que diz a Júlia, sua prima, que entra com o pai e D. Mariana, em seguida a D. Luísa, para fazer algumas compras. O diálogo entre os dois primos é o resumo das experiências vividas por Ernesto, que começa explicando por que se decepcionou com a corte:

ERNESTO – Eu lhe conto. Logo que cheguei, não vi, como já lhe disse, no aspecto geral da cidade, nada que me impressionasse. Muita casa, muita gente, muita lama; eis o que há de notável. Porém isto não é nada; de perto é mil vezes pior.

JÚLIA – E depois? Quando passeou?

ERNESTO – Quando passeei? Porventura passeia-se no Rio de Janeiro? O que chama a senhora passear? É andar um homem saltando na lama, como um passarinho, atropelado por uma infinidade de carros, e acotovelado por todo o mundo? É não ter um momento de sossego, e estar obrigado a resguardar os pés de uma carroça, o chapéu de um guarda-chuva, a camisa dos respingos de lama, e o ombro dos empurrões? Se é isso que a senhora chama passear, então sim, admite que se passeie no Rio de Janeiro.

Nem mesmo a famosa Rua do Ouvidor escapa às suas críticas: "Se o Rio de Janeiro é o inferno, a Rua do Ouvidor é o purgatório de um pobre estudante de São Paulo que vem passar as férias na corte". Júlia, atônita, não o compreende, pois a opinião corrente era inteiramente contrária à de Ernesto. Na seqüência do diálogo ele descreve à prima os "encantos" que encontrou na Rua do Ouvidor:

3. FORSTER, E. M. *Aspectos do Romance*. Porto Alegre, Globo, 1969, pp. 51-65.

ERNESTO – ... Apenas dei o primeiro passo, saltou-me um sujeito gritando a goelas despregadas: "Fósforos! Fósforos inalteráveis e superiores! a vintém!" Para me ver livre do tal menino tive que trocar uma nota e comprar um embrulho de caixas de fósforos (...) Porém não fica nisto; apenas vejo-me livre de um, eis-me com outro: "Vigésimos, quartos, bilhetes, meios e inteiros! Sorte grande!". Lá se foram dez mil-réis. (...) Ainda não acabei. Daí a pouco um benefício do ator tal, uma subscrição para isto, um cartão de baile das sociedades de beneficência de todas as nações do mundo. Enfim encontro um amigo que não me via há três anos, e o primeiro cumprimento que me dirigiu foi empurrar-me este bilhete e ainda por cima um volume de poesias que já paguei, mas que ainda não está impresso.

Depois de tantos dissabores, Ernesto se mostra firmemente decidido a voltar para São Paulo. Marca a passagem para o dia seguinte, mas Teixeira, pai de Júlia e seu tio, intervém providencialmente, proibindo-lhe a viagem, forçando-o a passar as férias na intragável cidade do Rio de Janeiro. Ao terminar o ato, temos, somada ao gracioso painel de costumes da época, uma ponta de intriga amorosa: Ernesto não esconde sua inclinação por Júlia e ela corresponde discretamente aos seus cortejos.

Ao iniciar-se o segundo ato, três meses depois, não mais na buliçosa Rua do Ouvidor, mas numa casa elegante situada no bairro acolhedor das Laranjeiras, Ernesto está totalmente mudado. Aquela irritação e mau humor constantes desapareceram. Sempre amável e sorridente nas conversas, prepara-se agora para voltar a São Paulo, pois as férias chegaram ao fim. Alencar nos dá então o reverso da medalha. Ernesto deixa de ver defeitos na corte e passa a considerá-la "um paraíso, um céu na terra". O motivo dessa transformação não poderia ser outro: o amor. E chegamos ao tema da comédia, tão bem definido por Machado de Assis: "... o efeito do amor no resultado das impressões do homem" (*CT*, p. 230). O Rio de Janeiro visto agora pelos olhos apaixonados de Ernesto é, objetivamente, o mesmo de três meses antes, com suas ruas cheias de lama, sua agitação e tipos inoportunos, aproveitadores. Mas o amor é um filtro mágico que modifica e embeleza a paisagem em redor. Os passeios nos arrabaldes, outrora um banho de poeira, se tornam subitamente lindos: "Pode haver coisa mais linda do que um passeio ao Corcovado, donde se vê toda esta cidade, que merece bem o nome que lhe deram de *princesa do vale*?" Os benefícios, que Ernesto considerava um estelionato legitimado pela sociedade, são agora nobres e belos, pois caracterizam o Rio de Janeiro como uma cidade generosa e hospitaleira. Ademais, "que coisa mais bela, do que as pessoas que vivem na abastança protegerem divertindo-se aqueles que necessitam e são pobres!" As pessoas que o aborreciam no primeiro ato passam a ser vistas com simpatia e, direta ou indiretamente, contribuem para a sua felicidade. Henrique, o rapaz elegante da Rua do Ouvidor, empresta-lhe dinheiro para pagar algumas dívidas; Custódio, velho importuno, é a companhia ideal para as ocasiões em que pretende ficar a sós com Júlia, pois se alheia completamente do mundo; Augusto, o zangão da Praça do Comércio, é útil porque afasta Teixeira do lar... e da filha; D. Luísa, a mendiga espertalhona, iria receber as cartas endereçadas à amada, mediante pequena comissão; Felipe, o cambista, vende-lhe um bilhete que é premiado, tornando-o rico e independente do pai; finalmente, é Pereira quem comunica a Teixeira, de uma maneira um tanto extravagante, que Ernesto ama Júlia e tenciona casar-se com ela.

A graça do segundo ato está na inversão de valores e comportamento por parte de Ernesto, bem como nos espirituosos diálogos que mantém com Júlia, quando elogia, um a um, os defeitos que via anteriormente na corte. Alguns recursos utilizados por Alencar no curso da intriga são simples e mesmo ingênuos, como o de enriquecer o herói através de um bilhete de loteria, resolvendo o seu maior problema, ou seja, a dependência financeira em relação ao pai. Mas esse recurso, apesar da simplicidade, tem sua eficácia por dois motivos: primeiro, porque surpreende – é um fato inesperado –, adquirindo assim toda uma carga de comicidade mesclada de incredulidade; segundo, porque possibilita o final feliz, requisito de toda boa comédia.

A comicidade da peça merece ainda algumas considerações. Vimos, no capítulo anterior, que Alencar escreveu o *Verso e Reverso* com uma preocupação bem definida: a de fazer rir sem fazer corar. Tinha em mente, pois, a idéia de moralizar a cena nacional. Depois de quatro ou cinco representações, ele mesmo comenta: "O público que ouve de bom humor, diz que consegui o primeiro fim, o de *fazer rir*; os homens os mais severos em matéria de moralidade não acham aí uma só palavra, uma frase, que possa fazer corar uma menina de quinze anos" (*ACB*, p. 43). Alencar buscava uma comicidade decorosa, limpa de ditos grosseiros ou de situações maliciosas, tão comuns nas farsas e nos *vaudevilles* representados nos teatros de seu tempo. Por outro lado, nem Martins Pena poderia lhe servir de modelo, pois alguns dos seus recursos cômicos, como os qüiproquós, os disfarces, as correrias em cena eram um tanto exagerados e desprovidos de naturalidade. Além disso, o ponto de partida de Alencar era a observação direta da vida cotidiana da sociedade polida do Rio de Janeiro. Sua comédia apresentava em cena uma família aburguesada, cujo comportamento jamais seria idêntico ao do proletariado da periferia. A comicidade devia resultar, portanto, dos diálogos simples e naturais, dos gestos comedidos, das tiradas espirituosas, das observações delicadas, da singeleza do enredo.

Alencar foi feliz nessa sua primeira composição. Embora tivesse conhecimento dos preceitos básicos do realismo teatral quando a escreveu – a moralidade e a naturaliade –, não os considerou como dogmas. Podemos até acreditar que as mocinhas do seu tempo riram sem corar do *Verso e Reverso*, mas não vemos na comédia nenhuma lição moral, o que é positivo, aliás. Uma prova disso é que no final a virtude é recompensada – triunfa o amor puro – e o vício não é punido. Nesse sentido, Alencar se mostra menos moralista do que o próprio Martins Pena, que, segundo sua opinião, não tinha preocupações elevadas. A propósito, vale lembrar o final da comédia *O Judas em Sábado de Aleluia*, no qual a irmã virtuosa e casta vai se casar com o rapaz a quem ama, enquanto que a irmã namoradeira é punida, recebendo um velho para marido. Alencar, por sua vez, relativiza o certo e o errado, o direito e o avesso, fazendo tudo depender do ângulo de observação. Assim, o que era vício (verso) no primeiro ato, embora não o deixe de ser, objetivamente, no segundo, adquire características benéficas (reverso), pois contribui para a felicidade do herói. O exemplo mais marcante é o de D. Luísa, uma mendiga mentirosa, desonesta e importuna, que passa a ser, momentaneamente, a possível solução para Ernesto manter correspondência com Júlia sem que Teixeira soubesse. Evidentemente, não é o que vai ocorrer, pois para salvaguardar a moral o namoro é consentido no fecho da peça, e o casamento marcado para depois de alguns meses. Percebemos, então, que no *Verso e Reverso* Alencar faz o desenho dos costumes urbanos do seu tempo sem criticá-los veementemente, sem propor transformações na ordem social. Antes, expõe os quadros da sociedade que apreendeu de uma maneira objetiva, deixando ao espectador/leitor a possibilidade de considerar o Rio de Janeiro pelo seu verso ou reverso. A crítica que faz aos costumes, na verdade, semelha à atitude do pai que chama a atenção do filho por causa de uma travessura qualquer e ao mesmo tempo sorri, orgulhoso, da sua vivacidade.

Se podemos afirmar que o *Verso e Reverso* não prima pelo excesso de preocupações morais, da mesma forma podemos nos referir ao problema da naturalidade. Alencar foi fiel a ela até certo ponto. Algumas personagens secundárias, por exemplo, são menos "naturais" que o casal protagonista. Ernesto e Júlia são quase "reais" e poderiam habitar qualquer casa do Rio de Janeiro. Mas Felipe, Augusto, Custódio e D. Luísa, como já notamos, têm muito de caricaturesco, elemento duplamente necessário, na medida em que provoca o riso e ressalta a crítica aos costumes. Outro elemento que impede a naturalidade total da comédia é a abundância de apartes, recurso que Alencar considerou obsoleto já na construção da segunda peça, *O Demônio Familiar*. Apesar de tudo, não deixa de ser realista no *Verso e Reverso* a pintura de alguns tipos e hábitos da sociedade fluminense de meados de século passado. E tão realista, repetimos, a ponto de provocar um incidente curiosíssimo durante uma das representações. Escreve R. Magalhães Jr.:

> Correra pela cidade a notícia de que, na peça de Alencar, o principal ator cômico do Ginásio, Antonio Francisco de Sousa Martins, mais conhecido pelo último nome e a quem fora entregue o papel de um dos parasitas, o poeta Pereira, sempre à cata de subscritores para o seu livro, aparecia caracterizado exatamente como um tipo popular da cidade, Inácio Martins Ferreira, vate de água-doce que tinha a mesma mania. Esse poetastro era também conhecido como "o Maranhense" e "o Poeta do Bacanga". Avisado disso, correu ele ao teatro e tomou lugar na platéia. No primeiro ato, na cena em que surgia o poeta Pereira, levantou-se "o Maranhense" na platéia, exclamando: "Têm razão! Sou eu mesmo, sem tirar nem pôr!" E, enquanto os espectadores olhavam ora para um, ora para o outro, comparando com admiração a espantosa semelhança dos tipos: "Bravos a você, Martins! Bravos! É uma grande caracterização! Você é um ator magnífico! Mas, quanto ao autor, esse me pagará!" Já se tinha rompido o anonimato e José de Alencar, em lua de

mel com a glória de neocomediógrafo, estava no teatro, *lambendo* a cria, como se diz na gíria dos bastidores quando um autor novato acompanha enlevado as primeiras representações de suas peças. No intervalo, aos berros, o "Poeta do Bacanga" investiu contra ele, de bengala em punho, e o teatrólogo, pequenino e fraco, não teve outro remédio senão o de desandar a toda pressa, pela rua afora, escapando à agressão[4].

O fato, pitoresco em si, revela também o ponto de partida de Alencar: a observação do real. Acreditamos, todavia, que por não conter excesso de moralidade e naturalidade o *Verso e Reverso* deve menos do que se pensa à estética teatral realista de um Dumas Filho ou de um Émile Augier. A peça é antes um prolongamento da atividade de folhetinista do autor, como observou Araripe Jr.: "O *Verso e Reverso* não passa de um quadro risonho, e como destacado ainda das mesmas impressões, que lhe haviam ditado os folhetins *Ao Correr da Pena*"[5]. Alencar, porém, pretendia ser mais do que um Martins Pena da burguesia fluminense do Segundo Reinado, ou seja, não queria diverti-la com historietas polidas, mas sim educá-la por meio de lições edificantes, com peças que abordassem assuntos de interesse social. Talvez por isso não tinha o *Verso e Reverso* – sua única comédia ligeira – em grande conta: "... espécie de revista ligeira que na minha opinião não tem outro merecimento senão o de ser breve, e não cansar o espírito do espectador" (*ACB*, p. 43). Atribuía pouco valor e alcance limitado a sua peça de estréia porque sabia perfeitamente que ela não encerrava lições morais, ao contrário das comédias realistas que escreveu em seguida, no mesmo ano de 1857: *O Demônio Familiar*, *O Crédito* e *As Asas de um Anjo*. Machado de Assis, que nessa época se proclamava adepto do realismo teatral de origem francesa, também via na ausência de preocupações morais do *Verso e Reverso* uma deficiência. Reconhecia o talento e a habilidade de Alencar no trato dos costumes e na caracterização das personagens, mas lamentava a inexistência de idéias mais elevadas. Vejamos sua apreciação:

É sem dúvida necessário que uma obra dramática, para ser do seu tempo e do seu país, reflita uma certa parte dos hábitos externos, e das condições e usos peculiares da sociedade em que nasce; mas além disto, quer a lei dramática que o poeta aplique o valioso dom da observação a uma ordem de idéias mais elevadas e é isso justamente o que não esqueceu o autor de *O Demônio Familiar*. O quadro do *Verso e Reverso* era restrito demais para empregar rigorosamente esta condição da arte (*CT*, pp. 231-232).

Demasiadamente presos à concepção de um teatro do tipo "daguerreótipo moral", Alencar e Machado tinham em mente as características da comédia realista quando julgaram o *Verso e Reverso*. Não

---

4. MAGALHÃES JR., *José de Alencar*..., p. 109.
5. ARARIPE JR., T. A. *José de Alencar*. 2. ed., Rio, Fauchon, 1894, pp. 64-65.

cremos, entretanto, que se possa fazer restrições à peça por não conter lições moralizantes. No seu gênero específico, a comédia ligeira, é "uma das mais graciosas e inteligentes obras nacionais, e só encontra paralelo na burleta *A Capital Federal*, de Artur Azevedo"[6]. São palavras de Sábato Magaldi, com as quais estamos de pleno acordo. O *Verso e Reverso*, embora não seja uma composição de grande fôlego, apresenta mais qualidades do que defeitos. A excelente construção dos diálogos, a intriga bem urdida, a caracterização convincente das personagens, tudo deixa entrever um autor com inteiro domínio das técnicas teatrais. Prenúncio de uma carreira de dramaturgo bem sucedida? É o que veremos.

---

6. MAGALDI, Sábato. *Panorama do Teatro Brasileiro*. São Paulo, Difel, 1962, p. 93.

4. *O Demônio Familiar*

O Demônio Familiar está para *O Rio de Janeiro, Verso e Reverso* assim como *O Guarani* está para *Cinco Minutos*. Quer dizer, o primeiro romance e a primeira peça teatral escritos por Alencar são passos tímidos em relação aos respectivos gêneros literários a que pertencem. A dupla trajetória inicial do artista é simétrica. Como romancista publica dois romances seguidamente, conseguindo o reconhecimento da intelectualidade da corte com o segundo. Enquanto dramaturgo, faz a sua segunda peça estrear apenas uma semana depois da primeira, obtendo o mesmo resultado. Assim como *O Guarani* abre uma nova fase do romance nacional, marcada pela preocupação com os fundamentos de uma nacionalidade literária brasileira, *O Demônio Familiar* coloca em xeque toda a estética teatral romântica e aponta aos jovens escritores o caminho da renovação do teatro nacional.

Comecemos, pois, a investigar a "história" de *O Demônio Familiar*, comédia em quatro atos, cuja estréia ocorreu a 5 de novembro de 1857, no Teatro Ginásio Dramático.

Pela segunda vez Alencar submeteu-se à censura do Conservatório Dramático anonimamente. Em fins de setembro, João José do Rosário, na qualidade de censor, deu o seguinte parecer a respeito da comédia:

> Mesquinha pena para julgar trabalho tão delicado, acho-me nas circunstâncias de um conhecido pintor quando se lhe apresentou a mais maravilhosa das telas de Rubens.
>
> Conhecendo-me como ele se conhecia, responderei com as mesmas palavras: o autor não necessita de conselhos nem de emendas; não os devo, não os posso, não os quero dar nem fazer: emitirei apenas a minha opinião. E minha opinião é que, entre algumas composições que, sobre usos brasileiros tenho lido, não encontrei quadros mais vivos, mais naturalidade.

Parece-me, é certo, que a personagem Pedro está por demais acurada, isto é, um pouco exagerada; mas tendo-se em consideração o fim para que foi escrita a comédia, isso mesmo se desculpa, se olvida.

Em conclusão, creio a peça *O Demônio Familiar* tão digna de ser representada, como o seu autor dos elogios do Conservatório.

Rio de Janeiro, 27 de setembro de 1857[1]

Os elogios vêm acompanhados de uma ressalva. Mas Diogo Bivar, presidente do Conservatório, encareceu as qualidades da peça e incumbiu o 1º secretário da entidade de descobrir o autor que se escondia sob o anonimato, a fim de comunicar ao Governo Imperial a existência de um dramaturgo brasileiro de bom quilate. Eis o seu "Despacho":

Com muita satisfação, conformando-me com a judiciosa censura, dou licença para que esta comédia possa subir à cena em qualquer teatro desta corte. Caracteres bem desenhados, e tipos verdadeiros; o ridículo apanhado sem afetação, mas com chiste; cenas de família naturais, e todavia espirituosas; linguagem vulgar e por vezes filosófica, tudo constitui esta composição uma verdadeira comédia de costumes que só nós brasileiros podemos aquilatar.

Em nome, pois, do Conservatório dirijo a seu autor os mais sinceros encômios; e como tenho de nominativamente indicar ao governo imperial os nomes dos autores nacionais distintos por suas composições dramáticas, encarrego ao Sr. 1º secretário de me informar quem seja o de que se trata. E mando que a censura se publique com este despacho.

Rio de Janeiro, 29 de setembro de 1857[2]

A julgar pela rapidez com que Antonio Luís Fernandes da Cunha, o 1º secretário interino do Conservatório, descobriu o autor da peça, somos levados a crer que o anonimato, num meio intelectual tão restrito como o do Rio de Janeiro em meados do século passado, era um expediente não muito eficaz para se evitar a publicidade. A 1º de outubro foi enviada a seguinte carta a Alencar:

Ilmo. Sr. Dr. José Martiniano d'Alencar.

Na qualidade de 1º Secretário do Conservatório Dramático Brasileiro, fui pelo Exmo. Sr. Conselheiro Presidente encarregado de indagar o nome do autor da comédia em quatro atos *"O Rio de Janeiro – Demônio Familiar"* (sic), que tendo sido ultimamente apresentada à censura do mesmo Conservatório, mereceu os maiores elogios, tanto pela naturalidade do enredo, como pela elegância do estilo, – sinais reveladores de um brilhante talento e não vulgar erudição.

Cumprindo a determinação do Exmo. Sr. Presidente, tratei de informar-me a semelhante respeito, e afinal entrei na convicção de que a V.S. pertenciam os louros de tão assinalada vitória.

Rogo, pois, a V.S. por meio desta carta, que se digne permitir que eu comunique ao Exmo. Sr. Presidente o feliz resultado de minhas pesquisas.

---

1. *Diário do Rio de Janeiro*, Rio, 2 out. 1857, p. 2.
2. *Idem*, p. 2.

Acredito que V.S., para não ser egoísta, e até para não ofuscar o brilho de um dos mais cintilantes raios da literatura brasileira, prestar-se-á de boa mente ao meu pedido.

Sou com a maior consideração

De V.S.
At. Vener. e Cr. do
Antonio Luís Fernandes da Cunha

Rio, 1º de outubro de 1857[3].

Mas um dia antes, o próprio Alencar se antecipara, desvendando o anonimato de uma maneira pouco comum: dedicava a peça à Imperatriz D. Teresa Cristina e pedia-lhe permissão para tornar pública a reverência. Enviou então uma cópia autográfica de *O Demônio Familiar* ao Visconde de Sapucaí, que fez o papel de intermediário, acrescentada da seguinte dedicatória:

Senhora:

Permiti que eu escreva vosso nome ilustre na primeira página do meu livro obscuro.

Esta comédia é um quadro da nossa vida doméstica; uma pintura de nossos costumes; um esboço imperfeito das cenas íntimas que se passam no interior das nossas casas; é enfim, a imagem da família.

Ela vos pertence, pois, Senhora, e por dois títulos, – porque sois a mãe da grande família brasileira; e porque a vossa vida é um exemplo sublime de virtudes domésticas.

Não me animo a oferecê-la à Majestade; ofereço-a à mãe, à esposa, à irmã, que sabem perdoar todas as faltas.

É um pequeno testemunho de meu grande respeito e admiração.

Rio de Janeiro, 30 de setembro de 1857.

José de Alencar[4].

Não sabemos se comovida pelas palavras ternas e afetuosas da dedicatória ou impressionada pela boa qualidade da peça, a Imperatriz acedeu ao gesto reverente de Alencar. Tal aquiescência foi logo comunicada ao escritor por meio da seguinte carta do Visconde de Sapucaí:

Ilmo. Sr. Dr. José de Alencar

Tenho a satisfação de participar a V.S. que Sua Majestade a Imperatriz há por bem permitir que lhe seja dedicada a interessante comédia intitulada – *O Demônio Familiar* – cujo autógrafo devolvo a V.S. para a representação.

Dando cumprimento à ordem imperial, aproveito a ocasião para congratular-me com V.S. pela feliz concepção e execução da obra.

3. MENEZES, Raimundo de. *Cartas e Documentos de José de Alencar*. 2. ed., São Paulo, Hucitec, 1977, pp. 162-163.
4. *Diário*..., 4 nov. 1857. p. 4.

Sou com muita consideração

De V.S.
Admdor. e Obr.
Visconde de Sapucaí

Paço, 3 de outubro de 1857[5].

No início de novembro, os anúncios da primeira representação de *O Demônio Familiar* publicados no *Diário* reproduziam os elogios do Conservatório Dramático e a dedicatória à Imperatriz. Na noite da estréia, D. Teresa Cristina, retribuindo a gentileza a seu súdito, ocupava um dos camarotes do Ginásio Dramático, juntamente com D. Pedro II. Ao término do espetáculo, segundo o relato de um folhetinista, os espectadores aplaudiram com emoção não só a peça como o seu autor, presente à estréia. O clima de animação que tomou conta do meio intelectual do Rio de Janeiro durante as primeiras representações de *O Demônio Familiar* foi notável. A peça era mesmo diferente de tudo quanto a dramaturgia brasileira havia produzido até então e seus propósitos renovador e nacionalista não passaram despercebidos dos folhetinistas que se ocupavam da crítica teatral. Sousa Ferreira, no *Diário* de 8 de novembro afirmava categoricamente: "*O Demônio Familiar* é a primeira alta comédia original que aparece na cena brasileira". Em seguida, elogiava a maneira realista pela qual Alencar reproduziu a vida em família e a lição moral que via no fecho da peça. No *Correio Mercantil*, a 7 de novembro, Francisco Otaviano fazia um rápido histórico da nossa dramaturgia e destacava a importância da comédia de Alencar no processo de nacionalização do teatro brasileiro:

> Ainda há pouco fiz uma peregrinação pelos nossos teatros em procura do drama nacional. Com grande esforço pude divisá-lo, porém envergonhado e tímido, carregando a esteira de Antonio José ou embrulhando o lençol do Fantasma Branco, fugindo dos gauleses naturalizados à força, e que nem ao menos falavam bem o português. A nossa mocidade, por um vexame que orçava com o mau orgulho, deixara sozinhos na arena os primeiros lutadores que desafiaram o espírito nacional. Isso me consolava: também eu podia passar por orgulhoso e envernizar assim, como muitos outros, a minha inferioridade.
>
> Esse pretexto, porém, não o tenho mais, nem o têm eles. Um jornalista eminente, que não precisava de um florão novo para a sua coroa, veio com a audácia que só inspira o verdadeiro talento arrancar-nos, a uns a indolência, a outros o temor, a todos o pretexto.

Alencar é um exemplo a ser seguido, sugerem as palavras do folhetinista. Viera em socorro do teatro brasileiro, carente de textos, desatualizado e dependente de traduções, para dar um impulso decisivo em direção à criação de um repertório original. Otaviano só tem palavras de admiração para *O Demônio Familiar*. Define-o como "um quadro suave e enternecedor de todas as emoções do lar doméstico (...), um drama onde se exaltam os mais belos sentimentos de família, onde lutam

---

5. MENEZES, *Cartas*..., pp. 139-140.

todas as paixões nobres, e cujo enredo simples e tocante tem por base um hábito que herdamos dos nossos avós relativamente aos escravos domésticos".

Depois de representada três vezes, com bastante sucesso, nos dias 5, 7 e 8 de novembro, a comédia de Alencar foi alvo de críticas ferinas de Paula Brito, em longo artigo publicado no jornal *A Marmota*. O articulista, que dias antes fizera restrições ao *Verso e Reverso*, voltava à carga com disposição redobrada. Começava por uma insinuação carregada de veneno: por que Alencar deu o nome de Pedro – o mesmo do Imperador – ao moleque endiabrado da comédia? Poderia tê-lo chamado Constantino, observava, pois era um nome que tinha inclusive onze letras (alusão ao significado de alcoviteiro que tem a palavra "onze-letras"). Muitos anos depois, comentando com bom humor o que chamava de "distração infeliz" de Alencar, Artur Azevedo considerava-a a causa inicial da animosidade que o Imperador sempre manifestou contra o escritor. Segundo suas palavras, D. Pedro II ficou seriamente ofendido ao ver que o moleque da peça tinha o seu nome, e por não se desfazer facilmente das suas suscetibilidades, não nomeou, posteriormente, Alencar senador[6]. Evidentemente, Artur Azevedo exagerava. Afinal, a Imperatriz aceitara a peça que lhe fora dedicada. Mas o veneno de Paula Brito, lançado no calor da hora, irritou profundamente Alencar. No *Diário do Rio de Janeiro* de 10 de novembro uma resposta anônima – que certamente recebeu o endosso do dramaturgo – rebatia, indignada:

Lembro-me, quando se criticava a *Confederação dos Tamoios* ter alguém dito que não se "podendo ofender o protetor, ofendia-se o protegido". Esse dito parece-se muito com a tal observação do nome; e partem ambas do mesmo sentimento. Acho excelente meio de criticar ou indispor o autor, e fazer pesar sobre ele uma insinuação engenhosa.

No dia seguinte, no mesmo jornal, Leonel de Alencar defendia o irmão, afirmando que as críticas de *A Marmota* eram vazias de sentido e que a observação quanto à identidade do nome causava nojo.

Paula Brito, em sua minuciosa análise, abordava ainda outros aspectos da comédia: via semelhanças entre Pedro e Fígaro, do *Barbeiro de Sevilha*, mas achava a personagem criada por Alencar exagerada. Constatava a inexistência de lances dramáticos ou cenas de efeito e colocava em questão a moralidade da peça, pois vira muitas senhoras corarem, ouvindo o que Pedro dizia delas dura e descarnadamente. Por fim, não só criticava a linguagem do demônio familiar, como procurava demonstrar que a ação final de Eduardo não encerrava nenhuma lição moral. Ponderava que o melhor prêmio que se poderia dar a um escravo era a liberdade, e Pedro, embora fosse um intrigante, o havia ganho.

---

6. AZEVEDO, Artur. "O Martins". *O País*, Rio, 23 jun. 1902, p. 1.

J. DE ALENCAR

O DEMONIO FAMILIAR

COMEDIA

EM QUATRO ACTOS.

RIO DE JANEIRO.

TYPOGRAPHIA DE SOARES & IRMÃO

RUA DA ALFANDEGA N. 6.

1858.

Frotispício da 1ª edição de *O Demônio Familiar*.
Cópia do formulário em que o Conservatório Dramático Brasileiro designa João José do Rosário como censor de *O Demônio Familiar*.

N.º 294   *Autor*

CONSERVATORIO DRAMATICO

Conforme-me inteiramente publique-se a censura e o despacho, com urgencia.
Em 29 de 7bro de 1857.
D. Álvaro J. C.

O Snr. Conselheiro Presidente do Conservatorio Dramatico Brasileiro, em virtude das attribuições que lhe confere o Imperial Decreto de 19 de Julho de 1845, designa o *Snr. João José do Rosario* para interpor o seu juizo sobre o drama intitulado *O Demonio Familiar* que se lhe remette com esta, onde será exarado o seu parecer, tendo em vista as disposições seguintes:—

« Não devem apparecer na scena assumptos, nem mesmo expressões menos conformes com o decoro, os costumes e as attenções que em todas as occasiões se devem guardar, maiormente n'aquellas em que a Imperial Familia Honrar com a Sua Presença o espectaculo.»

(*Aviso de 10 de Novembro de 1843*).

« O julgamento do Conservatorio, he obrigatorio quando as Obras censuradas peccarem contra a veneração á Nossa Santa Religião, contra o respeito devido aos Poderes Politicos da Nação e as Authoridades constituidas, e contra a guarda da moral e decencia publica. Nos casos, porém, em que as obras peccarem contra a castidade da lingua, e aquella parte que é relativa á Orthoepia, deve-se notar os defeitos, mas não negar a licença).

(*Resol. Imperial de 28 de Agosto de 1845*).

Artigo 8.º dos organicos a que se refere a Resolução supra;

» As regras para a censura e o julgamento serão estatuidas em um Regulamento ad-hoc, tendo por fundamento—a veneração á nossa santa Religião,—o respeito devido aos Poderes Politicos da Nação e ás Authoridades constituidas—a guarda da moral e decencia publica,—a castidade da lingua,—e aquella parte que é relativa á orthoepia.

Secretaria do Conservatorio Dramatico Brasileiro 24 de 7bro de 1857.

O 1.º SECRETARIO *interino*
Antonio Luiz Fern.do da Cunha

EMP. TYP.—DOUS DE DEZEMBRO—DE PAULA BRITO.

Ora, "se Pedro fosse um bom escravo, o que lhe daria o Sr. Dr. Alencar?", interrogava. No artigo anônimo ao qual nos referimos, cada aspecto da comédia criticado por Paula Brito foi defendido. O autor ironizava a semelhança que o articulista de *A Marmota* via entre Fígaro e Pedro: "É exata também a semelhança que achou a *Marmota* entre Pedro e Fígaro; um é moleque, o outro um homem livre; um é criado, o outro um barbeiro; um tem 14 anos, o outro mais de 20; um é a malícia da infância, o outro a perversidade do crime. Apesar disto porém, parecem-se muito!...". Em seguida, explicava como fora feita a caracterização de Pedro e defendia a naturalidade de *O Demônio Familiar*:

> O autor copiou o tipo de Pedro da realidade, como o crítico confessa no seu artigo, embora acusando de exageração; isto porém não o desculpa; o crítico queria que ele inventasse alguma coisa nunca vista (...). Diz ainda o crítico que na comédia não há lances dramáticos; é verdade, não há vultos, nem pistolas, nem espadas, nem gritos, e por isso torna-se tão insípida. Se ao menos houvesse um homem rolando de cima de um morro, ou uma aba de casaca arrancada!... Mas qual! A comédia é uma sensaboria, é tal e qual o que se passa todos os dias em qualquer casa.

Quanto à linguagem de Pedro, o articulista anônimo refutava a crítica, dizendo ser ela mais decente do que a de muitas gazetas da corte. Finalmente, a moralidade do fecho da peça era assim defendida:

> O crítico acha o final "imoral"!... Dar a liberdade é com efeito uma tão grande imoralidade!... A comédia, se fosse feita pelo redator da *Marmota*, acabaria desta maneira:
>
> cena final
>
> O protagonista (a Constantino): Tu és um patife, um sem-vergonha! (para as visitas) Meus senhores, dêem-me licença, vou lá dentro mandar dar uma sova neste moleque para que ele não faça mais enredos.
>
> (Ouviam-se dentro os sons do chicote; as visitas riam-se e cafa o pano).
>
> Eis um final que me entusiasma; oh! o crítico tem razão. Aquele final é eminentemente imoral! Dar a liberdade a uma cria da casa que não se tem ânimo de vender!

O *Diário do Rio de Janeiro* transformou-se em uma trincheira, de onde eram desferidos os ataques à pobre *Marmota*, que ousara ser a única voz dissonante no coro laudatório que a imprensa fluminense formou em torno de *O Demônio Familiar*. No dia 11 de novembro, o jornal dirigido por Alencar publicava mais duas defesas da peça: uma feita por Leonel de Alencar, à qual já nos referimos, e outra assinada por um pseudônimo, Pet. Do outro lado, Paula Brito pelejava sozinho. No número seguinte de seu jornal — 13 de novembro — voltava ao assunto, colocando o julgamento final da comédia a cargo dos espectadores que a haviam visto no Ginásio e lido seu artigo e as respostas publicadas no *Diário*. Eximia-se de continuar a polêmica, argumentando que não perderia o seu tempo discutindo com anônimos. O mesmo articulista que respondera às primeiras restrições de Paula Brito encerrava a discussão com mais um artigo provocador, referindo-se à "miscelânea de observações extravagantes" do crítico de *A Marmota* como indigna de ser levada a sério.

No *Correio da Tarde*, a 14 de novembro, Reinaldo Carlos Monteiro saía também em defesa de Alencar, exortando os escritores a seguirem o seu exemplo, contribuindo para a construção de uma dramaturgia inspirada nas páginas da história pátria. À sua preocupação com uma arte nacional, o crítico acrescentava que os sentimentos exagerados e violentos deviam ser extirpados dos palcos brasileiros. E concluía:

> Entretanto há pessoas, cujo mérito especial reconhecemos, que criticam o autor do *Demônio Familiar* pela extensão das falas, e pouca vivacidade no estilo. Notam-lhe pouco interesse no enredo, falta de lances verdadeiramente dramáticos e má escolha de personagens. Nós apenas desejaremos mais alguma concisão nos diálogos, mas preferimos a sua extensão às desgrenhadas imitações da arte impudica de outras sociedades já corruptas.

Diante de tantas opiniões a respeito da sua comédia, Alencar julgou oportuno explicar pela imprensa o que tinha em mente quando a escreveu. Publicou então, a 14 de novembro, no *Diário*, o artigo "A Comédia Brasileira", que era também uma resposta polida aos elogios de Francisco Otaviano e uma defesa contra as críticas de Paula Brito. Como vimos no segundo capítulo, Alencar deixou explícitas, nesse texto, suas preocupações nacionalistas e sua filiação ao realismo teatral de Dumas Filho. Com *O Demônio Familiar*, deixava de lado o gênero ligeiro do *Verso e Reverso* e introduzia na dramaturgia brasileira a comédia realista, cujas características fundamentais eram a moralidade e a naturalidade. Satisfeito com o bom acolhimento que os espectadores fluminenses dispensaram à comédia, comentou: "Fui feliz; o público ilustrado foi mais benévolo do que eu esperava e merecia; *O Demônio Familiar*, escrito conforme a escola de Dumas Filho, sem lances cediços, sem gritos, sem pretensão teatral, agradou" (ACB, p.45).

A julgar pelos comentários dos folhetinistas, parte do êxito que a peça alcançou foi devida ao bom trabalho dos atores do Ginásio. Todos foram unânimes em considerar a encenação uma realização primorosa. O próprio Alencar, que se queixara do resultado geral obtido com o *Verso e Reverso*, mostrava-se agora mais animado, a ponto de terminar o artigo "A Comédia Brasileira" com palavras de agradecimento e admiração aos artistas que representaram a sua segunda peça:

> Terminarei com uma palavra sobre os artistas que representaram a minha comédia, e a quem agradeço a boa coadjuvação que me prestaram. Todos foram bem; uns melhor, porque o seu papel os ajudava; outros pior porque o seu gênero não se harmonizava com esses caracteres novos que pela primeira vez iam aparecer em cena.
>
> Todos cumpriram o seu dever de atores e de artistas; alguns porém cumpriram mais do que o seu dever de atores, tiveram uma condescendência para com o autor.

Foram as Sras. Velluti, Noronha, e o Sr. Graça. A primeira aceitou de muito boa vontade um papel pequeno e que não era do seu gênero; a segunda, quer n'*O Rio de Janeiro*, quer no *Demônio*, criou dois papéis que estavam abaixo do seu talento. O Sr. Graça é um artista que tem a habilidade de fazer de uma palavra um grande papel: não recusa parte alguma, porque tem consciência do seu mérito e sabe que pode fazer de nada muita cousa, que pode dar a sua graça e naturalidade ao que não tem.

O Sr. Martins, para quem escrevi de propósito o papel de *moleque*, foi além do que eu esperava. A Sra. Adelaide e Sr. Pedro Joaquim são um exemplo de que as obras nacionais é que hão de criar os grandes artistas (*ACB*, p.46).

*

Por mais de uma vez, ao longo deste trabalho, enfatizamos a importante contribuição de Alencar – quer como folhetinista, quer como dramaturgo – à renovação teatral que se iniciou na cena do Ginásio Dramático, em 1855, e se prolongou por cerca de uma década, contando com a participação de um número expressivo de escritores. É, portanto, forçoso reconhecer: na história do teatro brasileiro, *O Demônio Familiar* figura como um divisor de águas. Marca, a um só tempo, a ruptura com o romantismo teatral e o início de uma dramaturgia voltada para a discussão de problemas sociais. Aproveitando os ensinamentos da estética realista, que via o palco como o espaço ideal para o debate de idéias, Alencar tratou de proceder à semelhança dos mestres franceses. Em *O Demônio Familiar*, faz toda a ação girar em torno de duas questões fundamentais: a da presença do escravo no seio familiar e a das relações entre o amor, o dinheiro e o casamento. De um lado, um problema local; de outro, um transplante do que se discutia nos palcos parisienses.

Comecemos, pois, pela análise da persagem principal, o moleque Pedro, já que o intuito da peça, segundo palavras do próprio autor, é "mostrar os inconvenientes da domesticidade escrava" (*PAN*, p. 124).

Paula Brito, em seu artigo já referido, foi quem primeiro notou o parentesco de Pedro com Fígaro, sem, no entanto, entrar em detalhes. Machado de Assis, alguns anos depois, observou que "o *demônio* da comédia, o moleque Pedro, é o Fígaro brasileiro, menos as intenções filosóficas e os vestígios políticos do outro" (*CT*, p.233). Cremos ser possível aprofundar as relações estabelecidas pelos dois críticos, a partir de uma autocaracterização de Pedro, que não se contenta em possuir apenas a esperteza de Fígaro. Vejamos a seguinte passagem:

PEDRO – Sim. Pedro fez história de negro, enganou senhor. Mas hoje mesmo fica tudo direito.

CARLOTINHA – Que vais tu fazer? Melhor é que estejas sossegado.

PEDRO – Oh! Pedro sabe como há de arranjar este negócio. Nhanhã não se lembra, no teatro lírico, uma peça que se representa e que tem homem chamado Sr. Fígaro, que canta assim:

> *tra-la-la-la-la-la-la-la-tra!!*
> *Sono un barbieri di qualità!*
> *Fare la barba per carità!...*

CARLOTINHA (rindo-se) – Ah! *O Barbeiro de Sevilha*!

PEDRO – É isso mesmo. Esse barbeiro, Sr. Fígaro, homem fino mesmo, faz tanta cousa que arranja casamento de sinhá Rosina com nhonhô Lindório. E velho doutor fica chupando no dedo, com aquele frade D. Basílio.

CARLOTINHA – Que queres tu dizer com isto?

PEDRO – Pedro tem manha muita, mais que Sr. Fígaro! Há de arranjar casamento do Sr. moço Eduardo com sinhá Henriqueta. Nhanhã não sabe aquela ária que canta sujeito que fala grosso? *(Cantando) La calunnia!*...".

Como vemos, a própria personagem revela a fonte na qual Alencar buscou ajuda para criá-la. O que chama a atenção na passagem transcrita é o conhecimento que Pedro tem do enredo de *O Barbeiro de Sevilha*, a ponto de atribuir a si mesmo a "manha" de Fígaro e a capacidade de maquinação de Don Basílio. Lembremos, a propósito, que na ópera de Rossini – baseada na comédia de Beaumarchais – Don Basílio "filosofa" sobre o poder da calúnia, arma terrível que pode até arruinar os homens mais dignos. Ora, a calúnia é também a arma de Pedro, com a qual cria todas as confusões da comédia, afastando e aproximando pessoas, sempre equivocamente, de modo a ameaçar, no final, o equilíbrio da família que o acolhe. A calúnia, em suma, é o elemento que sustenta a intriga de *O Demônio Familiar*. Pedro a utiliza primeiramente para separar Eduardo de Henriqueta, fato ocorrido antes mesmo de se iniciar a ação da comédia. Mas logo ao abrir-se o segundo ato, toda a trama é descorberta. O escravo confessa então a Eduardo o que motivou o seu procedimento: o desejo de ser cocheiro e de vestir uma libré. Como seu senhor não era suficientemente rico, tratou de afastá-lo de Henriqueta, moça pobre, para aproximá-lo de uma viúva abastada. O diálogo que há pouco transcrevemos se passa em seguida ao esclarecimento dessa primeira intriga. O moleque mostra-se disposto a reparar o mal que causou, mas utilizando o mesmo recurso, ou seja, a calúnia. O ponto de contato com *O Barbeiro de Sevilha* é evidente: assim como Fígaro é o espertalhão que engana o Dr. Bartolo e contribui decisivamente para que se efetue o casamento do Conde de Almaviva com Rosina, Pedro há de fazer o mesmo em relação a Eduardo e Henriqueta. Existe, contudo, um obstáculo que impede a reaproximação imediata do casal: Azevedo, rapaz rico, a quem a moça foi prometida em casamento pelo pai endividado. Enquanto Eduardo pensa em uma solução honesta para que o compromisso seja desfeito, Pedro age à sua maneira, isto é, aproxima-se de Azevedo e conta-lhe algumas mentiras. Diz que Henriqueta não é bem feita de corpo, que tem o rosto sardento, o pé grande e mil outros defeitos. Acrescenta ainda que o pai dela, Vasconcelos, espalhou pela Rua do Ouvidor que o casamento iria encher-lhe os bolsos de dinheiro. Por outro lado, faz o rapaz acreditar que Carlotinha, irmã de Eduardo, o corteja. Acontece que ela ama Alfredo, conhecido da família, e nem sonha com aquele que está comprometido com a sua melhor amiga. Pedro cria então nova intriga, a fim de afastar Alfredo de Carlotinha e deixar o caminho livre para Azevedo. Se essa aproximação desse certo, seu sonho de ser cocheiro poderia ser realizado.

O enredo de *O demônio Familiar* é composto, portanto, pelos vários "nós" que o moleque endiabrado ata com suas mentiras. Nesse sentido, como observou Décio de Almeida Prado, ele não é o Fígaro, mas o anti-Fígaro, "o Fígaro desastrado, por atrapalhar o amor e retardar a marcha normal dos acontecimentos (...). O verdadeiro *meneur du jeu* é Eduardo, não ao fazer mas ao desfazer as intrigas e calúnias do escravo"[7]. Com efeito, no último ato, quando a confusão entre as personagens é generalizada e os desentendimentos atingem o seu clímax, Eduardo percebe que Pedro é o único responsável pelas situações conflitantes que abalaram os alicerces da sua família. Desatados os "nós", isto é, esclarecidos os equívocos, os pares iniciais se recompõem – Alfredo vai se casar com Carlotinha e Eduardo com Henriqueta – e a paz doméstica é restabelecida. A Pedro restaria apenas o castigo do seu senhor, se Alencar não se decidisse por um final surpreendente e de intenções obstantes discutíveis. Eis como Eduardo "pune" o moleque enredador:

EDUARDO – ... Todos devemos perdoar-nos mutuamente; todos somos culpados por havermos acreditado ou consentido no fato primeiro, que é a causa de tudo isto. O único inocente é aquele que não tem imputação, e que fez apenas uma travessura de criança, levado pelo instinto de amizade. Eu o corrijo, fazendo do autômato um homem; restituo-o à sociedade; porém expulso-o do seio da minha família e fecho-lhe para sempre a porta de minha casa. (A PEDRO) Toma: é a tua carta de liberdade, ela será a tua punição de hoje em diante, porque as tuas faltas recairão unicamente sobre ti; porque a moral e a lei te pedirão uma conta severa de tuas ações. Livre, sentirás a necessidade do trabalho honesto e apreciarás os nobres sentimentos que hoje não compreendes.

A questão inicial que se deve colocar, diante desse arremate desconcertante, parece-nos ser a seguinte: a alforria de Pedro dá à peça um caráter abolicionista? Para Machado de Assis, não há dúvidas: tanto *O Demônio Familiar* quanto *Mãe* são "um protesto contra a instituição do cativeiro" (*CT*, p.236). No fecho da comédia o crítico vê um traço novo e uma lição profunda, pois Eduardo, dando a liberdade ao escravo, o faz ver a grave responsabilidade que pesará sobre os seus ombros. A opinião de Araripe Jr. é quase semelhante. Ele concebe a peça como

7. PRADO, Décio de Almeida. "Os Demônios Familiares de Alencar". Separata de *Revista do Instituto de Estudos Brasileiros*, São Paulo, (15):50, 1974.

"propaganda contra a escravidão"[8], mas aponta um equívoco de Alencar: ter caracterizado Pedro como um produto da família brasileira, não da escravidão. Outro biógrafo de Alencar, Artur Motta, concorda com a opinião de Araripe Jr. (que é também a de José Veríssimo):

> É proverbial e passou em julgado perante a crítica no Brasil, proclamar esta comédia como um grito de revolta contra a escravidão. Assim o admitem Sílvio Romero e o próprio autor (...). Estamos com Araripe Jr. e José Veríssimo que atribuem a influência nefasta, não ao moleque escravo, mas aos hábitos das nossas famílias que permitem uma intimidade censurável entre fâmulos e os membros do lar[9].

Ora, sabemos que Alencar, enquanto político, sempre foi um conservador, contrário portanto à idéia abolicionista. Era favorável ao processo gradual da emancipação, pois acreditava que a extinção repentina da escravidão geraria colapsos econômicos fatais aos país. Por outro lado, pensava também que os escravos libertos subitamente não saberiam cuidar de si mesmos, em virtude da sua ignorância. Em defesa de Alencar lembremos apenas que, na qualidade de Ministro da Justiça, aboliu o execrável mercado escravo do Valongo. Parece-nos, pois, difícil conciliar a sua posição política com o caráter abolicionista que alguns críticos renomados vêem em sua peça. A menos que discordemos desse ponto de vista e aceitemos a opinião expressa por R. Magalhães Júnior, na sua obra *José de Alencar e Sua Época*. O biógrafo parte do pricípio que Alencar foi anti-abolicionista, enquanto deputado conservador, e emite o seguinte juízo a respeito do fecho da comédia:

> Onde, porém, Machado via um "traço novo" e uma "lição profunda", Paula Brito via um "desfecho imoral". Por nosso lado, não podemos deixar de aí enxergar uma conclusão reacionária, justaposta a uma comédia de costumes. Poderia ter terminado do mesmo modo, com a alforria do intrigante que tais e tamanhas trapalhadas criara, a fim de que a família se desfizesse de uma presença incômoda e seu chefe, Eduardo, de um sócio em seus charutos. Mas Eduardo dá a liberdade ao moleque como quem lhe dá um castigo (...). A liberdade, como punição, define a posição de José de Alencar em face do cativeiro. Politicamente conservador, ele não seria um abolicionista, mas um contemporizador (...). Assim, o desfecho de *O Demônio Familiar*, longe de ser "um grito de revolta contra a escravidão", como queria Artur Motta, não constitui senão uma antecipação de sua atitude conformista. Queria os escravos fora dos lares e longe das famílias, mas permanecendo nas senzalas e no trabalho forçado dos eitos[10].

---

8. ARARIPE JR., T. A. *José de Alencar*. 2. ed., Rio, Fauchon, 1894, p. 69.
9. MOTTA, Artur. *José de Alencar*. Rio, Briguiet, 1921, pp. 122-123.
10. MAGALHÃES JR., R. *José de Alencar e sua Época*. 2. ed., Rio, Civilização Brasileira, 1977, pp. 118-119.

A nosso ver, a alforria de Pedro não encerra uma tese reacionária. Magalhães Júnior simplesmente interpretou *O Demônio Familiar* de fora para dentro, apoiando-se em dados extrínsecos. Se atentarmos às suas palavras finais, perceberemos nitidamente uma conclusão forçada, que extrapola os limites da comédia, pois em nenhum momento Eduardo dá a entender que é a favor da escravidão não doméstica. Cremos, pois, que a condenação do cativeiro, sem estar explicitamente colocada, ou melhor, sem traduzir um intuito propagandístico claro, é sugerida pelo próprio curso da intriga.

Em 1875, polemizando com Alencar, Joaquim Nabuco, liberal e abolicionista, fez severas restrições a *O Demônio Familiar* e *Mãe*, acusando o seu autor de escravista. Também não enxergou nessas peças qualquer crítica à escravidão, visto seus olhos estarem presos à figura do político, não do literato. Alencar defendeu-se com veemência, reafirmando sua idéia central em relação ao problema:

> Nem nos meus discursos, nem nos meus escritos aplaudi a escravidão; respeitando-a, como lei do país, manifestei-me sempre em favor de sua extinção espontânea e natural, que devia resultar da revolução dos costumes por mim assinalada. Continuei como político a propaganda feita no teatro (*PAN*, pp. 58-9).

Sua posição não era progressista, evidentemente, mas também não pecava pelo radicalismo oposto. Por isso, admitiu o intuito abolicionista em sua comédia, já que a fizera terminar com um ato da alforria. Além disso, considerando que alguns emancipadores foram escravocratas em 1857 e que nesse tempo não se pensara ainda no Brasil em votar a emancipação, acabou por concluir que havia sido, na realidade, um precursor dessa luta social:

> Entre as aspirações, que no parlamento e na imprensa começavam, ainda raras, a manifestar-se para a eliminação desse resto da barbaria, a história registrará o tentame de um escritor, que, a exemplo de Aristófanes, de Plauto, de Molière, aplicou-se, quanto lhe permitiam seus modestos recursos, a patentear com o prestígio da cena os perigos e horrores dessa chaga social (*PAN*, p.120).

Parece não haver dúvidas quanto ao caráter abolicionista de *O Demônio Familiar*, afirmado pelo próprio autor e reconhecido por vários críticos. Contudo, é preciso esclarecer o seguinte: Alencar não abordou os verdadeiros "perigos e horrores" da escravidão, mas o seu lado ameno, colocando no centro da ação um escravo travesso, movido por um objetivo fútil. Assim, embora a comédia condene a instituição do cativeiro, a questão é vista pelo lado do senhor, ou seja, "a escravidão é condenada, em primeiro lugar, pelo mal que faz aos patrões"[11]. Não é sem motivo, pois, que Pedro é caracterizado como um elemento perigoso para a estabilidade da família de Eduardo. Em um sentido mais

---

11. PRADO, "Os Demônios...", p.48.

geral equivaleria dizer: a presença do escravo no seio da família brasileira é uma ameaça constante à paz doméstica, pois introduz nos lares a calúnia, a perfídia, a bisbilhotice, a intriga.

Aos laivos abolicionistas que são inerentes ao enredo e fecho da comédia, Alencar sobrepõe a tese da defesa da família, enquanto instituição social moralizadora e civilizadora. Dessa forma, estabele uma ponte de ligação entre o assunto nacional e a questão mais ampla que era discutida pelos dramaturgos realistas franceses, ou seja, a das relações entre o casamento, o amor e o dinheiro. Vejamos, pois, como Alencar, considerando o casamento o sustentáculo natural da família, procura defini-lo de acordo com os preceitos morais do realismo teatral. Suas idéias a respeito do assunto são expostas e defendidas por Eduardo, personagem *raisonneur* que não é apenas observador, mas participante da ação.

A preocupação com o casamento atravessa *O Demônio Familiar* de ponta a ponta. Vimos, alguns passos atrás, que toda a ação da comédia está centralizada nas intrigas de Pedro, que desmancha três prováveis casamentos – Eduardo-Henriqueta, Alfredo-Carlotinha, Azevedo-Henriqueta – e tenta arranjar outros dois – Eduardo-viúva, Azevedo-Carlotinha. Motivado pelo desejo de ascender socialmente, dentro da sua restrita escala de valores, Pedro acaba defendendo uma concepção de casamento perniciosa, que os dramaturgos realistas não se cansaram de combater: a do casamento por dinheiro. Eis como ele se justifica perante Eduardo, logo que sua primeira trama é descoberta:

> Pedro tinha arranjado casamento bom; viúva rica, duzentos contos, quatro carros, duas parelhas, sala com tapete (...). Sinhá Henriqueta é pobre; pai anda muito por baixo; senhor casando com ela não arranja nada (...). VMcê perdoa; foi para ver senhor rico.

No primeiro ato, quando tenta convencer Carlotinha a aceitar a corte de Alfredo, a valorização do dinheiro aparece mais uma vez: "Mas nhanhã precisa casar! Com um moço rico como Sr. Alfredo, que ponha nhanhã mesmo no tom, fazendo figuração". Entretanto, ao perceber que Alfredo não é rico, Pedro cria uma intriga para afastá-lo de Carlotinha. Ao mesmo tempo, busca aproximar a moça do abastado Azevedo. Eduardo definiu o moleque com bastante precisão: um corretor de casamentos, para quem o dinheiro é mais importante do que o amor e a amizade.

O casamento de Henriqueta com Azevedo é também a solução que Vasconcelos encontra para os seus problemas econômicos. Sem se abalar com as negativas da filha, convence-a de que não pode recusar o pedido daquele que é seu credor. Na verdade, Vasconcelos encontrara a maneira mais fácil de saldar a sua dívida. Henriqueta percebe que está sendo utilizada como um objeto de troca e se queixa a Eduardo: "Meu pai deve a esse homem, e julgou que não podia recusar-lhe a minha mão, apesar das minhas instâncias. Lutei um mês inteiro, Eduardo, mas lutei só; e uma mulher é sempre fraca, sobretudo quando se exige dela um sacrifício". E mais:

> EDUARDO – Mas o amor é soberano; não é isso, Henriqueta?
> HENRIQUETA – E não se ... vende!
> EDUARDO – Que dizes? Compreendo!

Ambos têm consciência de que não se trata de um casamento, mas de uma verdadeira transação comercial. Nesse jogo de interesses, sabemos qual é o lucro de Vasconcelos. E Azevedo, que vantagens obtém com essa negociação? Deparamo-nos agora com outra concepção de casamento que desagradava profundamente aos espíritos moralistas de meados do século passado: a que encarecia a conveniência social. Ao comunicar a Eduardo que está prestes a se casar, Azevedo afirma que não ama sua noiva e que vê no casamento apenas duas conveniências:

> AZEVEDO – ... a primeira é que um marido como eu está preparado para desempenhar perfeitamente o seu grave papel de carregador do mantelete, do leque ou do binóculo, e de apresentador dos apaixonados de sua mulher (...). A segunda conveniência, e a principal, é que, rico, independente, com alguma inteligência, quanto basta para esperdiçar em uma conversa banal, resolvi entrar na carreira pública.

Como Eduardo não o compreende de imediato, ele explica:

> AZEVEDO – ... Uma mulher é indispensável, e uma mulher bonita!... É o meio pelo qual um homem se distingue no *grand monde*!... Um círculo de adoradores cerca imediatamente a senhora elegante, espirituosa, que fez a sua aparição nos salões de uma maneira deslumbrante! Os elogios, a admiração, a consideração social acompanharão na sua ascensão esse astro luminoso (...). Ora, como no matrimônio existe a comunhão de corpo e de bens, os apaixonados da mulher tornam-se amigos do marido, e vice-versa; o triunfo que tem a beleza de uma, lança um reflexo sobre a posição do outro. E assim consegue-se tudo.

Algumas páginas do *Quincas Borba* e das *Memórias Póstumas de Brás Cubas*, de Machado de Assis, nos vêm à mente, diante do cinismo de Azevedo. A diferença é que Machado trata de problemas parecidos quase sempre sarcasticamente, sem propor soluções, ao passo que Alencar contrapõe às concepções deturpadas do casamento aquela que deve ser aceita por todos, qual seja, a que tem como valor fundamental o amor. A prova de que o dinheiro deve ser desprezado é dada concretamente por Eduardo, no fecho da peça, ao pagar a dívida de Vasconcelos e livrá-lo do compromisso com Azevedo. Assim, dispõe da sua pequena fortuna, resgata Henriqueta das mãos de um hipócrita e recebe em troca "a pobreza, o trabalho e a felicidade". A lição moral dada pelo *raisonneur* Eduardo tem por objetivo exorcizar os perigos que ameaçavam o casamento e, por extensão, a família. Na transação final entre ele, Vasconcelos e Azevedo o amor é soberano e se sobrepõe a interesses financeiros e preocupações sociais. Alencar procede assim ao abrasileiramento do tema que o realismo teatral francês colocava em evidência, fazendo de *O Demônio Familiar* um "daguerreótipo moral" dos costumes domésticos de uma parcela da sociedade brasileira que lhe era contemporânea.

Resta ressaltar, finalmente, as intenções nacionalistas da peça, que, além de sugeridas pela presença do assunto nacional e pelo abrasileiramento da *question d'argent*, são explicitamente colocadas por Alencar, na caracterização satírica do europeizado Azevedo. Essa personagem se distingue pela aversão a tudo o que é brasileiro e pelo "mau costume de falar metade em francês e metade em português", mania que trouxe de Paris e que a torna sofrivelmete ridícula. Num diálogo engraçado, Vasconcelos se queixa a D. Maria por não compreender o que seu futuro genro diz nas conversas mais banais, uma vez que enxerta invariavelmente suas falas com locuções francesas. Pedro, ao ouvi-lo pela primeira vez, comenta ironicamente com Eduardo: "Rapaz muito desfrutável, Sr. moço! Parece cabelereiro da Rua do Ouvidor". Azevedo, assim caracterizado, serve aos intuitos nacionalistas da peça por dois motivos: primeiro, porque se torna ridículo, misturando sem nenhum escrúpulo o português e o francês; segundo, porque os valores anti-nacionalistas que defende são contestados e derrubados por terra em diálogos que trava com Eduardo e Alfredo. O exemplo mais significativo desse segundo caso, a nosso ver, ocorre no terceiro ato, quando Alfredo responde asperamente às colocações feitas por Azevedo a respeito da arte no Brasil:

> AZEVEDO – ... Não há arte em nosso país.
> ALFREDO – A arte existe, Sr. Azevedo, o que não existe é o amor dela.
> AZEVEDO – Sim, faltam os artistas.
> ALFREDO – Faltam os homens que os compreendam; e sobram aqueles que só acreditam e estimam o que vem do estrangeiro.
> AZEVEDO: (*com desdém*) – Já foi a Paris, Sr. Alfredo?
> ALFREDO – Não, senhor; desejo, e ao mesmo tempo receio ir.
> AZEVEDO – Por que razão?
> ALFREDO – Porque tenho medo de, na volta, desprezar o meu país, ao invés de amar nele o que há de bom e procurar corrigir o que é mau.

As palavras de Alfredo traduzem, na verdade, as preocupações de Alencar com a defesa do nacionalismo e, por conseguinte, com a afirmação de uma arte autenticamente nacional. No caso específico do teatro, que mais sofria a concorrência estrangeira, esse diálogo servia também para despertar nos espíritos dos espectadores da época o apreço pelas produções nacionais. Como vemos, *O Demônio Familiar*, embora escrito conforme as regras do realismo teatral francês – as cenas são construídas com naturalidade e a moralidade é um dado palpável –, propõe, antes de tudo, o aproveitamento e a valorização do assunto nacional, bem como a defesa de um programa de nacionalização da arte brasileira. Dessa forma, Alencar consegue estabelecer, inegavelmente, um equilíbrio perfeito entre o propósito renovador e as intenções nacionalistas que estão na base de sua bem sucedida comédia.

5. *O Crédito*

No primeiro capítulo deste estudo, referimo-nos a um assunto que preocupou bastante o folhetinista Alencar: o das sociedades em comandita, que começaram a ser criadas a partir de 1850, quando a brusca interrupção do tráfico de escravos obrigou os investidores a realocarem os recursos anteriormente destinados ao pagamento dos negros importados. Como o assentamento dos capitais do tráfico deu-se em grande medida dentro da atividade comercial, a vida urbana entrou num período de franca prosperidade e alargamento da sua economia. Segundo Caio Prado Jr., na década de 1850 há índices sintomáticos desse progresso: são fundadas sessenta e duas empresas industriais, quatorze bancos, três caixas econômicas, vinte companhias de navegação a vapor, vinte e três de seguros, quatro de colonização, oito de mineração, três de transporte urbano, duas de gás e oito estradas de ferro. Ainda de acordo com o historiador, o Brasil

inaugurava-se num novo plano que desconhecera no passado, e nascia para a vida moderna de atividades financeiras. Um incipiente capitalismo dava aqui seus primeiros e modestos passos. A incorporação das primeiras companhias e sociedades, com seu ritmo acelerado e apesar dos exageros e certo artificialismo, assinala assim mesmo o início de um processo de concentração de capitais que embora ainda acanhado, representa ponto de partida para uma fase inteiramente nova. Ele servirá de motor para a expansão das forças produtivas do país cujo desenvolvimento adquire um ritmo apreciável.

Sem contar os grandes empreendimentos como estradas de ferro e empresas de navegação a vapor, instalam-se, embora muito rudimentares, as primeiras manufaturas de certo vulto; o comércio, em todas suas modalidades, se expande[1].

Alencar, vivendo no Rio de Janeiro desde 1851, acompanhou de perto esse surto de atividades que crescia amparado pelos capitais dantes invertidos na compra de escravos. Contudo, o aparelhamento da vida financeira do país, a multiplicação dos bancos, das empresas financeiras, das companhias de seguro e dos negócios de bolsa só fizeram incrementar a mentalidade capitalista. "A época era caracterizada pela ânsia de enriquecer de repente, por um golpe de audácia"[2], afirma Joaquim Nabuco. Para isso contribuíam as chamadas sociedades em comandita, incorporadas na base dos papéis de crédito e do capital aberto, possibilitando portanto o surgimento da especulação e dos jogos de bolsa. Alencar, quando iniciou a sua carreira literária, nas "Páginas Menores" do *Correio Mercantil*, tinha pleno conhecimento dessa situação e não escondia as suas opiniões. Se fizermos uma leitura atenta dos folhetins *Ao Correr da Pena*, perceberemos como em várias oportunidades ele desfere críticas contundentes aos abusos cometidos por especuladores e agiotas, na Praça do Comércio, e à febre bolsista que assaltou o Rio de Janeiro nessa ocasião. A 21 de janeiro de 1855, por exemplo, escrevia com ironia e indignação:

A época mudou: aos feitos de armas, sucederam as conquistas da civilização e da indústria. O comércio se desenvolve; o espírito de empresa, servindo-se dos grandes capitais e das pequenas fortunas, promove o engrandecimento do país, e prepara um futuro cheio de riqueza e prosperidade.

Ide à Praça. Vereis que agitação, que atividade espantosa preside às transações mercantis, às operações de crédito, e sobretudo às negociações sobre os fundos de diversas empresas. Todo mundo quer ações de companhias; quem as tem vende-as, quem não as tem compra-as. As cotações variam a cada momento, e sempre apresentando uma nova alta no preço.

Não se conversa sobre outra coisa. Os agiotas farejam a criação de uma companhia; os especuladores estudam profundamente a idéia de alguma empresa gigantesca. Enfim, hoje já não se pensa em casamento rico, nem em sinecuras; assinam-se ações, vendem-se antes das prestações e ganha-se dinheiro por ter tido o trabalho de escrever o seu nome (*ACP*, p.726).

As críticas de Alencar à especulação desenfreada tinham por reverso o reconhecimento de que as atividades econômicas promoviam o progresso, mas necessitavam de uma certa disciplina, a fim de que os abusos fossem evitados. Obviamente cabia ao Governo — responsável pela autorização para incorporação de novas companhias e pela con-

---

1. PRADO JR., Caio. *História Econômica do Brasil*. 22.ed., São Paulo, Brasiliense, 1979, p.192.
2. NABUCO, Joaquim. *Um Estadista do Império*. São Paulo, Instituto Progresso Editorial, 1949, p.258.

cessão de privilégios — a tarefa de impedir que os interesses individuais especulassem sobre a utilidade pública. Advertia, então, o folhetinista, na mesma crônica citada acima:

> Este espírito de empresa e esta atividade comercial prometem sem dúvida alguma grandes resultados para o país; porém é necessário que o Governo saiba dirigi-lo e aplicá-lo convenientemente; do contrário, em vez de benefícios, teremos de sofrer males incalculáveis.
>
> É preciso não conceder autorização para incorporação de companhias que não revertam em bem do país, que não tenham todas as condições de bom êxito. Não procedendo desta maneira, se falseará o espírito da lei e a natureza das sociedades anônimas, e se perderá indubitavelmente o concurso deste poderoso elemento de riqueza e desenvolvimento (ACP, pp. 726-727).

Denunciando a existência de empresas criadas exclusivamente para o jogo bolsista, Alencar chegou ao extremo, pelo menos para a época, de sugerir ao Governo que ele mesmo, ao invés de conceder privilégios, promovesse a criação de companhias que entendesse convenientes para o país. E, indo mais longe ainda, criticou a exploração da classe proletária, uma "vergonha das sociedades européias" que o Brasil, país novo, poderia evitar, no curso do seu desenvolvimento. Por essas posições diante da realidade econômica da década de 1850, Alencar foi visto como "um conservador socialista"[3] por Tristão de Athayde. Não concordamos. Quando jovem, ele esteve muito mais próximo das idéias liberais do que das conservadoras, que, no entanto, acataria logo depois de algum tempo, na casa dos trinta anos de idade. Quanto a sua postura "socialista", não cremos também que seja este o ângulo correto para compreendê-lo. Na verdade, Alencar foi um defensor dos valores éticos do liberalismo econômico que estavam sendo esquecidos por especuladores e agiotas de seu tempo. De resto, não se pode negar que teve bom senso e certa objetividade na avaliação das conseqüências que as rápidas transformações econômicas trouxeram à vida urbana, particularmente da corte, nos anos imediatamente posteriores à extinção do tráfico de escravos.

Como vemos, os folhetins *Ao Correr da Pena* revelam um escritor bastante preocupado com a situação econômica do país. Não admira, pois, que preocupações da mesma ordem apareçam em sua produção teatral. A propósito, vale lembrar as críticas à especulação e à febre bolsista, presentes no *Verso e Reverso*, e a menção do problema das sociedades em comandita na peça incabada *O Rio de Janeiro às Direitas e às Avessas*. Em *O Demônio Familiar*, embora essas questões não sejam tratadas diretamente, há toda uma visão crítica das relações humanas e sociais deterioradas pela supervalorização do dinheiro. Diante dessas constatações, não podemos deixar de ver na terceira peça escrita por

---

3. ATHAYDE, Tristão de. "Um Conservador Socialista". *Jornal do Brasil*, Rio, 17 jul. 1977, p.11.

Alencar, intitulada significativamente *O Crédito*, uma tentativa de retratar, de maneira precisa, parte da vida sócio-econômica na corte e, ao mesmo tempo, ampliar as reflexões feitas nos folhetins e nas composições anteriores. Defrontamo-nos, portanto, com uma típica comédia realista, ou peça de tese, na qual se justapõem o intuito de fotografar a realidade e a discussão de idéias, com feição moralizadora, para que predomine, no final, o ponto de vista do autor.

É preciso, todavia, acrescentar o seguinte: se *O Crédito* mantém relações evidentes com a realidade sócio-econômica do Rio de Janeiro do decênio de 1850, não é esta a única fonte de inspiração de Alencar. Os mesmos problemas relativos à especulação e à agiotagem existiam em países europeus, cujas grandes praças financeiras eram os modelos dos financistas brasileiros que procuravam sincronizar o país com a marcha do mundo capitalista ocidental. Na França, por exemplo, a ascensão de uma burguesia gananciosa por meios desonestos foi um tema bastante aproveitado pelos dramaturgos realistas que pretendiam retratar a degradação moral do homem excessivamente apegado ao dinheiro. Alencar, leitor assíduo desses dramaturgos, escreveu *O Crédito* depois de ter lido *La Question d'Argent*, de Dumas Filho. As semelhanças são marcantes. Ambas as peças estão construídas com base em dois problemas que afligiam a sociedade francesa e, *grosso modo*, a brasileira: a especulação e a monetização do sentimento. Por isso, cremos ser interessante uma leitura paralela dessas peças, pois elas retratam – ainda que de forma imperfeita, devido ao excesso de preocupações moralistas, como veremos num passo adiante – um momento histórico definido, no qual a burguesia ascendente solidifica o seu poder econômico e o dinheiro se torna o agente ostensivo ou dissimulado das relações sociais e humanas. Parece-nos, enfim, que o estudo comparativo de *O Crédito* com *La Question d'Argent* não só é o melhor caminho para se apreender os respectivos processos de estruturação, como também para se evidenciar as posições ideológicas dos seus autores em face da realidade econômica que procuraram transpor para o teatro.

Dumas Filho e Alencar foram defensores intransigentes de valores encarecidos pela burguesia revolucionária, como o trabalho, a inteligência, a probidade, a fraternidade, que a própria classe, contraditoriamente, começou a deixar de lado tão logo percebeu o poder do dinheiro na ordem econômica capitalista. "Aujourd'hui un homme ne doit plus avoir qu'un but, c'est de devenir très riche"[4], afirma inescrupulosamente o "vilão" e especulador Jean Giraud, da comédia de Dumas Filho. Sua definição de negócios – "Les affaires, c'est bien simple, c'est l'argent des autres" – dá a medida exata de como enriqueceu por meios desonestos, manipulando o dinheiro alheio em manobras arriscadas no mercado de ações. Filho de um simples jardineiro, típico *self-made man*,

---

4. DUMAS FILS, Alexandre. *La Question d'argent*. Paris, Calmann-Lévy, 1909, p.253.

Jean Giraud é o "novo rico" desprovido de princípios morais, que acredita apenas na soberania do dinheiro:

> JEAN GIRAUD – ... l'argent est l'argent, quelles que soient les mains où il se trouve. C'est la seule puissance que l'on ne discute jamais. On discute la vertu, la beauté, le courage, le génie; on ne discute jamais l'argent. Il n'y a pas un être civilisé qui, en se levant le matin, ne reconnaisse la souveraineté de l'argent, sans lequel il n'aurait ni le toit que l'abrite, ni le lit où il se couche, ni le pain qu'il mange.

As idéias perniciosas dessa personagem são combatidas sistematicamente por René de Charzay, protagonista da peça, e De Cayolle, ambos *raisonneurs* incumbidos de defender o ponto de vista do autor, para fazer prevalecer os valores que dignificam o homem, a saber, o trabalho, a inteligência e a probidade:

> DE CAYOLLE – ... Il n'y a qu'un moyen légitime de se procurer de l'argent, et comme une foule de gens ne veulent pas l'employer, il en résulte une foule de malentendus.
> RENÉ – Et ce moyen, quel est-il?
> DE CAYOLLE – Vous le connaissez aussi bien que moi: c'est le travail.

A lição moral não poderia ser mais clara. Em outra passagem é René quem faz a defesa dos bons princípios, afirmando diretamente a Jean Giraud:

> On ne peut reprocher à un homme qui a fait sa fortune que de l'avoir faite par des moyens déshonnêtes; mais celui qui la doit à son intelligence et à sa probité, qui en use noblement, tout le monde est prêt à l'accueillir...

Se atentarmos às palavras de René e De Cayolle, perceberemos que Dumas Filho não é um crítico da sociedade capitalista, mas um disciplinador dos meios utilizados para se acumular capital. Quer dizer, *La Question d'Argent* não é uma peça contra o dinheiro. É contra a especulação, a agiotagem, o lucro ilícito, tudo enfim que estava em desacordo com a moral burguesa.

Não é diferente a posição de Alencar em *O Crédito*, onde procede à defesa da nova ordem econômica e ao mesmo tempo critica os abusos cometidos por especuladores na Bolsa do Rio de Janeiro. Como Dumas Filho, contrapõe em sua peça as idéias condenáveis de um especulador aos nobres valores que deviam orientar a sociedade burguesa. Em *O Crédito* Jean Giraud é Macedo, secundado por Oliveira, ambos defensores da "soberania do dinheiro" – expressão cunhada por Dumas Filho, note-se bem –, voltados para o objetivo de enriquecer, o único, acreditavam, que o homem de negócios devia ter em mente:

> OLIVEIRA – Enriquecer, é verdade; enriquecer para poder um dia deitar aos pés daquela que amamos uma fortuna colossal, para sastifazer todos os seus desejos e caprichos, para dar-lhe enfim a *soberania do dinheiro* (grifo nosso), já que não podemos elevar-lhe um trono.

Macedo é o agiota incorrigível, o especulador que procura explorar toda possibilidade de lucro, mesmo que isso o faça perder a estima e a amizade dos que o cercam. Ao ser expulso da casa de Pacheco, quando seu caráter imoral é desvendado, ele não se abala. Ao contrário, reafirma as suas idéias nocivas por meio de um auto-retrato frio e cínico:

> MACEDO – ... Nunca estudei moral, Sr. Pacheco, e por isso não entendo essas distinções filosóficas. Sou um homem prático, um homem de negócios; trato da minha vida sem me ocupar com a dos outros. Podem dizer que sou agiota, especulador, que vivo de jogar na Praça. Pouco me importa! Estou convencido que só há na sociedade dois poderes reais: a lei e o dinheiro. Respeito uma e ganho o outro. Tudo que dá a riqueza é bom; tudo que a lei não pune, para mim é justo e honesto. Eis os meus princípios.

Como nem sempre a lei pune os desonestos e corruptos, resta à personagem a punição moral, ou seja, o desprezo dos homens de bem.

O antagonista de Macedo na peça é Rodrigo, personagem principal, defensor das idéias moralizantes de Alencar em relação aos desmandos da burguesia ávida de dinheiro. A especulação, segundo suas palavras, "é um jogo, um abuso de confiança que a moral condena e que todo homem honesto reprova". Rodrigo, como René ou De Cayolle, condena o enriquecimento ilícito, "ensinando" às outras personagens da peça – e obviamente ao espectador/leitor – que o trabalho e a inteligência são capitais mais valiosos do que o dinheiro. A um só tempo, critica as manobras dos especuladores e faz a defesa do crédito, instituição que possibilita a ascensão econômica do homem inteligente e honesto, ainda que pobre:

> RODRIGO – A missão do crédito é outra; é nivelar os homens pelo trabalho e dar à atividade os meios de criar e produzir. Outrora, para adquirir-se uma fortuna, era preciso consumir toda a existência em privações, juntar-se real a real. A riqueza era o privilégio de poucos; uma herança que o filho recebia de seu pai. A inteligência estava então condenada à pobreza, ganhava apenas o mesquinho salário de seu serviço material, ou vendia-se aos ricos que a exploravam em seu proveito. Um dia, porém, um homem de dinheiro compreendeu que o trabalho e a probidade eram melhor garantia do que a fortuna que o acaso pode destruir um momento. Esse homem chamou os amigos pobres, mas honestos e empreendedores, e confiou-lhes os seus capitais para que eles realizassem as suas idéias. O crédito estava criado. Outros seguiram o exemplo; associaram-se e formaram um banco. Essa pequena instituição, escondida no fundo da loja de um judeu desenvolveu-se, dominou as grandes praças comerciais, e hoje circula o globo. Eis o que é o crédito: é a *regeneração do dinheiro*. O orgulho dos ricos tinha inventado a soberania da riqueza, soberania bastarda e ridícula, o crédito destronizou essa soberania: do ouro que era senhor, fez um escravo, e mandou-lhe que servisse à inteligência, a verdadeira rainha do mundo.

As idéias de Alencar são idênticas às de Dumas Filho e algumas palavras e expressões são as mesmas utilizadas pelo dramaturgo francês. A nosso ver, ambos limitam-se a uma discussão ética das relações entre o capital e o trabalho. Atrelados a um moralismo estreito, estão interessados apenas em ressaltar a dignidade do homem que enriquece por meio do trabalho, em contraposição à figura abjeta e imoral do especulador ou agiota. Desse modo, apreendendo a sociedade capitalista pela ótica do maniqueísmo, ambos apresentam burgueses fiéis aos ideais revolucionários da sua classe, reverenciando valores autênticos, e burgueses degradados, preocupados com o dinheiro e as aparências. O desprezo pelos últimos, lição moral que está no fecho de *La Question d'Argent* e de *O Crédito*, implica a defesa de um capitalismo humanizado, no qual o trabalho deve ser considerado a única fonte digna de gerar riqueza e, portanto, mais valorizado do que o capital. Trata-se, obviamente, de uma visão idealista e ingênua das relações econômicas capitalistas, resultante, em nossa opinião, da obsessão em corrigir o comportamento social por meio de conceitos moralizadores. Devido a esse procedimento, Dumas Filho e Alencar acabam por trair o preceito realista que tanto encarecem: a fidelidade ao real. Ao invés de retratarem objetivamente alguns efeitos da ascensão do novo modelo econômico na França e no Brasil, retomam a perspectiva romântica idealizadora, criando personagens que são a própria encarnação da virtude e do vício, para que, segundo suas concepções, o espectador/leitor aprenda o que é o certo e o que é o errado. A conseqüência dessa abordagem equivocada da realidade parece-nos ser a seguinte: fazer da *question d'argent* — como ficou conhecida a discussão dos dramaturgos realistas franceses da década de 1850 em torno do poder do dinheiro na sociedade capitalista — uma questão eminentemente moral, quando deveria ser econômica, com desdobramentos sociais. Assim, as críticas feitas aos especuladores, longe de evidenciarem as misérias do capitalismo desenfreado na estrutura social, refletem apenas o posicionamento ético de Dumas Filho e Alencar em face de atividades que consideravam desonestas. Não é sem razão, pois, que John Gassner faz severas restrições ao realismo de Dumas Filho e Émile Augier, exprimindo-se nestes termos:

> ... o realismo europeu teria sido um exercício rotariano caso houvesse permanecido nas mãos de escritores como Dumas Filho e Augier (...). Não tinham objetivo afora corrigir o mau comportamento nos termos da Sociedade para a Supressão do Vício, e seu horizonte não ia além das virtudes e lugares-comuns burgueses[5].

Quanto a Alencar, essas palavras são plenamente aplicáveis às peças que escreveu sob influência direta de Dumas Filho: *O Crédito* e *As Asas de um Anjo*. Nelas, o excesso de moralismo também prejudica a descrição objetiva da realidade. Nesse tipo de peça, como observa Décio de Almeida Prado,

> será sempre possível apontar as contradições que explodem entre as exigências da naturalidade e as da moralidade (...). Mas esta tensão entre o que é e o que

---

5. GASSNER, John. *Mestres do Teatro I*. São Paulo, Perspectiva, 1974, p.407.

deveria ser, entre o real e o ideal, constitui a própria essência do "daguerreótipo moral" sonhado por Dumas Filho e José de Alencar[6].

No caso de *La Question d'Argent* e de *O Crédito*, é nitidamente visível a manipulação ideológica do real, no sentido de mascará-lo pelo ideal. No fecho de ambas as peças o que prevalece é o retrato de uma sociedade burguesa depurada de seus vícios, fiel a valores como o trabalho, a inteligência, a honestidade, a sinceridade dos sentimentos, ao passo que os incorrigíveis especuladores Jean Giraud e Macedo, expulsos dessa sociedade por não acatarem tais valores, são caracterizados como seres excepcionais. Ora, essa oposição maniqueísta, a nosso ver, só pode servir a um propósito: isentar de críticas o sistema econômico que sustenta a burguesia, atribuindo as suas possíveis aberrações ao homem, ao indivíduo. Quer dizer: o sistema é bom, o homem desonesto ou de má índole é que o corrompe. Na peça de Alencar essa idéia está colocada explicitamente num diálogo que Rodrigo, o porta-voz do autor, mantém com Hipólito: "Todas as grandes idéias, Hipólito, têm a sua aberração; é a conseqüência da fraqueza humana. A liberdade produziu a licença, a religião o fanatismo, o poder a tirania, o dinheiro a usura. O crédito não podia escapar a essa lei fatal; ligando-se à ambição produziu também o seu aborto". A fragilidade das críticas de Alencar à especulação e ao culto do dinheiro é bastante visível. Restritas ao terreno da ética, não revelam as conseqüências mais sérias que o sistema de dominação capitalista traz à estrutura social. Lamentavelmente, o dramaturgo se deixou influenciar de modo exagerado pelo moralismo da estética teatral realista, abandonando a relativa objetividade com que criticara, quando folhetinista, os abusos e a ganância dos financistas da década de 1850.

Em função do que expusemos, podemos dizer que tanto *La Question d'Argent* quanto *O Crédito* estão estruturadas com base em um esquema simplista de oposições: de um lado, "agentes do bem"; de outro, "agentes do mal". Em torno deles gravitam as demais personagens, atraídas ou pelas idéias dos *raisonneurs* ou dos vilões. Essa oscilação alimenta o enredo das duas peças, cujo desenrolar, como já assinalamos, leva à vitória final do bem. Na peça de Dumas Filho, o último quadro apresenta todas as personagens, com exceção de Jean Giraud, convertidas às idéias de René. Na de Alencar, a última cena é um primor de decência e moralidade: Oliveira, que dividira com o especulador Macedo uma pretensa sociedade, mostra-se inteiramente arrependido e disposto a resgatar pelo trabalho a sua integridade moral; Guimarães, ex-vagabundo, é agora empregado corretíssimo de Pacheco; Olímpia, anteriormente escrava do luxo e das ostentações, à custa de dívidas do marido, um pobre funcionário público, mostra-se esposa exemplar; Hipólito,

---

6. PRADO, Décio de Almeida. "Os Demônios Familiares de Alencar". Separata de *Revista do Instituto de Estudos Brasileiros*. São Paulo, (15):53, 1974.

que fora estudante relapso durante vários anos, decide estudar depois de formado médico. Tudo isso, evidentemente, graças à retórica de Rodrigo, cujas preleções, ao longo da peça, são verdadeiras aulas de boa conduta.

Os enredos de *La Question d'Argent* e de *O Crédito*, enquadrados pelas discussões moralizadoras a respeito da especulação e da agiotagem, mostram também como o sentimento corre o perigo de se tornar um objeto de troca numa sociedade regida pelo dinheiro. Entre os dramaturgos realistas franceses, o problema das relações entre o amor, o casamento e o dinheiro constituiu o cerne da chamada *question d'argent*. Antes de Dumas Filho, pelo menos dois deles, François Ponsard e Émile Augier, o abordaram em algumas das sua peças: o primeiro – citado por Alencar no artigo "A Comédia Brasileira" –, em *L'Honneur et l'Argent* (1853) e *La Bourse* (1856); o segundo, em *Le Gendre de M. Poirier* (1854) – escrita em parceria com Jules Sandeau – e *Ceinture Dorée* (1855). A crítica ao casamento por dinheiro como meio de ascensão social é uma constante nesses textos, uma vez que o burguês autêntico é aquele que sobe na vida apenas pelo trabalho. O protagonista de *L'Honneur et l'Argent*, George, rapaz de vinte e cinco anos de idade, é categórico: "... je ne vendrai ni mon corps, ni mon âme:/ Je ne me marîrai que pour aimer ma femme"[7]. Acima do dinheiro, deve-se colocar a honra, é a lição que os espectadores levam para casa. Mas vejamos um pouco mais demoradamente o enredo dessa peça de Ponsard, que ilustra admiravelmente o discurso ideológico da burguesia. Para George, não era difícil afirmar o que transcrevemos acima. No primeiro ato, ele nos é apresentado como um rapaz rico, com certo talento para a pintura, que vive folgadamente, sem trabalhar. Nos atos seguintes o autor vai colocá-lo à prova em situações adversas, para que toda a sua virtude e honestidade sejam comprovadas. Desse modo, já no segundo ato George tem que tomar uma decisão difícil – em outras palavras, optar, e agora concretamente, pela honra ou pelo dinheiro –, ao saber que o pai morreu arruinado e endividado. De acordo com as leis francesas, ele não precisa pagar as dívidas, o que lhe possibilitaria continuar a vida de sempre, apenas com o dote materno que possui. Obviamente, não é o que faz. Para honrar o nome do pai, gasta toda a fortuna que lhe resta no pagamento dos credores, tornando-se pobre da noite para o dia. Mas isso não o amedronta: '... je vivrai du travail de ma main,/Et mes pinceaux, monsieur, seront mon gagne-pain", diz com altivez. Mal sabia que aí começavam os problemas. O pai de Laure, sua noiva, tão logo soube do ocorrido, desmanchou o compromisso. George, desesperado, diz ao amigo Rodolphe: "J'en mourrai!" e ouve a seguinte resposta: "Laissez donc! on ne meurt pas d'amour./Puis, tu flatterais trop sa

---

7. PONSARD, François. "L'honneur et l'argent". In: *CHEFS-d'OUEVRE du théâtre moderne*. Paris, Lévy Frères, 1873, t.l, p.2.

fierté feminine". Não é à toa que Ponsard, contrário aos descabelamentos românticos, ficou conhecido como o criador da *école du bon sens*. As desventuras do herói da peça crescem no quarto ato, quando antigos amigos e credores lhe negam ajuda, fazendo que ele aceite a proposta de um casamento por dinheiro, com uma mulher de quarenta e cinco anos de idade. Foi um momento de fraqueza, claro, e George logo se recupera, amparado pela amizade de Rodolphe – que o recrimina e o aconselha a trabalhar – e pela atenção de Lucile – irmã de Laure –, cuja jovialidade e beleza o encantam. O rapaz então explode: "Travail, amour, vertu, pardonnez mon blasphème./ Je suis à vous, toujours, et sans condition". No quinto e último ato George aparece como pequeno industrial enriquecido – *pelo trabalho* – e se casa – *por amor* – com Lucile. Essa peça foi um dos grandes sucessos do ano de 1853, em Paris, ficando em cartaz durante vários meses.

A influência de Ponsard sobre Augier é inegável. Conforme já observamos, em *Le Gendre de M. Poirier* e *Ceinture Dorée* o dramaturgo critica o casamento por dinheiro. Na primeira, apresentando o retrato ridículo de um burguês socialmente ambicioso e um genro aristocrata que considera o trabalho abaixo da sua dignidade; na segunda, mostrando a honradez de um jovem burguês que não quer dever nada a sua esposa, a não ser a felicidade ("Je ne voudrai rien devoir à ma femme.. que le bonheur"[8]). Assim, não escapam das críticas de Augier os burgueses que aspiram ao título de nobreza e os aristocratas falidos que, sem se importarem com a própria honra, casam-se por interesse. Por outro lado, à semelhança de Ponsard, defende o trabalho e enaltece a integridade moral do burguês que se mantém fiel aos nobres valores da sua classe.

Em *La Question d'Argent*, publicada em 1857, encontramos as mesmas situações criadas por Augier e Ponsard. Durieu era burguês rico e casou-se com a filha de um nobre empobrecido porque ganharia o título de barão. Elisa, por não possuir um dote, foi abandonada pelo noivo, que se casou com uma mulher rica. Mathilde é afastada de René, rapaz pobre, porque o pai pensa em um casamento rico para ela. De Roncourt, pai de Elisa, consente que a filha se case com Jean Giraud apenas pelo seu dinheiro. Como vemos, parece não haver relação nenhuma entre o casamento e o amor nessa sociedade apresentada por Dumas Filho. E mesmo o protagonista René, embora se recuse a casar por dinheiro, como convém a um burguês honrado, não se vê em condições de assumir qualquer compromisso, pois tem consciência de que não é suficientemente rico para sustentar uma família. Isso fica bem claro no seguinte diálogo:

---

8. AUGIER, Émile. "Ceinture dorée". In: *Théâtre complet*. Paris, Calmann Lévy, 1890. v.3. p. 423.

LA COMTESSE – ... Vous vous marierez.
RENÉ – Je ne suis pas assez riche pour deux.
LA COMTESSE – Vous épouserez une femme riche.
RENÉ – Je ne veux pas me vendre.

Dumas Filho apresenta uma sociedade contaminada pelo dinheiro, mas não cai em posições românticas extremadas, no sentido de colocar o sentimento num pedestal. René, por exemplo, é quase sempre frio, e só decide se casar com Elisa depois de se encontrar numa situação econômica segura. Por outro lado, a resignação com que Mathilde aceita se casar com M. de Bourville, o noivo escolhido pelo pai, nos faz crer que o casamento por amor, na época, pertencia muito mais ao campo idealizado da ficção do que ao da realidade. De qualquer forma, em *La Question d'Argent* Dumas Filho defende a idéia de que as relações sociais e humanas devem ser determinadas pelos sentimentos sinceros e pela honestidade. Quanto ao dinheiro, não o despreza insensatamente. Considera-o um elemento necessário, com o qual se pode conviver em paz, desde que adquirido pelo trabalho honesto. Mais uma vez, prevalecem os valores burgueses.

No Brasil, a inexistência de uma oposição de classes sociais com características tão peculiares como a que existiu na França, entre a aristocracia e a burguesia, obrigou Alencar a observar apenas no interior da classe burguesa as contradições que marcam a sua ascensão entre nós, no decênio de 1850. O problema da monetização do sentimento, embora fosse de origem européia, já estava, nessa época, incorporado a nossa própria realidade. Assim, sem ser uma mera reprodução das idéias de *La Question d'Argent*, mas muito ifluenciado por elas, *O Crédito*, com o mínimo indispensável de cor local, também retrata a corrupção moral das pessoas que colocam o dinheiro acima dos sentimentos. Nesse sentido, Macedo é um dos melhores exemplos. Vale a pena transcrever o diálogo que mantém com Julieta logo no início da peça:

JULIETA – ... parece-me que não é possível existir amor no meio de algarismos e cálculos.

MACEDO – E eis onde está todo o seu erro, D. Julieta. O amor não é compatível com as operações mercantis, mas pode ser um elemento delas.

CRISTINA – Bravo! Esta é nova!...

JULIETA – O Sr. Macedo naturalmente alude a esses casamentos que vemos todos os dias, e em que o marido ou a mulher fazem o que chamam um bom negócio, vendendo o seu coração.

MACEDO – Perdão, minha senhora, o casamento é o casamento, e o amor é o amor; duas coisas bem distintas, que podem existir e existem, uma sem a outra.

Julieta é, por vezes, a extensão da consciência de Rodrigo. Por isso, suas idéias a respeito do casamento pelo dinheiro são as do próprio Alencar. Macedo, o "agente do mal", como podemos chamá-lo se aceitarmos a ótica maniqueísta do autor, tem, nos três primeiros atos da peça, alguns adeptos de suas idéias. Oliveira, com quem mantém uma falsa sociedade, aproximou-se de Julieta e pretende casar-se com ela apenas para conseguir o seu dote. Olímpia, mulher fútil, provavelmente amante do agiota, vive com mais luxo do que permitem as magras posses do marido; contudo, ambos vêem no casamento de sua filha Cristina com Hipólito, irmão de Julieta, a solução para os problemas financeiros. Esse jogo de interesses, apresentado cruamente pelos seus próprios articuladores, é desmascarando por Rodrigo, que o compara à especulação que corria solta na Bolsa do Rio de Janeiro. Em um diálogo que trava com Hipólito, que transcrevemos em seguida, apesar de longo, explica então como o sentimento pode se tornar um capital:

RODRIGO – ... Desejas conhecer esse novo sistema econômico? É muito curioso! Entra em uma sala e observa. Ali vês um homem gasto que faz a corte a uma moça; a dois passos, uma menina, que, vencendo o pudor, requesta claramente o filho de um negociante rico, uma senhora que dizem ser a amante de um velho, um rapaz que persegue outro com a sua amizade. Acreditas que é o sentimento que se manifesta?

HIPÓLITO – Ao menos parece.

RODRIGO – Pois é o crédito social que funciona. O sentimento aí é apenas o meio de manter relações que são habilmente exploradas. O homem gasto que vai casar com uma moça rica, tem a esperança de um dote e saca sobre essa esperança como sobre um depósito. A menina que muitas vezes por ordem de sua mãe dá à sociedade o espetáculo de um namoro ridículo com um moço rico, faz supor um casamento que deve ser para seus pais uma caução de dívidas já contraídas. A mulher casada que afeta uma ligação com um velho desprezível, diz ao público que a sociedade conjugal tem um sócio capitalista ou um marido suplementar solidariamente responsável pelos encargos da firma. O moço que se liga ao filho de um negociante e não o deixa; que toma-lhe o braço na rua, e senta-se junto dele no teatro ou no hotel, afetando uma grande intimidade em todos os lugares públicos, trata de mostrar aos credores já desconfiados que ele tem um fundo de reserva que responde pela emissão de suas letras. Para essa espécie de gente, Hipólito, os homens não são homens, são penhores; os sentimentos são hipotecas tácitas.

As palavras de Rodrigo resumem toda a ação dos três primeiros atos da peça, nos quais a família de Pacheco é assediada por seres totalmente degradados do ponto de vista moral. Essa pouca ação dramática, como já dissemos, é emoldurada pelas discussões mais amplas a respeito do crédito, da especulação, da agiotagem e da prórpia monetização do sentimento. Quanto a esse último aspecto, poderíamos transcrever outros discursos moralizantes do protagonista, mas não cremos necessário. O que importa é constatar que, graças a eles, consegue regenerar todos os "perdidos", com exceção de Macedo. Assim, no quinto ato, o casamento de Cristina com Hipólito fica assegurado, mas Borges e Olímpia só permitem que se realize após quitarem o que devem a Pacheco, que lhes emprestara dinheiro para o pagamento de dívidas. Quer dizer, o casamento se fará por amor. O caça-dotes Oliveira, por sua vez, se apaixona de fato por Julieta e percebe a imoralidade das suas primeiras intenções. Contudo, como não consegue pagar as letras avalizadas por Pacheco, sua desonestidade inicial fica consumada e o noivado é desfeito. Imediatamente, Julieta assume um novo compromisso com Rodrigo, a quem ama verdadeiramente. Se nos lembrarmos ainda da regeneração de Guimarães e Hipólito, perceberemos como Alencar, ao longo da peça, retoca, através de pinceladas moralizantes, o daguerreótipo da sociedade que o inspirou. Mais uma vez, o resultado deixa a desejar. Assim como o excesso de moralismo impediu que os problemas relativos à especulação fossem apresentados com objetividade, prejudicou também a caracterização das personagens. Esqueçamos que Rodrigo é perfeito demais. Lembremos apenas dois casos: o de Olímpia e o de Oliveira. É preciso um esforço muito grande de nossa parte para aceitarmos sem reservas que ela substitua um projeto existencial por outro, repentinamente, negando todo um passado, modos de ser, e adquirindo hábitos e valores totalmente antagônicos aos anteriores. Quanto a Oliveira, seu arrependimento no quarto ato é uma atitude que não está de acordo com a vida desregrada que levara nos seis meses que antecedem o início da ação dramática, inda mais se notarmos que sua mudança ocorre da noite para o dia: "...sabe que de ontem para cá tenho refletido?", diz a Macedo. Ora, isso se passa oito dias após a ação do primeiro ato, no qual ele se mostra bastante disposto a conseguir o dote de Julieta.

Em suma, todas as imperfeições de *O Crédito*, a nosso ver, resultam da exigência da estética realista de que o teatro fosse concebido como uma reflexão moral sobre a sociedade. Além do que já apontamos, podemos mencionar ainda como defeitos graves as falas longuíssimas e a pouquíssima ação dramática, que tornam a peça fria e monótona, tanto para o espectador quanto para o leitor. Enfim, conforme observa R. Magalhães Jr.,

> Alencar precisou de cinco atos porque se preocupou mais com os discursos moralizantes do que com a trama e as situações dramáticas (...) Para o desenvolvimento de tão singela intriga, um hábil dramaturgo não precisaria de mais de um ou dois atos, no máximo[9].

Em relação a *O Demônio Familiar*, *O Crédito* representa, portanto, um verdadeiro recuo, em termos qualitativos. Na primeira, como vimos, Alencar está mais preso ao assunto nacional e utiliza as idéias de Dumas Filho na medida do necessário; quanto à segunda, a impressão final que temos é a de que ela tem mais de *La Question d'Argent* do que da própria realidade sócio-econômica que procura retratar. Resta saber, finalmente, como os contemporâneos de Alencar receberam essa peça enfadonha, de rala intriga e exagerada feição moralizante.

*

---

9. MAGALHÃES JR., R. *José de Alencar e sua Época*. 2.ed., Rio, Civilização Brasileira, 1977. p.125.

O *Verso e Reverso* e *O Demônio Familiar* ainda atraíam o público fluminense ao Ginásio Dramático, em meados de dezembro de 1857, quando os jornais começaram a anunciar a estréia de *O Crédito*, para o dia 19 do mesmo mês. O sucesso obtido com as peças anteriores, todavia, não se repetiu desta vez. Depois de apenas mais duas representações, a 20 e 29 de dezembro, foi retirada de cartaz, por absoluta falta de público. Já a crítica teatral da época, mais benevolente e talvez receosa de ferir a suscetibilidade de um intelectual tão conceituado como Alencar, preferiu o elogio fácil, ressaltando sobretudo a finalidade moralizadora da peça. A monotonia do espetáculo, que afastou o público do teatro, evidenciava, contudo, as suas falhas. E apenas o folhetinista do *Correio da Tarde*, com o devido respeito ao autor, discordou da opinião comum da intelectualidade da corte. Mais adiante voltaremos a esses comentários críticos.

Alencar apresentou *O Crédito* à censura do Conservatório Dramático em fins de novembro de 1857. Uma semana antes da estréia, o *Diário do Rio de Janeiro* publicou o parecer do censor Antonio Luís Fernandes da Cunha, no qual os elogios são abundantes e até exagerados:

> A comédia em cinco atos intitulada *O Crédito* não oferece assunto para a crítica, porque tudo aí é belo, interessante, magnífico; diálogos, caracteres, enredo, tudo está pautado segundo os preceitos da arte, desenvolvido conforme as prescrições do bom gosto literário, e traçado de acordo com as saudáveis modificações introduzidas pela escola moderna.
>
> (...)
>
> A comédia *O Crédito* é o mimoso fruto de uma sublime inspiração: o talento do escritor deu-lhe as proporções de um livro de moral pura e severa; o gênio do poeta emprestou-lhe as galas, as louçanias de um poema cheio de magia e de encanto.

Não cremos que a peça seja merecedora de tantos elogios. Mas o censor, em seu longo parecer de cerca de quatro laudas, não os economiza, mostrando-se simpático às características realistas que ela encerra, em particular o seu efeito moralizador. Assim, nas pegadas de Alencar, critica com veemência a especulação e a agiotagem e defende uma ordem capitalista sustentada pela fusão equilibrada e hormoniosa das três "alavancas do progresso": a inteligência, o trabalho e o dinheiro. Entre outras considerações que tece a respeito de *O Crédito*, parece-nos relevante a previsão do fracasso que a peça teria no palco. Fernandes da Cunha a elogia enquanto literatua, idéia, mas observa que o público fluminense não está acostumado com as suas sentenças morais e filosóficas. Quer dizer, a culpa do fracasso seria do público, não da peça. Vejamos esse curioso raciocínio:

> É crença nossa que esta comédia não há de ser vitoriosa com aplausos como têm sido algumas outras de muito inferiores proporções.
>
> A razão é fácil.

A questão do dinheiro, do Sr. Alexandre Dumas Filho, era um excelente livro para a leitura de gabinete, porém não servia para o teatro por causa dos diálogos longos por demais, e da filosofia que transudava de todos os seus poros.

O Crédito, escrito sob a inspiração do mesmo pensamento, não tendo os defeitos dos extensos diálogos, tem todavia o inconveniente de ser uma comédia altamente moral e filosófica, ao que a maioria do público que freqüenta os nossos teatros não é em geral afeiçoada.

Faltou ao censor um pouco mais de determinação. Tanto a peça de Alencar quanto a de Dumas Filho apresentam os mesmo defeitos que dificultam um bom rendimento cênico, ou seja, diálogos longos e excesso de considerações moralizantes.

Os primeiros anúncios da representação de *O Crédito* faziam referência ao "honroso parecer" do Conservatório Dramático; porém, para chamar ainda mais a atenção do público fluminense, Alencar dedicou a peça ao corpo do comércio do Rio de Janeiro, incluindo nos anúncios publicados no *Diário do Rio de Janeiro* a transcrição integral da dedicatória, que é a seguinte:

AO CORPO DO COMÉRCIO DO RIO DE JANEIRO

Tendo constantemente defendido pela imprensa o desenvolvimento do *crédito* no Brasil, julguei que fazia ainda um bom serviço a essa idéia promovendo a sua propaganda em um campo muito mais vasto. O interesse dramático, prendendo o espírito do espectador obriga-o a estudar em ação, e nos diversos caracteres, uma importante questão social, considerada como árida e estéril; o resultado é imenso para a educação e instrução do povo; a moral e a ciência fundam assim a mais eloqüente das tribunas – a cena, tribuna que fala ao mesmo tempo aos olhos, ao ouvido, ao espírito e ao coração. Se não consegui o fim, não faltou a intenção; e embora imperfeita a obra, espero que o corpo do comércio do Rio de Janeiro, que tem sempre animado o jornalista no desempenho da sua árdua missão, aceite este pequeno sinal de comunidade de idéias e de aspirações com que trabalhamos para o mesmo resultado – o engrandecimento deste belo país.

Rio de Janeiro, 12 de dezembro de 1857.

José de Alencar

O próprio Alencar aponta as dificuldades que encontrou para escrever *O Crédito*. Como traduzir numa linguagem teatral um assunto reconhecidamente árido e estéril, de natureza econômica? A solução encontrada parece-nos errada, pois o interesse dramático ou enredo é utilizado apenas para prender o espírito do espectador e fazê-lo ouvir os vários discursos moralizantes e didáticos. O resultado não poderia ser outro: nem o público nem o corpo do comércio se interessaram pelas monótonas preleções do *raisonneur* Rodrigo. Mas, como dissemos há pouco, a crítica foi mais benevolente. Dois dias após a estréia, Leonel de Alencar, no *Diário do Rio de Janeiro*, escrevia algumas linhas elogiosas e recomendava o espetáculo aos seus leitores. No mesmo dia – 21 de dezembro –, uma nota anônima, no *Correio Mercantil*, resumia o enredo da peça e enaltecia o seu fim moral; porém, acrescentando que os atores estavam "frios e pouco seguros de seus papéis", pedia-lhes que interpretassem *O Crédito* "com a animação com que foi escrito". No *Diário*, a 26 de dezembro, os elogios vinham de Sousa Ferreira, um admirador confesso de Alencar, que já escrevera sobre o *Verso e Reverso* e *O Demônio Familiar*:

> Esta nova composição do autor do *Demônio Familiar* é a eloqüente defesa em favor da inteligência e do trabalho contra a riqueza que só é riqueza; uma glorificação da idéia utilitária do *crédito*, essa poderosa alavanca que destrói as barreiras impostas pela falta de meios à razão rica de princípios e de conhecimentos; uma argumentação cerrada que pulveriza os sofismas da agiotagem, um triunfo brilhante das idéias novas sobre os conselhos da rotina. Mostrar que o crédito é um princípio econômico, cuja força e utilidade cresce na razão de sua extensão; que é ele talvez o remédio tão procurado para a chaga do pauperismo, que a inteligência e o trabalho são capitais tão produtivos como o dinheiro; eis a base dessa comédia-drama.
>
> Considerado por outra face, o *crédito* dá origem às idéias acessórias do principal e que formam a fábula, o enredo; a teoria sobre o crédito social que funciona nos salões é uma grande verdade expressa em uma linguagem cheia de espírito, de comparações novas e elegantes.

Como vemos, mais uma vez os elogios se referem aos nobres princípios defendidos por Alencar. O único folhetinista que se ocupou também dos problemas especificamente teatrais foi M. Leite Machado, nas páginas do *Correio da Tarde* de 26 de dezembro. Com base na representação, não no texto, apontou as falhas da peça:

> ...gosto de uma comédia que se desenvolva com facilidade na intriga e peripécia, porém nada disso encontrei no *Crédito*: as suas cenas são frias e extensas e os diálogos demasiadamente longos (...). A comédia do Sr. Dr. Alencar parece-me mais uma composição para ler, do que para ser representada, mais um romance do que uma comédia; é ela uma composição de muito merecimento, mas de pouco efeito cênico.

O fracasso de *O Crédito* junto à platéia fluminense deixou Alencar bastante magoado. Afinal, durante todo o ano de 1857 só experimentara o sucesso, quer como dramaturgo quer como romancista. Além disso, estudara durante meses a estética teatral realista, a fim de aproveitá-la na construção de uma dramaturgia renovada, que poderia servir de ponto de partida para outros escritores brasileiros, e pouquíssimos reconheciam os seus esforços? O desabafo não tardou. Logo após a segunda representação mal sucedida da peça, escrevia:

> Tenho notado em nosso país um fenômeno muito curioso que no futuro há de caracterizar esta época em que tanto se fala de progresso literário. Na Europa, quando aparece uma nova produção, um novo escrito, são os homens superiores e as grandes capacidades que julgam a obra, a condenam ou lhe dão o prestígio que vai despertar a aura popular. Entre nós, ao contrário, a opinião pública parece caminhar de baixo para cima; é preciso que o aplauso e a aceitação geral forcem as reputações já feitas a reconhecerem não só o merecimento, mas a existência do livro.
>
> O único *Mecenas* que existe no Brasil para os moços que começam é o público, o qual, com esse senso íntimo e essa inspiração que Deus lhe deu, discerne o

bom do mau e anima as apirações do homem ativo e trabalhador; se ele erra algumas vezes, se ainda não se acha a par do desenvolvimento que têm tido as letras e as artes nos povos civilizados, a culpa é dos que não têm sabido educá-lo[10]

Erradamente, Alencar atribuiu o malogro de *O Crédito* ao indiferentismo de uma elite intelectual e à desatualização do público fluminense, negando-se, portanto, a reconhecer os defeitos da peça. Mais tarde, porém, deve ter pensado melhor, pois decidiu não publicá-la, ao contrário do que fizera com as anteriores. Como se sabe, apenas em 1895 e 1896, por iniciativa de seu filho Mário de Alencar, a *Revista Brasileira* publicou-a, parceladamente.

---

10. Palavras datadas de 17 de dezembro de 1857, fazem parte da "Dedicatória do Autor da Comédia *As Asas de um Anjo* ao Conservatório Dramático". O texto foi publicado integralmente no *Diário*, a 26 de janeiro de 1858.

DESENHO DE ÂNGELO AGOSTINI

6. *As Asas de um Anjo/A Expiação*

Segundo Alencar, as suas três primeiras peças, apesar das diferenças que mantêm entre si, estão ligadas por um mesmo propósito: o de "pintar" os costumes do Rio de Janeiro de uma determinada época, apresentando "quadros antes verdadeiros, do que embelezados pela imaginação ou pelo artifício". Nesse sentido, tencionando ser fiel a um dos pressupostos básicos da estética teatral realista, afirmou:

> Para esse fim em cada uma das minhas obras tomei um ponto de observação diferente, como faria um pintor, que desejando copiar a natureza em todos os seus acidentes, procurasse diversas perspectivas.
>
> *O Rio de Janeiro, Verso e Reverso* é a comédia da rua; *O Demônio Familiar* é a comédia do interior da casa; *O Crédito* é a comédia da sala. Na primeira procurei desenhar o público; na segunda a família; na terceira a sociedade[1].

Já havíamos citado essas palavras no fecho do segundo capítulo, para caracterizarmos com que convicção Alencar aderiu ao realismo teatral francês. Mas, além desse dado, elas deixam transparecer a intenção ambiciosa do dramaturgo: construir um vasto painel da vida na corte por meio de várias peças escritas com base numa ótica realista. O fracasso de *O Crédito*, todavia, esfriou o seu entusiasmo. A 27 de dezembro de 1857, dirigindo-se ao Conservatório Dramático, manifestava a decisão de abandonar o teatro, uma vez que acreditava não ter forças suficientes para lutar sozinho contra o indiferentismo de uma grande parcela da intelectualidade da época. Por outro lado, em sinal de

---

1. *Diário do Rio de Janeiro*, Rio, 26 jan. 1858, p.2.

gratidão à entidade que sempre o animara, dedicava-lhe a comédia com a qual pretendia encerrar a carreira dramática – *As Asas de um Anjo*, concluída por aqueles dias. Na dedicatória, explicava que essa peça estava intimamente ligada às anteriores e obedecia à mesma orientação, isto é, tinha por objetico retratar um aspecto da vida na corte. Mas desta vez, afastando-se do público, da família e da sociedade, Alencar, mais arrojado, voltava-se para um assunto delicado e escorregadio: a prostituição. Ampliava assim a visão de um universo que anteriormente abordara por três prismas diversos e despedia-se do teatro, autor de apenas quatro peças, ciente de ter dado uma contribuição – pequena, a seu ver – para o desenvolvimento da arte dramática em nosso país: "... fiz quanto cabia em minhas forças, e resta-me a consciência de ter levado a minha pedra, embora mal talhada, a esse monumento da literatura dramática nacional, a que outros deitarão o capitel"[2]. Palavras de despeitado. Depois de algum tempo Alencar superou o desgosto causado pelo insucesso de *O Crédito* e escreveu outras peças.

No início de janeiro de 1858, *As Asas de um Anjo*, entregue ao Conservatório Dramático, deveria ser apreciada pelo secretário Antonio Luís Fernandes da Cunha, que, ao tomar conhecimento do assunto, considerou-o por demais controvertido para que apenas um censor se responsabilizasse pela sua liberação. Sugeriu então ao presidente Diogo Bivar que convocasse os membros da Mesa do Conservatório, a fim de que deliberassem conjuntamente. Feito isso, não houve maiores problemas. Depois de alguns dias, um longo e elogioso parecer, publicado no *Diário* junto com a "Dedicatória" de Alencar, reconhecia que não havia inconveniente algum em se conceder a licença para a representação da peça e concluía com um protesto contra a decisão do escritor que afirmara haver desistido de escrever para o teatro.

Os elogios do parecer da Mesa dirigiam-se sobretudo ao alcance moralizador e à originalidade de *As Asas de um Anjo*. Quanto ao primeiro ponto, destacava uma cena bastante forte, na qual o pai de Carolina, embriagado e fora de si, tenta seduzir a própria filha, e tecia a seguinte consideração: "Haverá talvez sacrilégio nesta cena, não há dúvida; mas é inquestionável que exercita sobre a moral do povo a mais benéfica e salutar influência, porque o seu efeito horrível produzirá no ânimo dos espectadores a vantajosa idéia do desprezo do vício". A originalidade, por sua vez, consistia em tomar a defesa, pela primeira vez na dramaturgia brasileira, da idéia da regeneração da mulher decaída. Para os censores, Alencar fora mais longe do que Dumas Filho, Lambert Thiboust e Théodore Barrière, autores que abordaram o problema da prostituição em algumas peças que o público fluminense já conhecia – *A Dama das Camélias* e *O Mundo Equívoco (Le Demi-Monde)*, do primeiro; *As Mulheres de Mármore*, escrita em parceria pelos outros

---

2. *Idem* p.2.

dois[3]. A qualidade atribuída ao dramaturgo brasileiro, que o fazia superior aos franceses, de acordo com o parecer, era exatamente a sua intenção moralizadora:

> Os autores da *Dama das Camélias* e das *Mulheres de Mármore* descreveram cenas análogas às que o Sr. Dr. Alencar apresenta na sua comédia; mas aqueles deixaram a obra incompleta, porque não trataram de extrair o suco de sua análise, isto é, aceitaram o fato da prostituição da mulher como um ato regular da vida das sociedades, desenvolveram-no segundo o maior ou menor capricho de sua imaginação, e limitaram-se a aceitar a qualidade de pintores, sem visar aos foros de moralista. O Sr. Dr. Alencar foi mais longe: apresentou o fato, descreveu as suas causas e os seus resultados, e no fim de tudo extraiu a moralidade relativa, dando ao arrependimento sincero, à expiação do passado, ao sagrado império da maternidade, o direito de reabilitar a mulher que, arrastada pelas seduções do vício, escarnecera outrora das leis da virtude.

Antes de tudo, convém esclarecer que *A Dama das Camélias* e *As Mulheres de Mármore*, apesar de abordarem o mesmo assunto, apresentam pontos de vista conflitantes, aos quais nos referiremos logo adiante. Alencar, ao escrever *As Asas de um Anjo*, aproveitou sugestões de ambas as peças: da primeira, a idéia da regeneração da prostituta; da segunda, a preocupação com a moral. Evidentemente, não concordamos com a observação dos censores no que diz respeito à inexistência de intenção moralizadora por parte de Barrière e Thiboust. De qualquer forma, o que importa assinalar, por ora, é que mais uma vez a referência a peças da dramaturgia francesa se faz necessária para uma compreensão correta da obra dramática de Alencar. Por isso, acreditamos serem indispensáveis algumas rápidas considerações a respeito de como a prostituição foi encarada pelo teatro romântico e realista francês, para que, depois desse passo, possamos avaliar adequadamente *As Asas de uma Anjo*.

Leiamos estas palavras de Dante Moreira Leite: "Quando os românticos descobrem a santidade do amor, são levados também a redescobrir a prostituição e a examiná-la em outra perspectiva. Se o amor é uma das formas de redenção, como compreender que, na prostituta, possa tranformar-se em degradação e miséria?"[4]. Eis aí um ponto de partida para se compreender uma peça como *A Dama das Camélias*, representada pela primeira vez em 1852, em Paris. Ainda que a naturalidade de algumas cenas e a objetividade na descrição de certos costumes sociais a tornem inegavelmente o marco decisivo do início do realismo teatral, há boa dose de romantismo na caracterização de Marguerite Gautier, cortesã apaixonada e regenerada pelo amor, vista não como uma prostituta perversa, mas como uma mulher capaz de se levantar da lama em que caiu e de amar sinceramente. A figura idealizada dessa

---

3. Pela ordem, as datas das estréias dessas peças, no Ginásio Dramático: 17 fev. 1856, 23 mar. 1856, 26 out. 1855.

4. LEITE, Dante Moreira. *Psicologia e Literatura*. São Paulo, Nacional, 1967, p.152.

personagem, cujo modelo foi Marie Duplessis, cortesã por quem Dumas Filho se apaixonou aos vinte anos de idade, lembra muito Marion Delorme, pecadora ilustre da literatura dramática romântica, redimida por Victor Hugo numa peça escrita em 1829[5]. Esse parentesco, percebido por vários críticos franceses, mereceu uma observação interessante de Lucien Dubech: "*La Dame aux Camélias*, c'est *Marion Delorme* dans la bourgeoisie"[6]. Há aí bastante matéria para reflexão. A heroína de Hugo transita entre nobres e castelos, no longínquo ano de 1638, quando Luís XIII, pintado como um rei fraco e sempre obediente às determinações do despótico Cardeal Richelieu, está no poder. A intenção de evocar criticamente um período da história da França faz, porém, que o problema da prostituição apareça em cena um tanto diluído. Além disso, o ambiente degradado em que Marion viveu não é mostrado, pois já no início da ação dramática ela se encontra regenerada. Na peça de Dumas Filho as situações são diferentes. Marguerite não só é contemporânea dos seus espectadores, em 1852, como aparece no interior de um mundo sórdido e elegante, evocado por vezes com bastante vivacidade. Desse modo, enquanto a personagem de Hugo, envolta num passado histórico, não oferecia perigo aos princípios morais da burguesia, Marguerite, ao contrário, representava, ao ganhar vida no palco, a possibilidade presente de regeneração e ingresso imediato na "boa sociedade", por meio do matrimônio e da família. A observação de Lucien Dubech leva-nos, pois, a compreender por que *A Dama das Camélias* teve maior repercussão do que *Marion Delorme*. Basta lembrar que o Segundo Império foi uma época marcada pelo fortalecimento da burguesia e, conseqüentemente, da sua moral rígida. Logo, o amor de Armand Duval por Marguerite era incompatível com os valores de uma classe social que desprezava a mulher decaída e a via como uma ameaça à paz doméstica.

No terreno teatral, o ponto de vista de Dumas Filho foi condenado primeiramente por Théodore Barrière e Lambert Thiboust, que, em 1853, escreveram *As Mulheres de Mármore*[7]. Nessa peça fraca, repleta de lances melodramáticos, assistimos à degradação e morte de um jo-

---

5. Apesar de estabelecermos uma aproximação entre Marguerite Gautier e Marion Delorme, lembramos que uma das leituras prediletas do jovem Dumas Filho – segundo J. J. Weiss, em *Le Théâtre et les Moeurs*, Paris, Calmann Lévy, 1889, p.182. – era *Manon Lescaut*, romance escrito em 1731 pelo Abade Prévost e que é, salvo engano, o primeiro texto da literatura ocidental em que aparece a figura romantizada da cortesã. É natural, portanto, que Dumas Filho tenha observado também a personagem Manon para criar a sua Marguerite.
6. DUBECH, Lucien. *Histoire générale illustrée du théâtre*. Paris, Librairie de France, 1934, t.5, p.105.
7. É o que afirma Jules Marsan, em seu *Théâtre d'Hier et d'aujourd'hui* (Paris, Cahiers Libres, 1926, p.39-40): "*Les Filles de Marbre*... n'a pas d'autre objet que de répondre aux défenseurs de Marguerite Gautier et de prendre le contre pied de la thèse de Dumas".

vem escultor, causadas pela sua paixão por Marco, cortesã sem nenhuma virtude ou nobreza de caráter, incapaz de amar desinteressadamente. Para reforçar as críticas e as lições morais, os autores inventaram um tipo de personagem *raisonneur* que toda a dramaturgia francesa da década de 1850 aproveitaria. Na peça em questão, seu nome é Desgenais – oriundo do grego Diógenes – e a sua função resume-se em comentar os fatos que presencia, emitindo as opiniões dos autores. Para que fique clara a posição contrária à de Dumas Filho, no que diz respeito à regeneração da prostituta, vejamos esta fala de Desgenais: "Je ne suis plus Desgenais; je m'appelle la Raison... C'est qu'en vérité ces femmes-là sont des démons pour les gens comme toi... Et on les a chantées, louangées, poétisées... c'est à mourir de rire, ma parole d'honneur!"[8].

Barrière e Thiboust não foram os únicos que saíram em defesa da moral e dos valores burgueses. Em julho de 1855 estreou em Paris *Le Mariage d'Olympe*, de Émile Augier, cuja posição diante do problema suscitado por *A Dama das Camélias* é explicitada logo na primeira cena:

MONTRICHARD – La turlutaine de notre temps, c'est la réhabilitation de la femme perdue... déchue, comme on dit; nos poètes, nos romanciers, nos dramaturges remplissent les jeunes têtes d'idées fiévreuses de rédemption par l'amour, de virginité de l'âme, et autres paradoxes de philosophie transcendante... que ces demoiselles exploitent habilement pour devenir dames, et grandes dames[9].

O que a peça mostra, em seus três atos, são as maquinações de Olympe Taverny, cortesã que se aproveita da ingenuidade do jovem Conde de Puygiron e se casa com ele sob falsa identidade, com o intuito de adquirir um bom nome e posição social. A tese do autor, a nosso ver, é provar que a mulher decaída, uma vez contaminada pelo vício, não tem forças para se regenerar e acaba por destruir a respeitabilidade da vida conjugal. O retrato de Olympe, despojado de todo sentimentalismo, dá a medida exata do desprezo de Augier pela idéia romântica da reabilitação da cortesã. Sua personagem, como observou Brieux, "é o contraponto exato de Marguerite Gautier em *A Dama das Camélias*"[10].

Não se pense, porém, que Dumas Filho foi o eterno defensor das mulheres perdidas. Pelo contrário, já a partir de 1855, com *Le Demi-Monde* – escrita antes de *Le Mariage d'Olympe*, é bom ressaltar –, torna-se, como Augier, um autêntico porta-voz dos valores burgueses. Conseqüentemen-

---

8. BARRIÈRE, T. e THIBOUST, L. *Les filles de marbre*. Paris, Michel Lévy Frères, 1872, p.70.
9. AUGIER, Émile. *Théâtre complet*. Paris, Calmann-Lévy, 1890, v.3. p.435.
10. Citado por John Gassner, em *Mestres do Teatro I*. São Paulo, Perspectiva, 1974, p.406.

te, seu ponto de vista em relação ao problema da prostituição se altera. A heroína, agora, é Suzanne d'Ange, aventureira que se infiltra na alta sociedade fingindo-se de viúva respeitável, com o objetivo de conseguir um bom casamento. Seu plano malogra graças à intervenção de Olivier de Jalin — o primeiro *raisonneur* da dramaturgia de Dumas Filho —, que a desmascara perante o jovem pretendente Raymond de Nanjac. Que diferença em relação a *A Dama das Camélias*! Suzanne tem afinidades evidentes com Olympe, ao passo que um abismo a separa de Marguerite.

Diante do que expusemos, não há como fugir à constatação de que a prostituta, no teatro de feição romântica, era capaz de amar com dignidade e pureza, enquanto que no realismo teatral era retratada como um ser desprovido de qualquer sentimento nobre. Está claro para nós que a dramaturgia realista, repudiando o mito romântico da cortesã regenerada pelo amor, colocava-se abertamente a serviço da sociedade burguesa, pois, ao mesmo tempo em que espicaçava um dos seus mais terríveis inimigos, procurava também revelar ao espectador/leitor as vantagens do casamento e da vida em família. As razões mais profundas desse posicionamento foram inteligentemente apreendidas por Arnold Hauser, na sua clássica *História Social da Literatura e da Arte*:

> Nada era tão bem calculado para servir de base à idealização da classe média como a instituição do casamento e da família. Era possível apresentar com toda a boa fé essa instituição, como uma daquelas formas sociais em que os sentimentos mais puros, mais abnegados e mais nobres são respeitados; mas não havia dúvida de que ela era a única que, desde a ruptura das velhas peias feudais, ainda dava à propriedade garantias de permanência e de estabilidade. Fosse como fosse, a idéia de família, como baluarte da sociedade burguesa contra invasores perigosos a ela estranhos e elementos destruidores a qual tinha no seu seio, passou a ser o alicerce intelectual do drama[11].

No capítulo anterior conhecemos um desses "elementos destruidores" da família: o homem ganancioso por dinheiro. A cortesã, obviamente, era vista como um elemento da mesma estirpe[12]. Mas por trás de tudo, como bem mostra Hauser, estavam os interesses materialistas da burguesia, mal encobertos por um manto de idealismo.

As discussões acerca da prostituição travadas no teatro francês tiveram enorme repercussão no meio intelectual do Rio de Janeiro a partir do momento em que o Ginásio Dramático passou a representar peças que abordavam o assunto. Alencar, que já havia transplantado para a nossa dramaturgia a *question d'argent*, assumiu mais uma vez, ao escrever *As Asas de um Anjo*, o papel pioneiro de incorporar um problema da

---

11. HAUSER, Arnold. *História Social da Literatura e da Arte*. 2.ed. São Paulo, Mestre Jou, 1972, v.2, p.972.

12. Recorramos mais uma vez a Jules Marsan: "À côté des hommes d'argent, un autre danger redoutable pour la morale et la société bourgeoises: l'amour vénal et la courtisane" (p.39).

civilizada Europa aos nossos atrasados trópicos. Em sua peça, procurou mostrar que a nossa vida urbana — ou pelo menos a da corte —, à semelhança da parisiense, tinha também as suas mulheres de mármore, os seus anjos decaídos, ameaçando a vida plácida da família burguesa brasileira e contaminando inclusive os lares mais humildes. Ocorre, porém, que Alencar não se limitou a apresentar essa visão negativa da cortesã, comum às peças do realismo teatral. Sua formação era romântica, não esqueçamos, e isso o levou a considerar também a figura da cortesã boa de coração, capaz de se regenerar e de ter sentimentos puros. No estudo que faremos em seguida de *As Asas de um Anjo*, verificaremos como procedeu o nosso dramaturgo na utilização das idéias conflitantes do realismo e romantismo teatral acerca da prostituição e de seu papel na vida social. Acreditamos que a peça, em quase toda a sua extensão, ou seja, do prólogo ao final do quarto ato, se estrutura numa espécie de confronto entre essas idéias, quando defendidas e *vividas* por determinadas personagens. Apenas o epílogo foge a essa regra, pois, como veremos, é o momento em que o confronto cede lugar a uma tentativa de conciliação de opostos.

Podemos afirmar, sem perigo de erro, que Carolina concentra em si quase que todo o lado romântico da peça. Já no prólogo, por exemplo, ela prefere a "linguagem do amor e da sedução" de Ribeiro à "linguagem da amizade e da razão" de Luís. Apaixona-a muito mais o sonho com uma existência brilhante, a aventura, do que o cotidiano rasteiro que o pai quer impor-lhe ao pretender que se case com o primo a quem não ama. Alencar atenua a opção de Carolina, fazendo-a desmaiar nos braços de Ribeiro, que a carrega para fora de casa aproveitando-se do afastamento de Luís. Mas isso é irrelevante. O que importa ressaltar é que ela aceita ser seduzida e acredita estar apaixonada pelo sedutor. Ao seguir os impulsos do coração, porém, ela renega os valores morais da sua família, levando-a à dissolução: o pai se torna um bêbado inveterado e a mãe se afoga na tristeza e no desamparo. A lição que se tira daí, segundo o próprio Alencar, é a "que se dá aos pais de família sobre a necessidade de cuidarem da educação moral de seus filhos" (*El*, p.926). Carolina foi arrastada ao vício porque lhe faltou essa educação, diz Meneses, a certa altura da peça. Não concordamos, pois, conforme observou Machado de Assis, "dessa circunstância não existe vestígio algum na peça, a não ser a asserção de Meneses; o primeiro ato (sic) apresenta um aspecto de paz doméstica, de felicidade, de pureza, que contrasta vivamente com a fuga da moça, sem que apareça o menor indício dessa atenuante" (*CT*, p.240). Com efeito, de acordo com o que se passa no prólogo, não nos parece correto atribuir aos pais a culpa pelo mau passo que Carolina deu, mas antes à cortesã Helena, que alimentou a imaginação da menina de fantasias e que abriu caminho para o assédio de Ribeiro. A lição moral, nesse caso, estaria presente na própria visão repulsiva que o espectador/leitor tem das atitudes dessa cortesã, já que é ela quem provoca, verdadeiramente, a desagregação da família.

Helena pode, portando, ser considerada uma típica cortesã da dramaturgia realista – quer pelos seus valores, quer pelos seus atos –, ao passo que a ascendência romântica de Carolina é admitida até por Alencar, nos seguintes termos:

> Vítor Hugo poetizou a perdição na sua *Marion Delorme*; A. Dumas Filho enobreceu-a n'*A Dama das Camélias*; eu moralizei-a n'*As Asas de um Anjo*; o amor que é a poesia de Marion, e a regeneração de Margarida, é o martírio de Carolina; eis a única diferença, não falando do que diz respeito à arte, que existe entre aqueles três tipos (*EL*, p.928).

Apesar da diferença apontada pelo autor entre as três cortesãs, há um ponto comum que as aproxima: elas são capazes de amar. Isso basta para diferenciá-las de uma Olympe Taverny ou de uma Suzanne d'Ange, caracterizadas sem o menor sentimentalismo.

Quanto a Carolina, poderíamos mencionar ainda várias passagens na peça que evidenciam os seus traços românticos. Uma das mais significativas, a nosso ver, ocorre no momento em que ela opta pela vida de cortesã, repudiando a oferta de casamento de Ribeiro, sedutor arrependido e apaixonado. Luís insiste para que ela aceite, argumentando: "É a honra, é a virtude, é a felicidade que ele lhe restitui". Ou ainda: "Reflita, Carolina; aceite a reparação que o senhor lhe oferece, faça de um homem arrependido, de uma moça desgraçada e de uma menina órfã uma família; dê a felicidade a seu marido, e um nome à sua filha". Mas Carolina já não ama Ribeiro. E, convicta de que a felicidade está no amor, não nas formalidades burguesas, despreza as possíveis "vantagens" que o casamento e a família lhe trariam. Por outro lado, ao seguir Pinheiro, o segundo amante, ela não age por amor, mas por estar convencida de que a sociedade não perdoaria a sua primeira falta. O próprio Luís, por quem estava então apaixonada, dá prova disso ao recusar-se a amá-la – e ela via nesse relacionamento o único caminho para regenerar-se –, fato que a leva a não hesitar na escolha entre uma vida em liberdade e o casamento com Ribeiro. Como cortesã, Carolina viveu durante um ano. E não se pode dizer que nesse tempo ela tenha sido uma ameaça à família e à propriedade, apesar de ter dilapidado a fortuna de Pinheiro. Ao contrário das cortesãs francesas, não arquitetou planos para conseguir um casamento rico, ou qualquer coisa do gênero, e continuou apaixonada por Luís, alimentando um amor que lhe parecia cada vez mais impossível. A certa altura do terceiro ato, cuja ação se passa no último dia de sua abastada vida de cortesã, ela propõe ao rapaz, numa atitude romântica que tem precedência em *Manon Lescaut* e *A Dama das Camélias*, que partam juntos para qualquer lugar tranqüilo, a fim de viverem por um ou dois anos com o dinheiro que ela economizara. É claro que o herói, preso a valores burgueses, despreza essa proposta.

Carolina é sonhadora, rebelde, aventureira. Luís, ao contrário, é o moço trabalhador, equilibrado, honesto, que não se deixa arrastar pelas paixões. Desde o prólogo até o final do terceiro ato, essas duas personagens encarnam duas visões de mundo conflitantes, que são expostas ao espectador/leitor de uma maneira parcial, para que ele se incline para aquela compatível com os valores da sociedade burguesa. Isso fica bem claro quando comparamos a trajetória de Luís com a de Carolina. Enquanto ele sobe na escala social por meio do trabalho, ganhando a admiração dos amigos, ela percorre o caminho inverso, desprezada pela sociedade e pelo homem a quem ama, rumo à degradação total. Para Alencar, esse confronto tinha um profundo alcance moralizador, pois qual a moça de boa família que, depois de ver as desventuras de Carolina, se atreveria a alimentar amores escusos e sonhos arrojados? Melhor era abafar as paixões e aspirar apenas ao amor sereno e tranqüilo de um marido honesto. Quanto a Luís, podemos considerá-lo um herói burguês, anti-romântico, somente até o terceiro ato da peça, já que no ato seguinte, diante de uma Carolina doente, pobre e arrependida, percebeu que o código social que defendia era demasiadamente rígido do ponto de vista moral para com as pessoas que o transgrediam. Há aí, evidentemente, a mão de Alencar preparando o epílogo. Mas não nos adiantemos. Voltemos ao terceiro ato, no qual ganha relevo uma personagem que foi criada com a função explícita de fazer a defesa dos valores burgueses, bem como a de rebater as críticas de Carolina à sociedade. Trata-se de Meneses, "imitação do tipo Desgenais" (*EL*, p.927), segundo o próprio Alencar, jornalista como o *raisonneur* de *As Mulheres de Mármore*. Boa parte do terceiro ato é uma batalha verbal entre ele e a heroína, sendo que o seguinte diálogo, que também tem a participação de Araújo, merece transcrição:

CAROLINA – ... Essa sociedade de que o senhor me fala, eu a desprezo.

ARAÚJO – Porque a repele!

CAROLINA – Porque vale menos do que aquelas que ela repele do seu seio. Nós, ao menos, não trazemos uma máscara; se amamos um homem, lhe pertencemos; se não amamos ninguém, e corremos atrás do prazer, não temos vergonha de o confessar. Entretanto as que se dizem honestas cobrem com o nome de seu marido e com o respeito do mundo os escândalos de sua vida. Muitas casam por dinheiro com o homem a quem não amam: e dão sua mão a um, tendo dado a outro sua alma! E é isso o que chamam virtude? É essa sociedade que se julga com direito de desprezar aquelas que não iludem a ninguém, e não fingem sentimentos hipócritas?...

ARAÚJO – Têm o mérito da impudência!

CAROLINA – Temos o mérito da franqueza. Que importa que esses senhores que passam por sisudos e graves nos condenem e nos chamem perdidas?... O que são eles?... Uns profanam a sua inteligência, vendem a sua probidade, e fazem um mercado mais vil e mais infame do que o nosso, porque não têm o amor nem a necessidade por desculpa; porque calculam friamente. Outros são nossos cúmplices, e vão, com os lábios ainda úmidos dos nossos beijos, manchar a fronte casta de sua filha, e as carícias de sua esposa. Oh! não falemos em sociedade, nem em virtude!... Todos valemos o mesmo! Todos somos feitos de lama e amassados com o mesmo sangue e as mesmas lágrimas!

MENESES — Não te iludas, Carolina! Esse turbilhão que se agita nas grandes cidades; que enche o baile, o teatro, os espetáculos; que só trata do seu prazer, ou do seu interesse; não é a sociedade. É o povo, é a praça pública. A verdadeira sociedade, da qual devemos aspirar à estima, é a união das famílias honestas. Aí se respeita a virtude e não se profana o sentimento; aí não se conhecem outros títulos que não sejam a amizade e a simpatia. Corteja-se na rua um indivíduo de honra duvidosa; tolera-se numa sala; mas fecha-se-lhe o interior da casa.

O que importa observar nesse diálogo é o discurso mascarador de Meneses em relação aos dados da realidade social descrita por Carolina. Ela, com palavras duras, desvenda algumas contradições da sociedade que conhece por dentro, como o casamento por dinheiro e o falso moralismo. Todavia, essas contradições não são vistas pelo *raisonneur* como decorrentes de uma conjuntura social, mas como simples procedimentos de indivíduos desajustados que se afastaram da "verdadeira sociedade", ao deixarem de lado valores como a castidade, o trabalho, a família. Ora, Alencar recorre novamente — já fizera isso em *O Crédito* — a uma visão maniqueísta do real, a fim de idealizar uma sociedade burguesa assentada na "'união das famílias honestas". Seu propósito, sem dúvida alguma, é fazer com que o espectador/leitor aproveite as lições morais que lhe são passadas, para aprender, comparando o comportamento dos bons e maus burgueses, quais os valores que devem nortear a sua existência. Essa concepção utilitária do teatro, que era comum aos dramaturgos realistas franceses, prejudica sobremaneira a ação dramática de *As Asas de um Anjo*, pois muitas vezes Alencar cria situações artificiais apenas em função da moralidade que poderiam transmitir. Assim, no quarto ato, por exemplo, Pinheiro entra na casa de Carolina acidentalmente, já que estava à procura de Vieirinha, que saltara de seu tílburi e não voltara para pagar a corrida. O único objetivo dessa cena é dar a Meneses matéria para discursar a respeito dos erros do rapaz, no passado, e de sua posterior regeneração por meio do trabalho. O final do quarto ato é ainda mais fabricado: por puro acaso, o pai de Carolina, cuja embriaguez já durava cerca de três anos, encontra a porta de uma casa qualquer do Rio de Janeiro aberta e entra. No escuro, tenta seduzir a própria filha. É claro que essa cena não nasceu naturalmente do enredo, mas da necessidade que Alencar viu em mostrar o abismo da vergonha e degradação a que foi arremessada a pecadora. Todo o quarto ato, aliás, não faz mais do que expor a situação miserável em que se encontra Carolina, algum tempo depois de ter sido roubada por Vieirinha e adoecido. Nesse momento difícil da sua vida, ela sofre ainda a humilhação de ver aqueles a quem abandonou e arruinou — Ribeiro e Pinheiro, respectivamente — oferecerem-lhe ajuda. Ao seu lado estão também Luís, Meneses e Araújo, senhores respeitáveis, estendendo-lhe a mão amiga. A figura prostrada de Carolina, de certa forma, é o próprio espírito rebelde e aventureiro dos românticos derrotado pela concepção burguesa de uma existência tranqüila, equilibrada, assentada em determinados valores sociais, tal como apregoava o realismo teatral. Não deixa de ser lamentável, porém, que Alencar, ao traçar esse quadro, tenha forçado a mão, sacrificando por vezes a própria estruturação interna da peça para que as lições moralizadoras ganhassem relevo.

Parece-nos claro, nessa altura, que o problema da prostituição em *As Asas de um Anjo* serve muitas vezes de pretexto para se introduzir discussões mais amplas acerca da organização social burguesa. Assim, ao invés de apresentar realisticamente o universo degradado em que viviam as cortesãs do Rio de Janeiro do seu tempo – e discutir as verdadeiras causas dessa degradação –, Alencar procura incutir no espírito do espectador/leitor as vantagens de se viver numa sociedade moralizada, formada pelo conjunto das famílias honestas. Por esse motivo, a peça está longe de ser aquele "quadro verdadeiro" da prostituição que pretendeu pintar, conforme afirmou na dedicatória dirigida ao Conservatório Dramático. Melhor dizendo, ela não *retrata* absolutamente nenhuma realidade, visto que não supera o nível da reflexão moral a respeito da vida em sociedade. Conseqüentemente, é nesse mesmo nível que Alencar introduz, no quarto ato, o tema da regeneração da cortesã, numa discussão em que participam Carolina, Luís e Meneses. Tudo se inicia com a indignação da heroína ao tomar conhecimento de que Vieirinha, o vilão da peça, vai se casar com uma moça de boa família. Afinal, pergunta ela, se a sociedade perdoa a um homem que errou, por que não faz o mesmo com a mulher? Segue-se então este diálogo:

CAROLINA – ... Pois a mulher que se perde é mais culpada do que o homem que furta e rouba?

MENESES – Não, decerto!

CAROLINA – Entretanto, ele tem um lugar nessa sociedade, pode possuir família! E a nós, negam-nos até o direito de amar! A nossa afeição é uma injúria! Se alguma se arrependesse, se procurasse reabilitar-se, seria repelida; ninguém a animaria com uma palavra; ninguém lhe estenderia a mão...

MENESES – Talvez seja uma injustiça, Carolina; mas não sabes a causa? É o grande respeito, a espécie de culto, que o homem civilizado consagra à mulher. Entre os povos bárbaros ela é apenas escrava ou amante; o seu valor está na beleza. Para nós, é a tríplice imagem da maternidade, do amor e da inocência. Estamos habituados a venerar nela a virtude na sua forma mais perfeita. Por isso na mulher a menor falta mancha também o corpo, enquanto que no homem mancha apenas a alma. A alma purifica-se porque é espírito, o corpo não!... Eis porque o arrependimento apaga a nódoa do homem, e nunca a da mulher; eis porque a sociedade recebe o homem que se regenera, e repele sempre aquela que traz em sua pessoa os traços indeléveis do seu erro.

CAROLINA – É um triste privilégio!...

MENESES – Compensado pelo orgulho de haver inspirado ao homem as coisas mais sublimes que ele tem criado.

LUÍS – Penso diversamente, Sr. Meneses. Por mais injusto que seja o mundo, há sempre nele perdão e esquecimento para aqueles que se arrependem sinceramente; onde não o há é na consciência.

Como vemos, nessa discussão se estabelece o confronto entre as posições divergentes do teatro romântico e realista no que diz respeito ao debatido tema da regeneração da cortesã. Meneses, "a razão social encarnada em um homem" (*EL*, p.927), como escreveu Alencar, defende o ponto de vista da sociedade burguesa ao não admitir a possibilidade de reintegração social da mulher decaída. Em contrapartida, Luís e Carolina questionam o rígido e discriminador código moral defendido pelo *raisonneur*. Essa discussão e a repentina e inexplicável mudança de pensamento do rapaz – tão moralista nos atos anteriores – preparam o terreno para a solução que é dada, no epílogo da peça, à questão da regeneração.

A trajetória de Carolina, como cortesã, encerrou-se na cena final do quarto ato. Era impossível descer mais, na escala da degradação. Assim, vamos encontrá-la, dois anos depois, no epílogo, completamente mudada, penitenciando o mau passo que deu, abstendo-se de prazeres e diversões. Ainda apaixonada por Luís, sofre com sublime resignação, pois não consegue se esquecer da vida desregrada que levou e se crê indigna da afeição do rapaz. Sem dúvida alguma, estamos diante de uma personagem caracterizada de acordo com padrões românticos. Faltam apenas o perdão do amado para os seus erros e a recompensa pelo arrependimento, para que a regeneração se concretize. Acontece que, exatamente nesse ponto, Alencar introduziu a sua inovação: ao invés de seguir todo o caminho traçado por Victor Hugo e Dumas Filho, avançou até a metade, isto é, aceitou a idéia da regeneração da cortesã, mas a restringiu à esfera do espírito, considerando a mancha no corpo da mulher irremovível. Dentro dessa linha de pensamento, imaginou então um casamento absurdo entre Luís e Carolina, no qual, por imposição do rapaz, não se permitiriam o contato sexual. Como ele mesmo diz a ela, seriam cônjuges perante o mundo e irmãos perante Deus. Ora, é óbvio que Alencar quer nos fazer ver nesse desfecho uma lição moral: o casamento, nos termos em que se realiza, é uma verdadeira punição para Carolina, na medida em que lhe impõe, por razões que ela não ignora, o sacrifício do amor físico, reservando-lhe assim um futuro de expiação e lágrimas, uma vida repleta de remorsos e visões do passado. A diferença em relação ao que ocorre em *Marion Delorme* e *A Dama das Camélias* é clara: tanto Marion como Marguerite são perdoadas e amadas por Didier e Armand, respectivamente, ao passo que Luís perdoa apenas a alma de Carolina, repelindo o seu corpo[13]. Amor pela metade, portanto, que pode inclusive ser compreendido como a própria negação da tese romântica da reabilitação da cortesã. Para Machado de Assis, trata-se exatamente disso:

> É evidente que a comédia *As Asas de um Anjo* não conclui pela afirmativa de tese tão celebrada (...). O epílogo da peça é o casamento de Carolina; mas quem vê

---

13. É bem verdade que a realização plena do amor não acontece no drama de Victor Hugo; todavia, o perdão que Marion recebe de Didier, na sétima cena do 5º ato, é o reconhecimento de sua regeneração total.

aí sua reabilitação moral? Casamento quase clandestino, celebrado para proteger uma menina, filha dos erros de uma união sem as doçuras de amor nem a dignidade de família, é isso acaso um ato de regeneração? (*CT*, p.240).

Machado não deixa de ter certa razão em sua análise, uma vez que a intenção de Luís era dar a Carolina a oportunidade de regenerar-se pela maternidade, não pelo amor. Mas, em contrapartida, não podemos negar uma evidência: no epílogo da peça ela encontra-se completamente regenerada, ainda que por força de um amor sofrido, insatisfeito, que é, afinal, o seu próprio castigo. Assim, acreditamos que Alencar, ao traçar o triste destino da sua heroína, tinha em mente conciliar a idéia romântica da regeneração da mulher perdida com a moralidade do teatro realista. O problema é que ele falhou exatamente aí, nessa tentativa de ser original, de conciliar o inconciliável. O resultado é uma solução artificial, insustentável, que fica a meio caminho tanto da visão romântica da prostituição quanto da realista burguesa: por um lado, deparamos com uma regeneração não reconhecida em sua totalidade, visto que a Carolina é negada a felicidade no amor; por outro, temos uma moralidade burguesa discutível, que faria um Augier, por exemplo, tremer de indignação, pois a punição que a nossa cortesã recebe é o casamento.

A tentativa de conciliação de idéias conflitantes no desfecho equivocado de *As Asas de um Anjo* não impede, porém, que a filiemos ao realismo teatral francês. Por mais que discordemos da solução dada por Alencar ao problema da regeneração da cortesã, é forçoso reconhecer que as preocupações moralizadoras estão em primeiro plano, ao longo de toda a peça.

*

Acompanhemos agora os eventos que marcaram a encenação de *As Asas de um Anjo*. A estréia ocorreu a 30 de maio de 1858, na reabertura do Ginásio Dramático, que sofreu algumas reformas durante os três meses em que a companhia deu espetáculos na Bahia. Segundo uma pequena nota publicada no *Correio Mercantil*, de 1º de junho, o teatro estava lotado e, ao final do espetáculo, os aplausos foram entusiásticos. É de se crer que nesse mesmo dia a segunda representação teve acolhida semelhante. Por outro lado, é provável também que algumas suscetibilidades foram despertadas, pois a peça foi retirada de cartaz por mais de duas semanas. São bastante sintomáticas as seguintes palavras, publicadas no *Diário do Rio de Janeiro*, a 10 de junho: "Algumas pessoas têm-se incumbido de espalhar que a polícia proibiu a representação da comédia *As Asas de um Anjo*; e essa notícia tem sido acreditada. Podemos porém asseverar que tal fato não se deu, e que semelhante proibição não existe". Ao anunciar a terceira representação da peça para o dia 17, a empresa do Ginásio explicava que os espetáculos tinham sido suspensos porque um dos atores adoecera. Na seção "Crônica Diária", do *Diário*, lia-se também o seguinte:

> Vai hoje à cena a comédia original *As Asas de um Anjo*, cuja representação foi interrompida pela moléstia de um ator.
>
> Os juízos vários e encontrados que se têm feito a respeito desta peça podem hoje ser devidamente apreciados pelo público; ele dirá se há razão da parte daqueles que condenam o autor por ter querido imitar a escola realista, atualmente tão em voga na França.

Tudo indica que essas palavras, bem como as citadas anteriormente, são do próprio Alencar, redator-chefe do jornal. Pelo visto, a peça suscitou discussões e foi assunto de muita conversa. A imprensa, porém, se calou: nenhum dos seus renomados folhetinistas arriscou qualquer opinião após as três primeiras récitas. A eles, lamentavelmente, antecipou-se a polícia, na pessoa do subdelegado do distrito de Sacramento, Antonio Tavares, que, instado por seu chefe, Isidro Borges Monteiro, a que opinasse acerca do conteúdo da peça, emitiu o seguinte parecer: "Tenho a honra de participar que tal peça não tem tido do público acolhimento favorável, é evidentemente imoral"[14]. Estava selada a sorte de *As Asas de um Anjo*. No dia 21 de junho o chefe de polícia enviou um ofício ao presidente do Conservatório Dramático, comunicando-lhe que a comédia devia ser imediatamente retirada de cartaz por conter "pensamento e mesmo lances imorais"[15]. O empresário do Ginásio, notificado pelo Conservatório, nada pôde fazer, senão atender às determinações superiores.

A reação de Alencar à medida tomada pela polícia foi imediata. Não lhe agradava ser visto como um dramaturgo imoral, quando, ao contrário, tinha em mente moralizar a cena. Isso era demais. Indignado, defendeu-se então com um longo artigo publicado no *Diário*, a 23 de junho, no qual teceu considerações acerca da ordem policial e justificou as idéias desenvolvidas na peça. Quanto ao primeiro ponto, observou:

> Ninguém ignora que uma composição dramática qualquer não pode ser levada à cena nos teatros desta corte sem duas formalidades essenciais: a licença do Conservatório, e a permissão da Polícia. Ambas estas formalidades foram preenchidas na comédia *As Asas de um Anjo*; o despacho do Conservatório é de 14 de janeiro, e o visto da Polícia de 25 de maio do corrente ano.
>
> A proibição da comédia depois de ter subido três vezes à cena e sem uma manifestação reprovadora da parte do público, importa pois não só uma censura muito direta a uma corporação como o Conservatório Dramático, que não é subordinado à Polícia; como uma contradição com o ato anterior; pois quando uma autoridade põe o seu visto em qualquer papel, é presumida haver lido e tomado conhecimento do conteúdo (*EL*, p.924-5).

14. VIANA FILHO, Luís. *A Vida de José de Alencar*. Rio, José Olympio, 1979, p.86.
15. *Idem*, p.86.

É óbvio que Alencar está com a razão. Afinal, a polícia liberou e proibiu a mesma obra num espaço de tempo inferior a um mês. Tal negligência, porém, pode ser explicada: provavelmente, a peça, apenas lida, não pareceu tão escandalosa ao censor policial, o que não aconteceu com "alguns espectadores demasiadamente escrupulosos" (*EL*, p.928) que a viram no palco, enriquecida pela representação. Graças a esses anônimos defensores da moral pública, a polícia reconsiderou o parecer anterior e tomou as providências que conhecemos.

Disposto a demonstrar que o seu texto era moralizador, e não imoral, Alencar argumentou:

> Será imoral uma obra que mostra o vício castigado pelo próprio vício; que tomando por base um fato infelizmente muito freqüente na sociedade, deduz dele conseqüências terríveis que servem de punição não só aos seus atores principais, como àqueles que concorreram indiretamente para a sua realização?
>
> A lição que se dá aos pais de família sobre a necessidade de cuidarem da educação moral de seus filhos; a punição do sedutor que acabando por amar a mulher que ele seduziu, vê-se abandonado por ela; o castigo do moço pródigo, que depois de sacrificar toda a sua fortuna a uma amante, encontra nela o desprezo e o escárnio quando se trata de salvá-lo da desonra; a miséria que serve de termo à vida desregrada de uma jovem menina, impelida pela imaginação enferma, que lhe dourava o vício; o horror da filha que, vendo seu pai ébrio estender-lhe os braços lascivos, contempla o profundo abismo de abjeção e vergonha a que se arrojou; e finalmente o suplício de Tântalo de um amor partilhado e não satisfeito, de um amor cheio de remorsos e recordações pungentes, a acusação eterna, constante da consciência; tudo isso será imoral?
>
> E entretanto é esta a ação da minha comédia; são aquelas as teses que me propus defender no meio de um quadro de costumes brasileiros (*EL*, p.926).

Como vemos, *As Asas de um Anjo*, mais do que uma peça teatral, pretende ser um compêndio de lições edificantes à sociedade. Para Alencar, pais e mães, rapazes, moças, todos podiam se valer dos ensinamentos que contêm as várias cenas da comédia, utilizando-os na vida prática. Ora, é exatamente esse o grande equívoco do nosso dramaturgo, pois ele não se deu conta de que exagerou em seu propósito moralizador, criando situações e diálogos tão controvertidos que acabaram surtindo efeito contrário. Apenas para exemplificar, pensemos em algumas falas de Carolina, sobretudo naquelas em que há críticas contundentes a certos comportamentos hipócritas da pequena burguesia, justamente a camada social que freqüentava os teatros da corte. É mais do que certo que as palavras da cortesã atingiam a platéia do Ginásio com impacto bem maior do que os discursos reformistas e idealistas do *raisonneur* Meneses. Alencar, porém, analisou a questão por outro ângulo, não admitindo ter se excedido em suas preocupações moralizadoras. Para ele, as acusações de imoralidade foram feitas por alguns espectadores que, embora vivendo em uma cidade cujos teatros exibiam "todos os horrores da escola romântica e todas as verdades do que chamam escola realista" (*EL*, p.931), não suportaram encarar uma das "chagas" da sua própria sociedade:

Assistindo a *A Dama das Camélias*, ou *As Mulheres de Mármore*, cada um se figura que Margarida Gautier e Marco são apenas duas moças loureiras, e acha espírito em tudo quanto elas fazem ou dizem; assistindo a *As Asas de um Anjo*, o espectador encontra a realidade diante de seus olhos, e espanta-se sem razão de ver no teatro, sobre a cena, o que vê todos os dias à luz do sol, no meio da rua, nos passeios e espetáculos (*EL*, p.925).

Não acreditamos que a peça seja tão realista quanto afirma Alencar, mas reconhecemos que ele a defende com coerência. Afinal, a prostituição era o assunto de várias peças do repertório do Ginásio, representadas sem nenhuma objeção da polícia. Não é descabido, pois, considerar que o simples fato de ter a ação dramática situada no Rio de Janeiro tornou *As Asas de um Anjo* mais vulnerável do que suas "irmãs" francesas às acusações que lhe foram feitas.

Em seu artigo, Alencar faz ainda uma exposição detalhada das características de cada personagem da peça, para demonstrar que "não há aí uma só personagem que não represente uma idéia social, que não tenha uma missão moralizadora" (*EL*, p.926). Em seguida, tendo concluído que a imoralidade não está presente nas idéias que desenvolveu e tampouco no estilo que utilizou, passa a considerar os efeitos da representação:

Chego ao jogo cênico. É neste ponto que se aguçam as iras dos moralistas; é daí que a Polícia tirou naturalmente argumentos para a proibição de minha peça.

(...)

Se não me engano, são a penúltima cena do prólogo, quando Ribeiro seduz Carolina, e a cena final do 4º ato, quando Antonio, abraçando a menina, reconhece sua filha, que servem de pedra de escândalo e fazem arrepiar a *mimosa pudica* de certas almas escrupulosas (*EL*, p.929).

Conforme observamos há pouco, Alencar criou determinadas situações com o intuito de moralizar, mas, no palco, a força da representação tornou algumas delas ambíguas, de modo que surtiram efeito contrário. É o caso de ambas as cenas mencionadas no trecho transcrito acima, que podem ser interpretadas de duas maneiras diversas, dependendo do ponto de vista que se quer defender. Para a Polícia, eram cenas que não mereciam ser vistas pelas boas famílias.

A proibição de *As Asas de um Anjo*, sob alegação de imoralidade, repercutiu enormemente no meio intelectual da corte, uma vez que atingiu a figura de um redator-chefe de jornal, romancista e dramaturgo consagrado, membro inclusive do corpo de censores do Conservatório Dramático[16]. Desencadeou-se, pois, um amplo debate na impren-

---

16. Na Seção de Manuscritos da Biblioteca Nacional há apenas um parecer de Alencar, datado de 12 de janeiro de 1858, que diz o seguinte: "O drama *As Ruínas de Calatarra*, em minha opinião, não tem nada que ofenda o regulamento do Conservatório Dramático, mas é um assassinato cruel da literatura e língua portuguesa". Não sabemos se Alencar opinou a respeito de outras peças, mas o fato certo é que, depois da censura a *As Asas de um Anjo*, desligou-se do Conservatório.

sa, através de vários artigos no quais o ato policial e a comédia de Alencar foram largamente comentados. A 24 de junho, no *Correio Mercantil*, Francisco Otaviano emprestou a primeira solidariedade ao dramaturgo censurado, afirmando que a proibição fora "injusta" e tecendo estas considerações:

> Não sabemos o que motivou essa deliberação da polícia, se algumas frases da mulher perdida (protagonista da comédia), ou se alguns dos lances, por exemplo a cena final do 4º ato.
>
> As frases mais arriscadas da protagonista só podem arrepiar aos que não atendem à situação em que ela se acha e não reparam que os desvarios dessa imaginação exaltada são sempre combatidos com vantagem por duas inteligências honestas e retas que o autor fez entrevir (sic) para esse mesmo fim.
>
> Quanto à cena final do quarto ato, o seu único defeito é não ser também a cena final do drama. O Sr. Dr. Alencar não podia idear um desfecho mais aterrador para o vício, uma lição mais pungente.
>
> Daí por diante o seu drama não tem mais realidade; é uma ficção humanitária. Mas até aí, e nesse lance sobretudo, a sociedade não pode contestar, nem a veracidade dos quadros, nem a habilidade com que se arrasta o vício até a sua última degradação.

Apesar da ressalva, são palavras de apoio e reconhecimento da moralidade peça. E, como veremos adiante, não foi apenas Francisco Otaviano que se pronunciou contra o epílogo. Por ora, continuemos a registrar as demais manifestações de solidariedade a Alencar. No *Diário do Rio de Janeiro*, de 27 de junho, Sousa Ferreira fez do seu folhetim um protesto "em nome de nossa nascente literatura contra a interferência da polícia em questões literárias". Em sua opinião, a peça não poderia ter sido proibida, porque durante as três representações foi bastante aplaudida pelo público, que não manifestou contra ela nenhum sinal evidente de reprovação. E prosseguia:

> ... a polícia quis intervir em uma questão literária, e pronunciou-se contra a escola realista, a que pertence em parte o drama do Sr. Dr. J. de Alencar.
>
> Embora eu pertença ao grupo que combate essa escola, declino a honra de ter por auxiliar a polícia. Deus nos livre que o raciocínio, que a inteligência seja combatida por uma autoridade policial.

Às vozes de Francisco Otaviano e Sousa Ferreira veio juntar-se a de Quintino Bocaiúva, engrossando o coro de protesto contra o ato da polícia. Num longo e palavroso artigo, publicado no *Diário*, a 28 de junho, o jovem jornalista analisou a questão pelo prisma político, salientando que a proibição feria o direito de manifestação de pensamento; princípio respeitado por todos os países civilizados e garantido pela própria constituição brasileira. Vejamos uma das passagens mais contundentes desse artigo:

> A suspensão das representações de seu drama *As Asas de um Anjo*; o ato da polícia na corte, despossuindo o teatro e o autor da composição de uma propriedade

tão sagrada e inviolável, como a propriedade territorial, como o capital ou como o invento industrioso, é um ato absurdo, ilegal, atentatório das leis pátrias, em minha incompetente opinião; é, enfim, um sequestro de inteligência não autorizado por disposição alguma e repelido pelo consenso unânime da consciência pública.

As manifestações de apoio que Alencar recebeu serviram de compensação para o seu espírito agastado. Não tinha dúvidas de que fora vítima de um ato arbitrário e de que sua comédia continha a mais alta moralidade. Já refeito e disposto a quebrar a pena e fazer dos pedaços uma cruz, conforme afirmou no fecho do seu artigo de protesto, foi com certa surpresa que deparou com as críticas violentas que "M.T." – Antonio Tavares ou Isidro Borges Monteiro? – desferiu a *As Asas de um Anjo*, numa carta publicada na seção "Correspondência", do *Correio Mercantil*, de 28 de junho:

> Desenvolvimento de uma tese moral para dar ao povo uma lição profunda e austera, a sua produção não pode sê-lo, não porque o assunto a isso não se preste, porém, sim, porque tratando de tal modo, que fere até as vistas dos que não deveram entendê-lo, e porque termina com um prêmio ao vício que não tem, sequer, um predicado, até cuja nobreza suas manchas torpes desmaiassem. A clareza demasiada das cenas 7a. do prólogo, 6a. do 2º ato, 1a., 3a. e 7a. do 3º, 11a. e final do 4º, afugenta do teatro o chefe de família que leva a sua filha pura a um camarote para passar algumas horas distraída e com proveito para o espírito, e não para presenciar lances e ter explicações, embora em termos comedidos do que vai pelos prostíbulos. As idéias fatalistas de Carolina não devem atuar na inteligência das mulheres nem mesmo represadas passo a passo pelas sãs teorias filosóficas de Meneses.

Sentindo-se mais uma vez ultrajado, porque reconhecia sob o disfarce das iniciais "M.T." a autoridade que tinha concorrido para a proibição de sua peça, Alencar respondeu às críticas citando trechos de peças de Schiller, François Ponsard e Victor Hugo, que eram, a seu ver, mais fortes do que qualquer cena de *As Asas de um Anjo*. E acrescentava: "Basta de exemplos; escolha o meu mestre qualquer palavra de minha comédia, qualquer lance; ... depois da escolha feita, apresente-o pela imprensa, eu me comprometo a no dia seguinte mostrar-lhe palavras ou lance mais forte em um autor de voga"[17].

Nos dias que se seguiram, Alencar continuou recebendo a solidariedade de amigos e intelectuais como Amaral Tavares e Quintino Bocaiúva, que voltou à carga em mais uma extensa análise acerca do ato policial. A 5 de julho, duas colunas do folhetim "Páginas Menores", do *Correio Mercantil*, eram dedicadas à defesa da moralidade da comédia censurada.

Paralelamente aos vários artigos polêmicos que a imprensa acolheu, uma pequena discussão entre dois intelectuais mereceu a atenção dos leitores do *Diário*. Não conseguimos identificá-los, pois um assina-

---

17. *DIÁRIO*..., 29 de jun. 1858, p.3.

va "X.P." e outro "Saffie". Escreveram um total de quatro artigos, nos quais a questão central que os preocupou dizia respeito ao desfecho da peça. Para "X.P.", o epílogo era inteiramente desnecessário:

O drama parece dever findar no 4º ato, quando os rostos do pai e da filha são subitamente alumiados no lupanar. Ao reconhecerem-se, a loucura instantânea do pai, e a queda da filha, soltando somente um grito de coração, que estala, eram a meu ver digno desfecho de tal epopéia. O epílogo esfria o interesse, e nada aumenta em moralidade.

A opinião de "Saffie" era totalmente inversa: acreditava que a intenção do dramaturgo ficaria incompleta, se a peça terminasse com a famosa cena do quarto ato. E explicava:

Finalizando nesse quadro negro a comédia, como o *Monte-Cristo* de Dumas, se perderia no mundo vago das concepções filosóficas; e a moralidade ficaria à porta daquele asilo de desgraça, ou talvez espreitando à janela, mal descoberta pelo espectador.

No epílogo porém a correção é perfeita e cabal, pode até ser para alguns demasiadamente severa; é então que o *castigat mores* da nova escola se traduz abertamente, não no *sacrifício* do amante, mas na sentença que ele profere, lata, infinita: *nunca* suprir na existência privada dessa mulher, que o adora e respeita, a imagem repugnante do homem que aviltou-a; para ela não há mais amor no futuro; seus lábios secaram; seu coração mirrará solitário, sempre!

Aqueles que não enxergam nesta cena um alcance maior do que o que se manifesta no desfecho do 4º ato; os que não vêem nela esse castigo providencial, essa expiação moral que a sociedade não poderia impor à mulher, de cuja fronte pura arranca as virginais aspirações do afeto, senão por meio desse homem são que representa o tipo melhor de todas as épocas; os que preferem a expressão assustadora de um gesto à persuasão da palavra, pendem mais para as pantomimas do que para o drama moderno.

Alencar mencionou essa discussão na "Advertência" que escreveu em novembro de 1859, para a primeira edição da peça, e deixou claro que "Saffie" compreendera inteiramente o seu ponto de vista: "... sem o epílogo o pensamento de minha comédia ficaria incompleto". Evidentemente, o dramaturgo defendia o realismo teatral e seu propósito moralizador. Além disso, ele mesmo deve ter percebido que a cena final do quarto ato é um desfecho de drama romântico, não de comédia realista. Diante disso, não deixa de ser curioso, e até mesmo incompreensível, que tenha encerrado a "Advertência" com as seguintes palavras: "Entretanto se algum dia, o que não espero, cessar o interdito policial, e entenderem que o epílogo pode prejudicar o efeito cênico, não me oporei a semelhante supressão; antes estimarei que ela se faça, porque será a solução prática da questão de arte que aventou o desenlace da comédia".

Um ano e meio antes, diante do ato policial, a reação fora bem diferente: "... não consinto que se mude uma palavra, uma letra, uma vírgula"[18]. O fato é que a proibição de *As Asas de um Anjo* perdurou até 1868, quando o próprio Alencar, então Ministro da Justiça, levantou-a. Em meados de 1869, o Teatro Fênix Dramática, sob a direção do ator Vasques, realizou a segunda montagem da peça, com o epílogo, aliás. Se autor, empresário ou qualquer pessoa esperava novo escândalo e conseqüente sucesso de público, enganou-se completamente. Nessa época os anjos decaídos já eram coisa do passado, estavam fora de moda e não despertavam o mínimo interesse da platéia fluminense. Quatro representações, friamente acolhidas, bastaram para que isso fosse percebido pelo empresário, que não teve outra saída senão retirar de cartaz a malfadada peça.

*

Tudo leva a crer que as discussões acaloradas em torno de *As Asas de um Anjo* ficaram entranhadas por muito tempo na mente de Alencar. Em 1862 ele retomou com brilho o tema da cortesã regenerada pelo amor, no romance *Lucíola*. E em 1865, quando já estava totalmente afastado do teatro, escreveu a oitava e última peça de sua carreira de dramaturgo: *A Expiação*, nada mais nada menos do que a "segunda parte de *As Asas de um Anjo*". Esta, como vimos, teve a infelicidade de ser proibida pela polícia. A outra também não teve muita sorte: publicada em 1868, não despertou o interesse de nenhum empresário teatral, tornando-se a única peça de Alencar que nunca foi encenada. Num "Pós-escrito" datado de 1865 o dramaturgo definiu-as como "a duologia da pecadora na sociedade atual". E esclareceu que a trajetória de Carolina comportava dois momentos distintos: o erro e a expiação. Não seria possível incluí-los em uma só comédia, afirmou, porque "as ações eram diversas, pelo tempo, pela cena, pela revolução profunda no caráter de alguns personagens. (...) Concluiu-se por isso a primeira comédia com o arrependimento, deixando no epílogo dela o prólogo e argumento para a segunda".

A ação dramática de *A Expiação* passa-se treze anos após os eventos finais de *As Asas de um Anjo* e tem como ponto de partida a quebra da promessa que Luís e Carolina fizeram aos pés do altar, qual seja, a de que não manteriam relações sexuais em sua vida conjugal. O preço do prazer foi caro: quando o amor entre eles desceu à realidade da carne, vieram à tona imagens do passado de Carolina, que Luís não pôde suportar. Isso fez que ele deixasse de amá-la e se apaixonasse por Sofia, uma jovem de dezoito anos, pura de corpo e alma. Aí está um dos conflitos centrais da peça, armado, como vemos, com base na mesma

---

18. *DIÁRIO...*, 23 de jun. 1858, p.2.

ótica moralista das comédias realistas anteriores. Para resolvê-lo, Alencar criou situações exageradamente artificiais e deixou de lado todo o bom senso na caracterização das personagens principais. Assim, no segundo ato Luís sugere a Sofia que o caminho para ambos poderia ficar livre se Carolina sofresse um "acidente". Foi um instante de loucura, claro, mas a pobre Carolina que ouvia a conversa atrás da porta compreendeu que o marido gostaria de vê-la morta. Chocada, ela quis correr daquele lugar e derrubou um vaso. Luís e Sofia se aproximam, ela disfarça, diz que se assustou com o vaso que quebrou. Luís percebe que Carolina ouviu tudo, sente a grandeza da mulher e cai em si. Uma semana depois – conforme mostra o terceiro ato – ele já a ama novamente. Eis a confidência que faz a Meneses: "O heroísmo de Carolina, sua misericórdia celeste para o meu crime, sua nobre dignidade ante o meu insulto, tudo isto elevou tão alto em minha alma e abaixou-me tanto em meu remorso que a adoro". Convenhamos que o conflito é muito mal resolvido. Além disso, Alencar não explicita em que termos se dará a reconciliação do casal. Luís pretende ser "irmão" ou marido de Carolina? Teria ela voltado à cena treze anos depois para merecer outro perdão da alma? A peça é omissa a respeito dessa questão fundamental. O que sabemos por Luís é que voltarão para a roça, onde viverão no seio da família, longe da agitação e das seduções da corte. Essa decisão é tomada também em função de outro dado que a peça deixa bem claro: o passado de Carolina não será esquecido nem perdoado pela sociedade. É Meneses quem explica o ponto de vista de Alencar a esse respeito:

MENESES – ... Os anjos não podem roçar nos tapetes de veludo que cobrem os salões; nem viver nesse espaço intermédio onde gravita a sociedade. Ou eles perdem as asas e caem no pó, ou soltam o vôo e plainam sobre este mundo de misérias e prejuízos. No seio de sua família, na solidão de sua consciência, no mistério de sua inteligente caridade, é você uma santa, Carolina; aqui neste baile, não passa de uma mulher infeliz que a sociedade lamenta, mas condena.

Mas Carolina voltou à cena para expiar os erros do passado. E apenas junto à sociedade que a condena isso seria possível. Assim, ao longo dos quatro atos da peça ela se impõe um castigo terrível, submetendo-se a toda sorte de humilhações. Da personagem vigorosa de *As Asas de um Anjo* não restou nenhum resquício, como podemos observar, nestas suas palavras dirigidas a Meneses:

CAROLINA – ... Até hoje, Meneses, tenho vivido entre os meus, na intimidade de alguns amigos sinceros que me cercam de atenções e respeitos que não mereço. No retiro da fazenda ou mesmo aqui na corte, a reprovação do mundo se cá por fora fazia algum rumor, não penetrava naquele santuário da família e da amizade. Eu não sentia essa reprovação; e devia senti-la para expiação dos meus erros. É justo que a mulher que outrora escandalizou a sociedade e afrontou a indignação pública, de cabeça erguida e sorriso desdenhoso, se curve diante dessa mesma sociedade, esmagada pelo desprezo público, com a fronte abatida, e as faces cuspidas dos risos e olhares de escárnio que lhe atiram passando.

Em sua trajetória de Madalena arrependida, Carolina chega ao extremo de proteger Helena, a prostituta que a desencaminhou, dando-lhe trabalho e condições de se regenerar. E para reparar a ruína que causou a Pinheiro, arranja-lhe um casamento com a filha de uma amiga rica.

Não é necessária nenhuma análise extensa de *A Expiação* para percebermos que se trata de uma das mais infelizes produções de Alencar. A peça não é apenas a continuação da ação dramática de *As Asas de um Anjo*. É também a repetição dos seus equívocos: a mesmo visão de mundo maniqueísta, a preocupação excessiva com a moralidade, a presença entediante do *raisonneur*. Alguns personagens, treze anos depois, apresentam as mesmas características e funções: Vieirinha faz novamente o papel de vilão, ora tentando seduzir a esposa de um senhor da alta sociedade, ora revelando a todos o passado de Carolina; Araújo, amigo de Luís, é agora o Barão de Castro, enriquecido pelo trabalho e dono das mesmas virtudes de seu tempo de caixeiro de armarinho; e Meneses, treze anos mais experiente e palavroso, continua a distribuir lições moralizantes a todos que o cercam e é o mesmo defensor da moralidade pública, dos valores da família e da sociedade burguesa.

Os outros personagens de *As Asas de um Anjo* que reaparecem em *A Expiação* são Ribeiro e Lina, filha de Carolina, mocinha de dezesseis anos de idade, em torno de quem se desenrola o segundo conflito central da peça. Logo no primeiro ato ela demonstra certa inclinação por Frederico, jovem de vinte e um anos que aparece como filho de Ribeiro. Ao vê-los juntos, de braços dados, Meneses comenta com Araújo:

MENESES – Queres saber que idéia extravagante me passou agora pelo espírito?

BARÃO – Uma extravagância em ti é cousa bem rara para que eu tenha curiosidade de conhecê-la.

MENESES – Nem tanto... Mas vendo-os pelo braço um do outro...

BARÃO – Antes de tudo saibamos de quem falas?

MENESES – De Lina e desse filho do Ribeiro.

BARÃO – Bem; vendo-os pelo braço...

MENESES – Lembrei-me! São moços, ambos na flor da idade, ignoram o passado. Se eles vão se amar!

BARÃO – Hein!... Dois irmãos!...

É óbvio que eles vão se amar e que não são irmãos. Aliás, pouco depois do diálogo acima transcrito o próprio Ribeiro estimula Frederico – que na verdade é seu sobrinho – a cortejar Lina e freqüentar sua casa. Como os demais personagens desconhecem esse pormenor, a ameaça do incesto os assusta. Mas é claro que tudo vai acabar bem. O equívoco é desfeito nas últimas cenas, com final feliz para Lina e Frederico, que poderão se casar, e para Luís e Carolina, já reconciliados. Além disso,

Lina reafirma o amor que sente pela mãe, apesar de seu passado, repudia Ribeiro e reconhece Luís como seu pai. Como nas outras comédias realistas, os bons são recompensados e os maus punidos. Lina, de acordo com o arremate moralista de Meneses, ao perdoar a mãe e repelir Ribeiro, agiu como um "anjo... de perdão para a vítima, de maldição para o culpado".

Desfecho previsível, enredo desinteressante, situações artificiais, personagens pobremente caracterizados, tudo faz de *A Expiação* uma peça muito fraca, que não acrescenta absolutamente nada à carreira de dramaturgo de Alencar.

7. Mãe

A situação em que se encontrava Alencar, em meados de 1858, não era das mais animadoras. Não bastassem as duas decepções seguidas com o teatro – o fracasso de *O Crédito* e a proibição de *As Asas de um Anjo* –, estava à frente de um jornal com sérias dificuldades financeiras. Julgando-se responsável por elas – "trabalhando dois anos assiduamente e fazendo sacrifícios de toda a sorte, não consegui uma circulação suficiente para manutenção da folha" (*PAN*, p.80) –, demitiu-se do *Diário* a 20 de julho e voltou à advocacia. Pouco tempo depois conseguia um cargo burocrático num dos escalões inferiores do Ministério da Justiça. Já no ano seguinte, 1859, apadrinhado pelo político conservador Eusébio de Queirós, era nomeado Consultor dos Negócios da Justiça, em caráter interino. Tinha então apenas trinta anos de idade, a confiança em si mesmo recuperada e a cabeça cheia de idéias. Impossível não colocá-las no papel: cicatrizadas as feridas dos primeiros tempos, o teatro era ainda uma atração irresistível. Nessas circunstâncias, escreveu o drama *Mãe*, uma das suas mais felizes criações literárias, como veremos a seu tempo.

Alencar não quis reaparecer no cenário teatral com estardalhaço. Enviou a peça anonimamente ao Conservatório Dramático no início de 1860[1] e exigiu do empresário do Ginásio que seu nome não constasse nos anún-

---

1. Não conseguimos localizar o parecer do Conservatório Dramático acerca de *Mãe*. Na Seção de Manuscritos da Biblioteca Nacional há apenas uma lista com os títulos das peças enviadas ao Conservatório Dramático durante o ano de 1860. Nessa lista aparece *Mãe*, sem o nome do autor. Pesquisamos também nos jornais da época, mas inutilmente. É provável que o parecer não tenha sido publicado na imprensa.

cios dos jornais. Teria em mente evitar especulações em torno da sua situação de autor censurado? Talvez. Mas a verdade é que o anonimato era um expediente muito comum na época, pois assegurava aos dramaturgos a possibilidade de assumir publicamente a autoria dos textos representados apenas quando fosse conveniente. No caso de *Mãe*, porém, um triste evento contribuiu para que o seu autor logo fosse identificado: a morte do Senador José Martiniano de Alencar, pai do dramaturgo, exatamente no dia em que a peça seria representada pela primeira vez – 15 de março de 1860. Por força das circunstâncias, os jornais substituíram o anúncio da estréia por outro, com os seguintes dizeres:

> Por justos motivos não pode subir à cena hoje
> o drama em 4 atos intitulado
> MÃE
>
> Logo que estes cessem, terá lugar a sua representação
> porque acha-se ensaiado e pronto.

Era o bastante para que no meio intelectual da corte se fizesse a ligação dos fatos. O folhetinista da *Revista Popular*, por exemplo, noticiou a morte do Senador e, algumas linhas abaixo, considerou: "A comédia (sic) *Mãe* não subiu à cena ontem, como se havia anunciado; o motivo da transferência não podia ser mais justo". No *Jornal do Comércio*, de 24 de março, dia em que a peça estreou, Frederico Zuccaro começou um artigo da seguinte maneira: "Duas palavras ao correr da pena sobre o drama original brasileiro intitulado *Mãe*, que sobe hoje à cena no teatro do Ginásio". A expressão "ao correr da pena", evidentemente, era uma pista para os leitores desvedarem o anonimato.

A expectativa criada em torno da estréia da nova produção nacional foi bastante grande, pois o nome do autor já não era segredo e os anúncios prometiam um espetáculo bem cuidado. Para quem esperava um novo escândalo a surpresa foi total: *Mãe* não trazia para a cena a cortesã ou as digressões moralizadoras do teatro realista. A sua ação dramática centrava-se na figura humaníssima de uma mulata escrava, Joana, que vivia com Jorge, o filho branco, a quem tratava como senhor. Alencar explorou bem essa situação anômala – dramática por si mesma, já que a mãe se submete a toda sorte de sofrimentos e humilhações para manter o segredo –, encaminhando-a para o desfecho trágico: o suicídio da heroína, por envenenamento, no momento da revelação, isto é, quando o filho a reconhece como mãe. O auto-sacrifício, necessário para que Jorge não deixe de fazer parte da sociedade dos brancos, tem como fecho um lance de grande intensidade dramática, com as últimas palavras de Joana, diante da insistência do rapaz para que o chame de filho: "Nhonhô!... Ele se enganou!... Eu não... Eu não sou tua mãe, não... meu filho!". A reação da platéia, descrita nas "Páginas Menores" do *Correio Mercantil* de 26 de março: "Quando o pano desce na cena do Ginásio, depois desta última frase, todos os olhos estão cheios de lágrimas, os seios ofegantes, e um brado uníssono de aplauso saúda a inteligência e o coração que conceberam esse drama tão verdadeiro, tão simples e tão belo".

O sucesso de *Mãe* foi extraordinário. Não houve uma única voz destoante no coro laudatório da imprensa, que saudou o drama como "o melhor trabalho brasileiro escrito para ser representado"[2]; "um belo fragmento da literatura dramática nacional, cheio de relevo, de vigor e de vida"[3]; "uma das composições mais delicadas e sentidas que têm figurado nas nossas cenas dramáticas, sem excetuarmos as produções dos teatros estrangeiros"[4]. Quintino Bocaiúva, que apoiara Alencar por ocasião da censura imposta a *As Asas de um Anjo*, enviou-lhe uma carta no dia seguinte ao da estréia, exprimindo também o seu entusiasmo:

> Fui assistir à representação do drama que se executou ontem no Ginásio e que sei ser teu. Tudo o que posso dizer-te acerca dele é que o considero a melhor das tuas obras, conhecidas e por conhecer. Tolera esta hipótese. Só quem tem uma mãe, poderia escrever um poema desses. É um milagre de inspiração, principalmente atentando-se na condição do tipo proeminete da peça[5].

Os elogios unânimes à ação dramática, à construção dos diálogos, à caracterização das personagens, à totalidade da peça, enfim, devolveram a Alencar o prestígio que conquistara com *O Demônio Familiar*. Ele era, afinal, o primeiro dramaturgo de seu tempo. E que ninguém duvidasse disso. Machado de Assis, em 1866, reafirmava a excelente impressão que tivera de *Mãe* e relembrava o significado da sua representação para a carreira dramática do autor:

> O Snr. conselheiro José de Alencar, logo depois dos acontecimentos que ocorreram por ocasião das *Asas de um Anjo*, declarou que quebrava a pena e fazia dos pedaços uma cruz. Declaração de poeta, que um carinho da musa fez esquecer mais tarde. Às *Asas de um Anjo* sucedeu um drama, a que o autor intitulou *Mãe*. O contraste não podia ser maior; saíamos de uma comédia que contrariava os nossos sentimentos e as nossas idéias, e assistíamos ao melhor de todos os dramas nacionais até hoje representados; estávamos diante de uma obra verdadeiramente dramática, profundamente humana, bem concebida, bem executada, bem concluída. Para quem estava acostumado a ver no Snr. José de Alencar o chefe da nossa literatura dramática, a nova peça resgatava todas as divergências anteriores (*CT*, pp.243-244).

A verdade, porém, é que Alencar reinava sozinho. Excetuadas as suas peças, os nossos palcos não acolheram nenhuma produção nacional significativa, no período que compreeende os anos de 1858, 1859 e a primeira metade de 1860. Mesmo assim, a julgar pelos anúncios dos jornais e folhetins, a vida teatral no Rio de Janeiro continuava intensa e

2. *Revista Popular*, Rio, 5: 378-86, 16 mar. 1860.
3. *JORNAL DO COMÉRCIO*, 24 mar. 1860, p.2.
4. *DIÁRIO DO RIO DE JANEIRO*, Rio, 26 mar. 1860, p.1.
5. MENEZES, Raimundo de. *Cartas e Documentos de José de Alencar*. 2.ed., São Paulo, Hucitec, 1977, p.141.

semelhante à dos anos imediatamente anteriores aos quais nos referimos, ou seja, havia riqueza e variedade de espetáculos, mas com base em traduções e originais portugueses. O apelo lançado por Alencar em fins de 1857, no artigo "A Comédia Brasileira", para que os intelectuais se unissem em torno do objetivo de "criar" um verdadeiro teatro nacional, demorou um certo tempo para ser ouvido. De imediato, nenhum dos seus colegas de geração se aventurou a escrever para o teatro. Apenas na segunda metade do ano de 1860 é que foram representadas as primeiras produções de Quintino Bocaiúva e Aquiles Varejão. É também nesse momento que Joaquim Manuel de Macedo reaparece no cenário teatral, plenamente integrado ao movimento de renovação da dramaturgia brasileira.

A expectativa criada em torno da representação de *Mãe* não podia, portanto, ser pequena, não só porque eram pouquíssimos os originais brasileiros que subiam à cena, mas também porque se tratava da quinta peça de Alencar. Quanto ao sucesso que obteve, registremos – evocando o testemunho dos folhetinistas da época – que parte dele se deveu ao esmero com que foi construído o cenário e ao bom desempenho de artistas como Maria Velutti, Joaquim Augusto e João Luís de Paiva, que fizeram, respectivamente, os papéis de Joana, Dr. Lima e Jorge.

Animado com a boa acolhida que a peça teve, tanto por parte dos críticos teatrais quanto do público, Alencar publicou-a em fins de 1860. Uma singela dedicatória – "A minha mãe e minha senhora D. Ana J. de Alencar" – precedeu o texto impresso. Vejamo-la na íntegra:

Mãe,
Em todos os meus livros há uma página que me foi inspirada por ti. É aquela em que fala esse amor sublime que se reparte sem dividir-se e remoça quando todas as afeições caducam.

Desta vez não foi uma página, mas o livro todo.

Escrevi-o com o pensamento em ti, cheio de tua imagem, bebendo em tua alma perfumes que nos vêm do céu pelos lábios maternos. Se, pois, encontrares aí uma dessas palavras que dizendo nada exprimem tanto, deves sorrir-te; porque foste tu, sem o querer e sem o saber quem me ensinou a compreender essa linguagem.

Acharás neste livro uma história simples; simples quanto pode ser.

É um coração de mãe como o teu. A diferença está em que a Providência o colocou o mais baixo que era possível na escala social, para que o amor extreme e a abnegação sublime o elevassem tão alto, que ante ele se curvassem a virtude e a inteligência; isto é, quanto se apura de melhor na lia humana.

A outra que não a ti causaria reparo que eu fosse procurar a maternidade entre a ignorância e a rudeza do cativeiro, podendo encontrá-la nas salas trajando sedas. Mas sentes que se há diamante inalterável é o coração materno, que mais brilha quanto mais espessa é a treva. Rainha ou escrava, a mãe é sempre mãe.

Tu me deste a vida e a imaginação ardente que faz que eu me veja tantas vezes viver em ti, como vives em mim; embora mil circunstâncias tenham modificado a obra primitiva. Me deste o coração que o mundo não gastou, não; mas cerrou-o tanto e tão forte, que só, como agora, no silêncio da vigília, na solidão da noite, posso abri-lo e vazá-lo nestas páginas que te envio.

Recebe, pois, Mãe, do filho a quem deste tanto, esta pequena parcela da alma que bafejaste.

J. de Alencar

Rio de Janeiro, 1859.

Para alguns críticos, essas palavras deixam bem claro que Alencar concebeu a peça como uma espécie de elogio à maternidade, nada mais. Em contrapartida, outros vêem em sua ação dramática um siginificado nitidamente abolicionista ou antiescravista, considerando que a condição social de Joana tem uma importância fundamental no desenrolar da trama. Num passo adiante, na análise que faremos de *Mãe*, retomaremos e ampliaremos essa discussão, sem dúvida estimulante, já que pela segunda vez o elemento escravo aparece como protagonista na dramaturgia do nosso autor.

*

O Classicismo e o Romantismo são os dois grandes momentos do teatro ocidental no período posterior ao Renascimento e anterior à irrupção das vanguardas do nosso século. O primeiro, no século XVII, sobretudo, sustentou uma rígida separação entre tragédia e comédia e, em nome do princípio da verossimilhança, exigiu dos escritores obediência cega à conhecida *regra das três unidades*. O resultado natural da aplicação de tal exigência é a ação dramática concentrada no tempo e no espaço, de modo que é possível perceber sem dificuldade a *estrutura fechada* das peças teatrais clássicas. Victor Hugo, no célebre prefácio que escreveu para a peça *Cromwell*, em 1827, investiu contra as regras inflexíveis do Classicismo, em especial as mencionadas acima, e assentou as bases da estética teatral romântica no princípio da liberdade da criação artística. Para aquele momento histórico, reclamou a fusão das características da tragédia e da comédia no interior do *drama*, tal como Shakespeare já havia feito: "... o drama, que funde sob um mesmo alento o grotesco e o sublime, o terrível e o bufo, a tragédia e a comédia, o drama é o caráter próprio da terceira época da poesia, da literatura atual"[6]. Quanto à *regra das três unidades*, aceitou apenas a de ação – a única, aliás, que Aristóteles considerava indispensável; a de tempo e a de lugar foram sistematizadas pelos eruditos italianos Escalígero e

---

6. HUGO, Victor. *Do Grotesco e do Sublime*. Tradução do "Prefácio de *Cromwell*". São Paulo, Perspectiva, s.d. pp.36-7.

Castelvetro, no século XVI –, afirmando que as outras duas introduziam a inverossimilhança no palco: "... os rotineiros pretendem apoiar sua regra das duas unidades na verossimilhança, ao passo que é precisamente o real que a mata"⁷. Dessas colocações depreendemos que o drama romântico caracteriza-se não pela concentração, mas pela distensão da ação dramática no tempo e no espaço. Logo, se no Classicismo a peça teatral apresenta uma *estrutura fechada*, no Romantismo, ao contrário, evidencia-se a sua *estrutura aberta*.

Alencar conhecia perfeitamente essa distinção que, em linhas bastante gerais, traçamos acima. São dele estas palavras:

> Os iniciados na arte dramática sabem que há dois métodos de exposição cênica, entre os quais não se pode estabelecer anteriormente a preferência, pois esta depende geralmente da natureza do assunto. Um método é o da concentrção; resume-se a ação nos personagens estritamente necessários; essa simplicidade clássica lembra a escola grega, onde aliás o coro dispensava as figuras intermédias. O outro método, o shakespeariano, longe de isolar a ação, ao contrário a prende ao movimento geral da sociedade pelo estudo dos caracteres; nas composições deste gênero há personagens alheias ao drama, e que representam a época, o país, o centro enfim, do fato posto em cena (*PAN*, pp. 37-38).

O que importa observar no texto transcrito é o seguinte: Alencar não demonstra predileção por nenhum dos dois métodos de apresentar a ação dramática. Para ele, a estrutura da peça teatral depende unicamente do assunto a ser abordado, não de regras previamente estabelecidas. Por isso, sente-se à vontade para utilizar tanto um quanto o outro, ou ainda mesclar características de ambos. Exemplo desse último caso é *O Demônio Familiar*, peça em que a ação dramática dura cerca de um mês, mas toda concentrada em um único espaço: a casa de Eduardo. Já em *As Asas de um Anjo* encontramos seis espaços cênicos diferentes e uma duração temporal de cerca de cinco anos.

Esse procedimento flexível e até mesmo conciliatório em relação às lições do Classicismo e do Romantismo – também muito comum entre os dramaturgos franceses que escreveram comédias realistas, pois a moralidade e a naturalidade cabem tanto numa peça de estrutura fechada quanto numa de estrutura aberta – permitiu a Alencar escrever um drama que, do ponto de vista formal, aproxima-se bastante da tragédia clássica. Esse drama é *Mãe*, que possui uma estrutura fechada, com unidade de tempo e lugar e um rigoroso encadeamento causal das cenas, o que contraria, pelo menos em tese, a concepção romântica do drama, desenvolvida a partir das peças históricas de Shakespeare. Há em *Mãe*, portanto, o que Anatol Rosenfeld denominou "traços estilísticos fundamentais da obra dramática pura"⁸ para caracterizar as peças escritas

---

7. *Idem*, pp.46-7.
8. ROSENFELD, Anatol. *O Teatro Épico*. São Paulo, São Paulo Editora, 1965 (Coleção Buriti, 6), pp.18-20.

em termos aproximados do modelo aristotélico. Como se sabe, Aristóteles considera a peça teatral um organismo no qual as partes são determinadas pelo todo, que nada mais é do que o resultado da interação dinâmica das partes. Trata-se evidentemente de um "sistema fechado" em que "tudo motiva tudo, o todo as partes, as partes o todo"[9]. Alencar seguiu à risca a lição clássica. Não há uma cena que não tenha sido motivada pela anterior e que não desencadeie outra, em seu drama. Estamos, pois, bem longe da construção descuidada de *As Asas de um Anjo*, cuja trama é visivelmente prejudicada pela existência de cenas acidentais, que não brotam do evolver natural da ação dramática. *Mãe* tem outros defeitos que não esse. Sua trama é bem engendrada, a ação é rápida e dinâmica. Para isso contribuem decisivamente dois fatores: a sua própria estrutura fechada e a inexistência do personagem *raisonneur*.

A funcionalidade da unidade de tempo e lugar no desenrolar da peça não é difícil de ser percebida. O simples fato de Jorge e Elisa habitarem o mesmo prédio e serem vizinhos é sinal de que o amor pode nascer – como nasceu! – dessa circunstância espacial. Ambos são jovens, ele ensina piano a ela, sem se preocupar com o pagamento das aulas, de modo que não surpreende a declaração de amor que ele lhe faz logo no primeiro ato. Mas nem tudo são rosas para o herói. Se a proximidade espacial favorece o amor, igualmente faz entrar pela porta da frente os problemas da amada. É o que ocorre no segundo ato, quando Elisa, desesperada, sobe a escada que liga sua casa à de Jorge e lhe revela as dificuldades financeiras do pai, disposto a suicidar-se. Tudo se passa numa manhã. Gomes, o endividado, tem de conseguir uma avultada soma até cinco horas da tarde para livrar-se das artimanhas do agiota Peixoto. Esse prazo exíguo impõe naturalmente um ritmo acelerado à ação dramática e a concentra no tempo, pois *algo* deve acontecer na tarde desse mesmo dia. Jorge, evidentemente, vai tentar salvar a vida do futuro sogro, embora tenha pouco tempo a nenhum dinheiro. A situação é difícil e aflitiva para os três envolvidos. Joana, nesta altura, ainda não sabe de nada, mas já enfrenta o seu próprio problema: a única pessoa que conhece o seu passado, o Dr. Lima, acaba de visitá-la, recém-chegado da Europa. Ao saber que Joana escondeu a verdade de Jorge e que o serve como escrava, fica surpreso e indignado. Ela o convence de que é melhor assim, ele promete guardar o segredo, mas confessa que tem medo de se trair. É o que basta para que a possibilidade da revelação fique pairando no ar.

Temos, pois, no final do segundo ato, dois conflitos estabelecidos, envolvendo dois grupos de personagens. Até então, como diria Alencar, o problema de Gomes entrou pela sala da casa de Joana, mas não chegou à cozinha. É preciso levá-lo até lá, para que os conflitos se entrecruzem e as situações se tornem mais complexas e dramáticas. Eis aí a

---

9. *Idem*, p.22.

síntese do terceiro ato. Jorge desespera-se ao saber que o Dr. Lima vai conseguir-lhe o dinheiro apenas na manhã do dia seguinte. São mais de três horas da tarde, o prazo estipulado por Peixoto está se esgotando, e Gomes – avisa-o Elisa – insiste na idéia do suicídio. Só resta ao rapaz hipotecar Joana, seu único bem valioso, solução apontada por ela mesma ao se inteirar da situação. Feito isso, com demonstrações de carinho de parte a parte e lamúrias de Jorge, pois dera à escrava uma carta de alforria naquele mesmo dia, o conflito se resolve, com final feliz para a família Gomes. Se não se tratasse de um drama, tudo se ajeitaria na manhã do outro dia, com o dinheiro prometido pelo Dr. Lima. Jorge resgataria Joana das mãos do agiota e logo se casaria com Elisa. Mas Alencar quer comover. Nas cenas finais do quarto ato – cuja ação se inicia pouco antes das nove horas, completando as vinte e quatro exigidas pela unidade de tempo –, a dramaticidade da peça alcança seu clímax, no momento em que o Dr. Lima, indignado, diz a Jorge que ele vendeu a própria mãe. Para se ter uma idéia de como a cena é bem preparada, vale a pena resumir, esquematicamente, os lances que a precedem. Joana foge de Peixoto e vem para casa ver o filho. O Dr. Lima chega e dá o dinheiro a Jorge, que sai à procura do agiota. Não o encontrando, volta para casa. Chegam então Gomes e Elisa. Jorge conduz o futuro sogro para o interior da casa, a fim de mostrar-lhe os aposentos que ocupará. Enquanto isso, entra Peixoto e pergunta pela sua escrava. O Dr. Lima fica indignado, mas o agiota lhe mostra o papel assinado por Jorge. A cena que se segue é de grande impacto: o velho médico tira os olhos do papel e depara com Jorge, que está entrando na sala – simultaneamente Joana aparece no fundo. Sua reação é explosiva: "Desgraçado! Tu vendeste tua mãe!". Comenta Machado de Assis, espectador de uma das primeiras representações: "Eu conheço poucas frases de igual efeito. Sente-se uma contração nervosa ao ouvir aquela revelação inesperada. O lance é calculado com maestria e revela pleno conhecimento da arte no autor" (*CT*, p.165). A cena é inegavelmente bem construída, de forte efeito teatral, e isso não escapou ao arguto Machado. O que se segue é o suicidio de Joana, um lance pungente, conforme já observamos na primeira parte deste capítulo, e igualmente bem preparado. O veneno que ela ingere pertencia a Gomes e foi trazido a sua casa por Jorge, que o recebera de Elisa. Mais uma vez a unidade de lugar justifica um dado importante da peça, pois caso houvesse uma distância entre as duas casas, a atitude do rapaz seria menos aceitável.

Alencar estruturou a ação dramática de *Mãe* com mão de mestre. E ao deixar de lado a figura do *raisonneur* deu outro passo acertado, pois descartou de seu drama as monótonas discussões moralizadoras e as falas excessivamente longas. Apenas para efeito de comparação, vale lembrar o quanto Rodrigo foi nocivo ao enredo de *O Crédito*, com seu ar douto e sua infatigável disposição de dar lições edificantes às demais personagens – e ao espectador/leitor. Desta vez, Alencar apresenta os conflitos, pura e simplesmente, e deixa que nós tiremos as nossas próprias conclusões, sem a interferência das opiniões de uma personagem dona de verdades. Em outras palavras, o autor está "fora" do drama e não transformar o palco em tribuna para opinar sobre problemas sociais.

Poder-se-ia pensar, diante dessas observações, que *Mãe* é uma ruptura com as idéias do realismo teatral francês. Seria uma ingenuidade. Alencar apenas soube extirpar da comédia realista o seu elemento mais defeituoso, resguardando porém o pressuposto fundamental que o influenciou nas peças anteriores, qual seja, o de que a obra de arte deve nascer da observação do real. Eis como ele se dirige a Joaquim Nabuco, em defesa de seu drama:

> Que idéia faz este senhor de literatura nacional? Acaso está ele convencido de que a arte e a poesia podem existir em um estado de completa abstração da sociedade em cujo seio se formam? (...) Se a literatura é de todos os monumentos e arquivos humanos, o que melhor reflete a fisionomia de um povo e de uma idade: quem, a não ser o Sr. Nabuco, imputará como pecha e mácula ao teatro de um país de escravidão o ter verberado esse vício político e social? (*PAN*, p.p.121-122).

O texto é também uma evidenre defesa do realismo e mostra que Alencar, ao escrever o drama, não se distanciou das posições assumidas no final de 1857. O problema é que, mais uma vez, à semelhança do que ocorre nas comédias realistas, a prática fica aquém da teoria. *Mãe*, apesar das pinceladas realistas, apresenta uma inequívoca visão de mundo romântica, por força de sua perspectiva idealizadora. Isso fica bem claro em muitas passagens da peça, mas sobretudo no momento em que Jorge toma ciência de que Joana é a sua mãe. Eis como ele reage:

> JORGE – E ter vivido vinte anos com ela, recebendo todos os dias, a todo instante as efusões desse amor sublime!... E não adivinhar!... Não pressentir!... Perdão, minha mãe!... Onde está ela? (...) Não sei me conter!... Quero abraçá-la!... Minha mãe!... Que prazer supremo que eu sinto em pronunciar este nome!... Parece-me que aprendi-o há pouco!...

Sejamos realistas e convenhamos que Alencar, nesse momento, passou por cima dos preconceitos da nossa sociedade escravocrata de meados do século passado sem o menor escrúpulo. Como observou Décio de Almeida Prado, a reação de Jorge – que não hesita em reconhecer a escrava como mãe, sem nenhum conflito interior – é uma "falsidade psicológica e social no Brasil escravocrata de quase cem anos atrás". Entretanto, acrescenta o crítico, ela torna-se lógica "se adotarmos as premissas da peça, o ângulo em que se coloca: os preconceitos são injustos, logo não existem. Se a a realidade é imoral, corrija-se a realidade"[10]. Em outras palavras, o gesto de Jorge só é aceitável porque

---

10. PRADO, Décio de Almeida. "A Evolução da Literatura Dramática". In: COUTINHO, Afrânio, org. *A Literatura no Brasil*, 2.ed., Rio, Sul Americana, 1971, v.6, cap.47. p.17.

Mãe é uma peça eivada de moralismo – apesar da ausência de *raisonneur* – e de idealismo.

Mas, parece-nos, de uma forma ou outra Alencar colocou o dedo sobre a ferida: no desfecho, o quadro idealizado em que todos superam os preconceitos – Jorge reconhece e aceita a mãe, Elisa não o repudia e Gomes consente no casamento da filha com um liberto – contrasta vivamente com o suícidio de Joana, um ato de amor, sem dúvida, mas também de condenação da instituição do cativeiro. Assim, ainda que a peça tenha sido escrita para homenagear o sentimento materno, conforme sugere a "Dedicatória" do autor, transcrita alguns passos atrás, o fato é que ela possui um significado muito mais amplo pela simples razão de ter como protagonista uma mãe que é, antes de tudo, escrava. Obviamente, é a condição social de Joana que a determina enquanto personagem, é a consciência que ela tem da sua situação de mulata cativa e dos preconceitos e valores da nossa sociedade escravocrata que a transforma naquela mãe abnegada, sofrida, capaz de sacrificar a própria vida para que o filho não se envergonhe da sua origem. Joana, escreveu com acerto Antonio Soares Amora, é "uma verdade humana" e "uma verdade à luz da nossa história"[11]. Quer dizer, ela comove o espectador/leitor não apenas como mãe, mas também como escrava, uma vez que aparece no drama como vítima de uma estraficação social desumana.

As considerações que fizemos no parágrafo anterior deixam bem claro que reconhecemos o traço antiescravista de *Mãe*. Mas por se tratar de uma questão controvertida, a respeito da qual a crítica divergiu no passado e diverge no presente, cremos ser necessário aprofundar a discussão, enriquecendo-a com alguns depoimentos de estudiosos da obra de Alencar. Comecemos por Machado de Assis, cuja opinião coincide com a nossa:

> Se ainda fosse preciso inspirar ao povo o horror pela instituição do cativeiro, cremos que a representação do novo drama do Sr. José de Alencar faria mais do que todos os discursos que se pudessem proferir no recinto do corpo legislativo, e isso sem que *Mãe* seja um drama demonstrativo e argumentador, mas pela simples impressão que produz no espírito do espectador, como convém a uma obra de arte (*CT*, p.224).

É importante ressaltar que Machado não considera *Mãe* uma peça de tese, de modo que para ele a condenação do cativeiro não está explícita, mas implícita na ação dramática. Araripe Jr. tem opinião bastante diversa: "Não há aí sequer uma cena repulsiva e característica da escravidão". O primeiro biógrafo de Alencar não reconhece a dimensão antiescravista da peça e condena o seu argumento, considerando-o "contraproducente; porquanto, se a escravidão produz caracteres como o da mãe de Jorge, tanto apuramento de sensibilidade, tanta nobreza de co-

---

11. AMORA, Antonio Soares. *O Romantismo*. São Paulo, Cultrix, 1969, p.347.

ção, tanta energia, a escravidão não é essa sentina de vícios e corrupção apregoada por nós os antiescravocratas"[12]. Não é difícil refutar as observações de Araripe Jr. Quanto à primeira, bastaria lembrar a nona cena do terceiro ato, na qual Peixoto examina Joana, a "mercadoria" que está comprando – "Deixa lá ver os pés! (...) Anda lá!...mostre os dentes!" –, para percebermos que se trata de uma cena bastante repulsiva e comum da escravidão. Mas não seria necessário esse exemplo. Toda a ação da peça se sustenta na idéia do preconceito racial, uma conseqüência maléfica da escravidão. Numa análise rigorosa, podemos inclusive afirmar que o amor de Joana por Jorge é distorcido e deformado, ainda que imenso, pois ela adora não o filho, mas o "filho branco". Quanto à idéia de que uma personagem com as características de Joana oculta as mazelas sociais, parece-me que Araripe Jr. não percebeu o duplo significado do suícido da protagonista: um ato de amor materno, mas também de condenação da sociedade escravocrata, a responsável direta pelo trágico desfecho.

Em épocas posteriores, Artur Motta, R. Magalhães Jr., Wilson Martins, entre outros, praticamente subscreveram a crítica de Araripe Jr., cuja idéia central era a de que *Mãe* não passava de uma exaltação do sentimento materno. Em contrapartida, a opinião de Machado do Assis foi ratificada por críticos como José Veríssimo, Raymond Sayers, Sábato Magaldi e Brito Broca. Os dois últimos trouxeram novas idéias para o debate. No *Panorama do Teatro Brasileiro*, Sábato Magaldi fez uma análise curta e densa do significado antiescravista de *Mãe*, demonstrando que para compreendê-la corretamente é preciso estudá-la sem perder de vista o meio social que o dramaturgo procurou retratar. Brito Broca, por sua vez, tratou do problema de maneira mais abrangente, no artigo "O *Bom Escravo* e as *Vítimas Algozes*":

... se examinarmos a maneira pela qual se exerceu a propaganda abolicionista verificaremos que ela se fez, de maneira geral, em dois sentidos: num mostrando o escravo como uma criatura cheia de virtudes, superando os males da instituição; noutro mostrando-o como um ser infeliz e miserável, levado ao vício ou ao crime por culpa exclusiva do cativeiro.

No primeiro caso temos uma imagem idealizada e romântica do negro, que o torna até superior ao branco. No segundo, uma imagem realista: o escravo dificilmente poderia ser bom na condição nefanda a que o relegava o cativeiro.

Não precisaremos dizer que quem nos deu o protótipo do escravo idealizado foi Harriet Beecher Stowe no famoso romance *A Cabana do Pai Tomás*. Dela proveio o abolicionismo romântico, procurando falar apenas ao coração, ao sentimento. Um abolicionismo que pretendia inspirar o horror ao cativeiro por meio da exaltação do escravo[13].

---

12. ARARIPE JR., T.A. *José de Alencar*. 2.ed., Rio, Fauchon, 1894, p.71.
13. BROCA, Brito. *Românticos, Pré-românticos, Ultra-românticos*. São Paulo, Polis, 1979, pp.271-272.

Com base nesse raciocínio Brito Broca considera *O Demônio Familiar* e *Mãe* peças que condenam a escravidão, a primeira na linha realista, a segunda na romântica. Resta, finalmente, acrescentar que o próprio Alencar reconheceu o caráter antiescravista de *Mãe*, na polêmica que travou com Joaquim Nabuco em 1875. Na ocasião, lembrou ao jovem oponente que havia criticado a instituição do cativeiro por dois prismas diversos em sua obra dramática:

> Primeiro tentou o gênero cômico; e atraindo pela intimidade das cenas domésticas, granjeando pelo riso a atenção pública, mostrou o germe do mal no próprio seio da inocência.
>
> Depois, mais afoito, descarnou o cancro, e por meio de uma ação natural e simples, de uma fatalidade mais de uma vez acontecida, conseguiu abalar as fibras sociais, do que lhe deram testemunho opiniões muito competentes, e mais do que isso, as lágrimas das senhoras (*PAN*, p.120).

Como vemos, Alencar considera *O Demônio Familiar* e *Mãe* peças irmãs, mas não só porque trazem à cena o problema da escravidão, assunto local, senão porque "combinam esse elemento com as aspirações nobres da pureza da família e da regeneração da sociedade" (*PAN*, p. 122), esclarece o dramaturgo em outra passagem. Vale dizer, além do traço antiescravista, outra característica comum às duas peças é a preocupação de incutir na mente do espectador/leitor o apreço pelos valores burgueses. Parece-nos importante ressaltar esse dado, para não incorrermos no erro de caracterizar *Mãe* como uma peça inteiramente desligada da produção teatral anterior de Alencar pelo simples fato de ser um drama, quando, ao contrário, ela possui elementos da comédia realista. Quem não vê, por exemplo, que Peixoto tem as mesmas características de Macedo, o vilão de *O Crédito*? E como não perceber que a sua punição, no desfecho, é uma lição moral, uma advertência àqueles que utilizam todos os meios desonestos para acumular dinheiro? Ora, até o esquema maniqueísta das peças anteriores se repete: as demais personagens provam com seu atos e palavras que têm em alta conta o trabalho, a honestidade, a integridade da família, a amizade, a nobreza dos sentimentos. Mesmo na miséria e nas situações adversas esses valores devem ser respeitados. Por isso, Elisa supre com as suas costuras as despesas da casa, já que Gomes, endividado, não pode fazê-lo. E ele, por sua vez, dá prova da sua honestidade e integridade moral ao refutar a idéia de contratar um advogado para embargar o mandado de despejo que o ameaça. Ao ouvir do oficial de justiça que poderia até ganhar um ano entrando com uma ação judicial, responde-lhe: "Se eu tivesse dinheiro para pagar a advogados... Mas nesse caso pagaria antes ao meu credor, cuja dívida é justa". É com o fruto do trabalho que Joana mantém a casa e paga os estudos de Jorge, o "bom filho", rapaz honesto que também trabalha – dá aulas de piano e francês – para engordar o magro orçamento doméstico. Nesse mundo dos bons há lugar ainda para Vicente, exemplo de perseverança e de como o trabalho e a honradez elevam socialmente uma pessoa vinda de classe menos favorecida, e para o Dr. Lima, médico que se diz pobre e que sempre viveu do trabalho honesto.

Pelo desenho das personagens percebemos claramente que *Mãe*, em certa medida, pertence à família dos "daguerreótipos morais", pois Alencar, mais uma vez, utiliza a perspectiva idealizadora – característica romântica da comédia realista – para nos dar um retrato melhorado da nossa vida social de meados do século passado. Obviamente, o relacionamento de Jorge com Joana, em princípio o relacionamento de um senhor com uma escrava, está longe de ser a regra numa sociedade escravocrata. Da mesma forma, a facilidade com que todos superam os preconceitos, no desfecho, é muito mais obra da imaginação do dramaturgo do que qualquer outra coisa. Finalizando, cumpre-nos ainda salientar que não há em *Mãe* cenas típicas do dramalhão, ou o que Alencar chamaria "caretas e exagerações". Mesmo nos momentos de maior intensidade dramática a ação é calculada para não fugir aos limites da naturalidade preconizada pelo realismo teatral. No suícidio de Joana, por exemplo, não há nada que lembre os finais dos dramas de Victor Hugo, sempre exageradamente melodramáticos. Por tudo que dissemos, não podemos fugir à conclusão de que *Mãe*, apesar de uma ou outra inverdade à luz da história, é um drama bem acabado. E mais: é um drama *sui generis*, combinação feliz em que entram a estrutura da tragédia clássica, uma visão de mundo romântica e elementos da comédia realista.

8. Contribuição à Ópera Nacional /Desavença com João Caetano

O ano de 1860 trouxe ainda uma nova satisfação para Alencar, no terreno teatral, com a montagem bem sucedida da sua comédia lírica em dois atos, *A Noite de S. João*. Não se trata de um texto dramático propriamente dito, mas de um libreto de ópera – escrito originalmente em 1857 e levemente alterado em 1860 – que, musicado por Elias Álvares Lobo, acabou passando à história da nossa arte como "a primeira ópera vazada em assunto regional brasileiro e escrita, tanto o libreto, como a partitura, por brasileiros"[1].

Alencar escreveu a sua pequena obra motivado por algumas tentativas de nacionalização da ópera feitas ao longo da década de 1850 e, sobretudo, pelos primeiros espetáculos líricos em língua portuguesa da Imperial Academia de Música e Ópera Nacional, realizados durante o ano de 1857. Essa instituição, criada por iniciativa de um grupo de músicos e intelectuais radicados na corte – Francisco Manuel da Silva, Joaquim Gianinni, Manuel de Araújo Porto Alegre, Dionísio Vega, Isidoro Bevilacqua, D. José Zapata y Amat, entre outros –, tinha como objetivo, segundo o plano então divulgado, "promover a representação de cantatas e idílios, de óperas italianas, francesas e espanholas, sempre no idioma nacional, e montar, uma vez por ano, uma ópera nova de compositor brasileiro"[2].

1. ANDRADE, Ayres de. *Francisco Manuel da Silva e seu Tempo*. Rio, Tempo Brasileiro, 1967, v.2., p.98.
2. *Idem*, p.91.

O teatro lírico nacional nascia com a mesma doença que afetava o teatro dramático: a dependência de traduções. Mas isso não impediu que a Imperial Academia recebesse o apoio maciço da imprensa e dos intelectuais comprometidos com o ideal nacionalista do período romântico. Em primeiro lugar, porque, de imediato, tratava-se de uma evidente reação à presença constante de companhias líricas italianas entre nós; em segundo, porque, a longo prazo, a meta era a criação da ópera nacional. Alencar acompanhou atentamente os primeiros passos desse empreendimento e percebeu que as traduções jamais seriam substituídas por produções nacionais – isto é, óperas com música e assunto brasileiros –, a menos que o trabalho conjunto de libretistas e compositores, à semelhança do que ocorria na Itália, fosse estimulado. Com essa preocupação em mente, escreveu em poucos dias a primeira versão de *A Noite de S. João* e publicou-a anonimamente nos rodapés do *Diário do Rio de Janeiro*, nos dias 26 e 27 de outubro de 1857, às vésperas da estréia de *O Rio de Janeiro, Verso e Reverso*. Num breve prefácio, explicou:

> Se me resolvi a publicar este trabalho incorreto e feito às pressas, foi unicamente para facilitar a leitura àqueles mesmos que o quiserem aproveitar; não tive outro fim, nem tenho outra aspiração senão dar aos talentos musicais um pequeno tema para se desenvolverem (...). Finalmente, tendo sido o meu desejo, escrevendo isto, somente o ver uma ópera nacional de assunto e música brasileira, cedo de bom grado todos os meus direitos de autor àquele que a puser em música o mais breve possível.

A pressa de Alencar e o seu gesto de desprendimento são plenamente compreensíveis, se observarmos que, naquele momento, o repertório da Imperial Academia era composto de traduções de três zarzuelas espanholas e uma ópera italiana. Era preciso, pois, acelerar o processo de nacionalização da ópera, para que o assunto brasileiro fosse incorporado ao canto lírico. Todavia, isso seria possível somente com a contribuição de escritores que se dispusessem a produzir libretos. Essa tarefa imprescindível, afirmava Alencar, exigia certa dose de sacrifício do libretista – "sacrifício de tempo, sacrifício de idéia, sacrifício de personalidade" –, em virtude do papel secundário do texto escrito, sempre passível de sofrer modificações no espetáculo lírico. E acrescentava: "Entretanto é preciso que aqueles que amam a música façam esse sacrifício; outros, segundo me consta, já deram o seu exemplo; seja-me permitido pois apresentar também a minha pequena oferenda no templo das artes".

Não foram poucos os intelectuais que se entusiasmaram com a idéia de nacionalizar a ópera. Além de Alencar, contribuíram para o movimento, com traduções ou libretos próprios e artigos na imprensa, Quintino Bocaiúva, Machado de Assis, Joaquim Manuel de Macedo, Manuel Antonio de Almeida – que por alguns meses foi também diretor da Imperial Academia –, Francisco Bonifácio de Abreu e Salvador de Mendonça, entre outros. O movimento, porém, encerrou-se em 1864, após sucessivas crises que envolveram o empresário e cantor D. José Zapata y Amat, os membros da companhia e o próprio Governo, que preferia financiar a montagem de óperas italianas, por serem mais rentáveis.

Mas voltemos a *A Noite de S. João*. A versão original, publicada no *Diário*, não era um trabalho feito com esmero, segundo o próprio Alencar, que admitia haver imperfeições formais nos seus versos e até incorreções gramaticais. Tal fato não passou despercebido a Paula Brito, na ocasião em que desferiu críticas contundentes a *O Demônio|Familiar*. Durante a polêmica, acusado por um dos defensores de Alencar de não saber gramática, o articulista, irônico, revidou com a transcrição dos seguintes versos de *A Noite de S. João*:

> Meu bom S. João
> *Tu* que estais no céu
> *Livrai-me* do véu
> E da profissão[3].

Os grifos são de Paula Brito e indicam o erro gramatical, evidente, inegável, a prova concreta de que o redator-gerente do *Diário* também não sabia gramática. O defensor de Alencar – anônimo – saiu-se dessa de maneira um tanto incomum:

> O *criticador*, para defender-se da censura que lhe fiz de assassino cruel da gramática, foi buscar na *Noite de São João* um verso onde se acha um pronome da segunda pessoa do singular regendo um verbo da segunda pessoa do plural.
>
> Oh! que sublime achado! Provar que um homem, que já escreveu em todas as grandes folhas desta capital, não sabe gramática!
>
> Mas o *criticador* esqueceu-se de que só um homem, que não sabe gramática, é que diz ser aquilo erro de gramática. Aquele que a sabe, desde que vê o pronome *tu* escrito, percebe que há um *i* demais no verbo *estais*, e no verbo|*livrai-me*.
>
> A censura, neste caso, feita a um homem que tem escritos elogiados não pela "marmota", mas pelas primeiras autoridades literárias do seu país, a censura torna-se ridícula.
>
> O Sr. Alencar podia escrever o verso como o escreveu; e todo o homem de senso que o visse diria, foi a mão que errou, não o espírito[4].

A verdade é que, do ponto de vista estritamente gramatical, a mão de Alencar errou mais vezes. Ao longo do texto há versos como "Quero te pedir.../Por Deus escutai!", "Me mande ao convento", ao lado de formas corretas como "Uma graça só vos peço;/Ao convento me mandai". Num libreto que depende da música para ganhar vida, talvez

---

3. *A Marmota*, Rio, 13 nov. 1857, p.1.
4. *Diário...*, 13 nov. 1857, p.1. Observe-se que nesse momento a autoria de *A Noite de S. João*, publicada anonimamente, já tinha sido desvendada.

uns poucos erros gramaticais não signifiquem muito. Mas, se esse libreto é de autoria de um escritor e jornalista de prestígio e os erros são ressaltados e comentados publicamente, a história é outra. O fato é que Alencar fez uma completa revisão gramatical no texto para a segunda edição, de 1860[5]. Além disso, acrescentou vinte e quatro versos novos, emendou alguns outros e introduziu duas modificações mais evidentes: enquanto a primeira versão era uma "ópera cômica em um ato", cuja ação se passava "num arrabalde da cidade do Rio de Janeiro, em Botafogo, no ano de 1805", a segunda foi transformada numa "comédia lírica em dois atos", com a ação situada na "Freguesia do Brás... em São Paulo, nos tempos coloniais". Nenhuma das alterações, porém, modificou o sentido original do texto.

O enredo de *A Noite de S. João* é bastante simples: trata-se de uma singela história de amor, protagonizada por dois jovens primos, Inês e Carlos. Já no início eles se amam, mas não se declaram e não deixam transparecer o sentimento um para o outro. A esse primeiro obstáculo para a realização do amor o autor justapõe outro, verdadeiramente grave: o pai de Inês, André, pretende que a filha e o sobrinho se tornem freira e soldado. Tudo separa os jovens, que se resignam. No dueto da terceira cena, cantam:

CARLOS

    Corro ao campo da vitória,
    Vou a pátria defender;
    O soldado que ama a glória,
    Deve por ela morrer.

INÊS

    Corro ao claustro, à solidão,
    Minha alma a Deus of'recer;
    Quem ama a religião
    Deve a ela pertencer.

É noite de São João. Há coros formados por rapazes, famílias e caipiras, que intervêm, em determinados momentos, para caracterizar o clima de festa. Todos se divertem, menos Inês e Carlos, por óbvias razões. Na cena seguinte, André fica feliz ao saber que os jovens acataram a sua vontade, mas, ao se dar conta de que viverá sozinho, também se entristece. Essa situação deve ser invertida, isto é, para as três personagens deve haver uma passagem da infelicidade para a felicidade, a fim de que a comédia – fiquemos com a segunda denominação dada ao libreto – se realize enquanto tal. Alencar introduz então uma nova

---

5. A primeira edição em livro de *A Noite de S. João*, de 1857, repete literalmente o texto publicado no *Diário do Rio de Janeiro*.

personagem, Joana, que indiretamente provocará a inversão. Ela surge como uma boa e pobre velhinha, com fome, frio e sem abrigo. Inês a acolhe com carinho e ela prevê, ao entrar na casa:

> Aquela porta não guarda
> Senão a santa humildade
> Mas ah!... por ela não tarda
> Que não entre a f'licidade.

Na segunda versão de *A Noite de S. João*, o primeiro ato se encerra com as palavras transcritas acima. Uma cena cômica inicia o segundo ato: André e Carlos se encontram, no escuro, e o primeiro pensa que está diante de uma alma do outro mundo. Na cena seguinte, Carlos, sem ser notado, ouve Inês e Joana conversarem. A velhinha relembra as festas de tempos mais remotos e menciona uma antiga lenda que lhe ensinaram sobre a noite de São João:

> Filha, à meia-noite irás
> Sozinha lá no jardim;
> De joelho colherás
> Um raminho de alecrim.
> Plantarás mesmo ao relento.
> Se o raminho florescer,
> Conseguirás teu intento;
> E feliz terás de ser.
> Às vezes vem um anjinho
> Bafejar a linda flor;
> Ele te dirá baixinho:
> — Deus protege o teu amor.

Obviamente, Carlos e Inês vão ao jardim, mas sem que um saiba da decisão do outro. No escuro, escolhem o mesmo vaso que está sobre o pilar do alpendre para plantar o ramo de alecrim. Suas mãos se tocam, ambos se assustam, mas logo se reconhecem, com o beijo que Carlos dá no rosto de Inês, pensando que ela era o anjinho da lenda. Trêmulos, confusos, abraçam-se e cantam um dueto, cujo tema é o amor que os une. André chega nesse momento, ouve-os, repreende-os com bom humor e consente o casamento.

Alencar explicou o porquê de tanta ingenuidade e simplicidade:

> Pode ser que notem alguns muita inocência e muita ingenuidade no amor que forma a pequena ação desta ópera; mas se refletirem que a cena se passa em São Paulo, nos tempos coloniais, em época de abusos, de prejuízos, de crenças e de tradições profundas, ainda não destruídas pela civilização, decerto não estranharão como defeito aquilo que só é naturalidade.

Se nos lembrarmos de que *A Noite de S. João* surgiu em 1857, no mesmo ano em que Alencar escreveu quatro peças para retratar num vasto painel a vida da família e sociedade fluminenses, perceberemos que "civilização", no texto acima transcrito, é algo que diz respeito ao progresso que a cidade do Rio de Janeiro experimentou no decênio de 1850 e a sua crescente europeização. Mas não nos deixemos enganar pelas aparências. Alencar nunca foi um saudosista extremado, a ponto de se posicionar contra o progresso. Ao contrário, encarou-o como algo imprescindível para a nação emergente, ao mesmo tempo em que se reservou o direito de criticar o que julgava serem os seus efeitos maléficos. Nacionalista e moralista, verberou a agiotagem, a prostituição, o casamento por dinheiro e o desamor às coisas brasileiras em suas peças, conforme observamos em capítulos anteriores. Em *A Noite de S. João*, despojando-se de qualquer atitude crítica e deixando de lado a vida agitada da corte, mergulhou romanticamente em nosso passado colonial, ainda não "civilizado", para apanhar "em sua pureza original, sem mescla, esse viver singelo de nossos pais, tradições, costumes e linguagem, com um sainete todo brasileiro"[6]. Sem dúvida alguma, a pequena comédia lembra em parte alguns quadros criados por Martins Pena. Falta-lhe, todavia, o ritmo próprio do gênero dramático, pois foi escrita para ser musicada.

No palco, *A Noite de S. João* foi um sucesso. Musicada por Elias Álvares Lobo e regida por Antonio Carlos Gomes, estreou a 14 de dezembro de 1860, no Teatro São Pedro de Alcântara. Os elogios unânimes da imprensa e as palavras de incentivo dirigiram-se mais ao compositor do que ao libretista. O folhetinista anônimo do *Jornal do Comércio*, por exemplo, teceu o seguinte comentário, a 17 de dezembro:

> A *Ópera Nacional* deu-nos na noite de 14 do corrente uma grande novidade lírica: foi a *Noite de São João*, comédia lírica toda nacional, pois que a poesia é do Sr. Dr. J. de Alencar, e a música do Sr. Elias Álvares Lobo, ambos nossos compatriotas.
>
> O Sr. Dr. J. de Alencar, tão já vantajosamente conhecido na república das letras, dispensa qualquer observação nossa sobre esta sua composição, que ele fez brincando, e como por passatempo. O poeta não perde nada do seu indispensável merecimento porque deixamos de entrar na apreciação da sua comédia lírica.
>
> O nosso silêncio a respeito da poesia explica-se somente pelo desejo que temos de falar depressa e já a respeito da música.
>
> Quem é este novo *maestro*?... em qual dos grandes conservatórios de música da Europa bebeu ele os conhecimentos da sua divina arte?... Não há *maestro* nem *academia*, há um compositor inspirado, que saiu de uma povoação de S. Paulo, onde nunca ouviu nem ao menos uma ópera italiana!

Seguem-se outros elogios e conselhos ao jovem músico para que estude e se aprimore. Na conclusão do texto; o folhetinista assinala a importância do espetáculo para a criação da ópera nacional e conclama os intelectuais e músicos da corte a prosseguirem o trabalho iniciado.

---

6. ALENCAR, José de. "Bênção Peterna". *Obra Completa*, Rio, Aguilar, 1965, v.1., p.495.

Alencar, nessa ocasião, encontrava-se no Ceará, cuidando de sua candidatura a deputado. Não pôde, pois, assistir à estréia ou aos espetáculos dos dias 22 e 28 de dezembro. No ano seguinte, porém, *A Noite de S. João* voltou à cena mais duas vezes: a 8 de fevereiro, em benefício de uma família necessitada, segundo os anúncios, e a 16 de dezembro, em benefício de Elias Álvares Lobo. É bastante provável que o escritor não tenha perdido a oportunidade de ver a sua pequena comédia enriquecida pela música.

*

O segundo assunto a ser tratado neste capítulo diz respeito às relações entre Alencar e João Caetano e, particularmente, a uma desavença havida entre ambos no ano de 1861, quando o ator/empresário recusou-se a encenar o drama *O Jesuíta*, que encomendara ao escritor. Anos mais tarde, em 1875, as circunstâncias em que foi feito o pedido eram lembradas pelo próprio Alencar:

> Já tinham passado as veleidades teatrais que produziram *Verso e Reverso*, *Demônio Familiar*, *Crédito*, *Asas de um Anjo*, *Mãe*, *Expiação*; e já me havia de sobra convencido que a platéia fluminense estava em anacronismo de um século com as idéias do escritor; quando João Caetano mostrou-me desejos de representar um drama brasileiro, para solenizar a grande festa nacional no dia 7 de setembro de 1861.
>
> A empresa do Teatro de S. Pedro de Alcântara recebia uma subvenção do Estado, como auxílio ao desenvolvimento da arte dramática; e era obrigada por um contrato a montar peças brasileiras de preferência a estrangeiras, determinantemente nos dias de gala. Dessa obrigação eximia-se ela com a razão da falta de obras originais dignas de cena.
>
> (...)
>
> A honra de fornecer ao grande ator brasileiro a estrutura para uma de suas admiráveis criações, excitou-me a arrostar temerariamente a árdua empresa. Creio que nunca cederia a essa tentação literária, se outros se houvessem antecipado (*PAN*, p.27-8).

Deixemos de lado o equívoco de Alencar – *A Expiação* é de 1865 – e vamos ao que interessa. O primeiro fato concreto: foi João Caetano quem procurou Alencar. De certa forma, não deixa de ser estranha essa aproximação, pois de um lado estava o ator/empresário de um repertório romântico e de outro o dramaturgo ligado ao Ginásio Dramático, autor de comédias realistas. Não bastasse essa enorme diferença entre ambos, havia também as restrições de Alencar ao estilo de representação de João Caetano, expressas num folhetim publicado no *Correio Mercantil*, em fins de 1854, e no artigo "A Comédia Brasileira", de 1857[7]. Apesar de tudo isso, não só o pedido foi feito como o escritor

---

7. No primeiro e segundo capítulos fizemos algumas observações a respeito da opinião de Alencar sobre João Caetano, com base nos textos mencionados.

sentiu-se honrado com a deferência. A nosso ver, esse curto "namoro" que teve um final infeliz para os dois artistas começou na época em que se consumou o sucesso do drama *Mãe*. Alencar, alçado à condição de primeiro dramaturgo de seu tempo, provou que era capaz de fugir ao esquematismo da comédia realista, escrevendo uma peça de inegáveis traços românticos, cujo papel central, o de Joana, possibilitava uma interpretação gloriosa. João Caetano deve ter levado tudo isso em conta ao fazer o pedido ao escritor, pois, evidentemente, queria um drama, não uma comédia realista. Alencar concluiu *O Jesuíta* provavelmente nos últimos meses de 1860, ano em que o apresentou à censura do Conservatório Dramático[8]. João Caetano, porém, não o leu nessa ocasião, pois havia embarcado para a Europa a 25 de setembro, de onde retornou a 3 de fevereiro de 1861. É por essa época que lê o drama encomendado e o recusa, devolvendo o manuscrito ao autor. Não sabemos o que motivou tal atitude, mas Alencar, em 1875, arriscou uma hipótese:

...o gênio de João Caetano, não cabia em um desses papéis escritos para serem recitados como peça oratória (...). O papel do grande ator tinha de ser apenas o esboço da estátua, que ele, o sublime escultor das paixões, moldaria em cena, ao fogo da inspiração. Cumpria que nele, e exclusivamente nele, nos recessos de sua alma, se agitasse o drama veemente de que a cena não apresentaria senão a repercussão (*PAN*, p.32).

Quer dizer, "o drama estaria suficientemente concentrado no protagonista; a personagem principal não ofereceria margem criadora ao intérprete" (*JC*, p.132).

João Caetano pagou um alto preço pela afronta que cometeu. Alencar, na ocasião, era um dos relatores do orçamento na Câmara, que desde 1847 aprovara regularmente uma subvenção para o Teatro São Pedro de Alcântara. Não é preciso dizer que o deputado pelo Ceará conseguiu junto a seus pares o corte da subvenção.

Até a publicação da obra *João Caetano*, de Décio de Almeida Prado, em 1972, o episódio que envolveu Alencar e o ator foi sempre relatado ou com muita dose de fantasia ou com muitas incorreções pelos biógrafos de ambos os artistas. R. Magalhães Jr., no artigo "As Relações entre José de Alencar e João Caetano", publicado em 1970 na *Revista Brasileira de Cultura*, quis pôr tudo em pratos limpos e desfez alguns equívocos cometidos por Melo Morais Filho, Lafaiete Silva, Osvaldo Orico e Raimundo de Menezes. Contudo, ele mesmo acabou incorrendo em erro ao negar a tese de que Alencar estava diretamente envolvido com o corte da subvenção que o Governo destinava ao São

---

8. O parecer do Conservatório Dramático acerca de *O Jesuíta* não se encontra na Seção de Manuscritos da Biblioteca Nacional e em vão o procuramos nos jornais da época. Há, porém, na referida Seção uma lista com os títulos das peças remetidas ao Conservatório em 1860, na qual consta o drama de Alencar. Isso nos assegura o ano em que foi escrito.

Pedro de Alcântara. Em seu estudo, Magalhães Jr. concluiu que João Caetano nunca deixou de ser subvencionado e que "só queria receber as diferenças ou atrasados a que tinha direito". E esclarecia: "Percorremos minuciosamente os anais da Câmara dos Deputados de 1861 a 1863, à procura de qualquer manifestação reveladora do despeito e do desejo de vingança de José de Alencar contra o grande ator. Tudo em vão. Nem uma palavra, fosse em discurso, requerimento de informações ou emendas orçamentárias"[9].

As pesquisas posteriores de Décio de Almeida Prado concluíram o contrário: "...as provas contra Alencar, se é que podemos acusá-lo por exercer as suas prerrogativas de representante do povo, lá estão nos *Anais do Parlamento*, perdidas por entre a massa de discussões e de resoluções votadas pela Câmara no ano de 1861" (*JC, p. 174*). Os documentos divulgados pelo biógrafo de João Caetano são incontestáveis. Vejamo-los. Na proposta orçamentária elaborada pelo Ministério do Império para o ano de 1862-1863, apresentada à Câmara a 8 de maio, há um parágrafo que estabelece a concessão de 48 contos para o empresário do São Pedro de Alcântara. Na sessão de 10 de julho, porém, a Câmara aprova sem debates – de acordo com Décio de Almeida Prado – o seguinte parecer, assinado por Pinto Lima, J. L. Cunha Paranhos e Alencar:

A segunda comissão de orçamento requer que pelo ministério do império se peça a cópia do contrato celebrado pelo governo imperial com o empresário do teatro de S. Pedro, e informações sobre o cumprimento do mesmo contrato da parte do empresário (*JC*, p.175).

Ouçamos o autor de *João Caetano*:

Não é difícil deduzir o que estava acontecendo. Nessa data, *O Jesuíta* já fora certamente recusado. Alencar, abespinhado, e não sem motivo, já que escrevera o drama a pedido, contra-atacava, exigindo que o Ministério, em resposta à Câmara, reconhecesse não estar o ator cumprindo a cláusula que o obrigava a montar de preferência peças nacionais. João Caetano, alertado, providenciaria aliás outro original brasileiro para as comemorações de 7 de setembro: *Angélica e Firmino*, comédia em 5 atos de Porto-Alegre (*JC*, p.175).

De nada adiantou a providência de João Caetano. A 17 de julho, a 2a. Comissão de Orçamento, da qual Alencar era relator, sugeriu emendas à proposta orçamentária do Ministério do Império e no que dizia respeito à subvenção para o São Pedro de Alcântara exprimiu-se desta maneira:

Sobre a verba 41 espera a vossa comissão as informações pedidas ao governo, afim (sic) de formar um juízo definitivo sobre a justiça dessa consignação, pois

---

9. MAGALHÃES JR., R. "As relações entre José de Alencar e João Caetano". *Revista Brasileira de Cultura*. Brasília, 2 (6): 152, out./dez. 1970.

quanto à sua conveniência está a vossa comissão plenamente convencida que, longe de prestar a utilidade que se tem em vista, ela entorpece o desenvolvimento da arte, afastando a concorrência livre, primeira lei do trabalho (*JC*, p.175).

Menos de um mês depois, a 8 de agosto, a Câmara aprovou a proposta orçamentária para o ano de 1862-1863, na qual não mais constava o parágrafo que regulamentava a subvenção ao Teatro São Pedro de Alcântara.

Alencar fez o papel de vilão nessa história, pois foi ele quem mais se esforçou para prejudicar a empresa de João Caetano. Contudo, se deixarmos de lado as questões pessoais e observarmos a situação em que se encontrava o teatro brasileiro na segunda metade da década de 1850 e início da seguinte, concluiremos que a subvenção deveria ter sido cortada muito antes. Em tempos de renovação artística, de florescimento da literatura dramática nacional, João Caetano mostrou-se insensível em relação aos novos valores e idéias, mantendo no repertório de sua empresa os velhos dramalhões portugueses e franceses que o celebrizaram como ator no decênio de 1840. Como observou Décio de Almeida Prado, o grande ator, depois de tantos anos de subvenção, transformou-se "no empresário rotineiro, quando não relapso, e no inimigo quase ostensivo da dramaturgia nacional" (*JC*, p.176). Não era à toa, pois, que tinha contra si a maioria dos intelectuais ligados ao teatro e a imprensa da época, que lhe desferiam ataques violentos, como o que segue, de autoria de Henrique César Muzzio:

Pois bem, colocado à frente do primeiro teatro da capital, coberto de favores, recebendo dos cofres gerais e provinciais não menos de *sete contos* por mês, João Caetano nada criou; foi um tropeço à arte e às letras; o seu teatro era um modelo de mau gosto, de onde fugiam os artistas, de onde se afastavam cautelosamente os escritores nacionais, cujas obras eram recebidas com desdém e cujas pessoas nem sempre estavam ao abrigo dos mais grosseiros epigramas (*JC*, pp.177-178)[10].

Tudo indica que entre os intelectuais da corte a iniciativa de Alencar, como relator do orçamento da Câmara, mereceu mais aplauso do que censura.

É inegável que o declínio da popularidade de João Caetano deveu-se, em grande parte, à inabilidade do empresário. Mas não podemos minimizar a importância do trabalho do Ginásio Dramático, que soube conquistar a platéia fluminense com encenações de peças mais modernas e com um estilo de representação mais natural. E se há um nome que deve ser individualmente lembrado, por ter contribuído sobremaneira para a renovação que se operou no palco do Ginásio, não tenhamos dúvidas, deve ser o de Furtado Coelho, português de nascimento

---

10. O artigo de Henrique César Muzzio, segundo informação de Décio de Almeida Prado, foi publicado no *Diário do Rio de Janeiro*, a 8 de junho de 1864, cerca de um ano depois da morte de João Caetano.

que chegou ao Brasil em 1856, com vinte e cinco anos de idade. Radicando-se inicialmente no Rio Grande do Sul, em fins de 1858 já estava no Rio de Janeiro, contratado pelo Ginásio, onde passaria a desempenhar a dupla função de ator e ensaiador. Machado de Assis, nas críticas teatrais que escreveu para *O Espelho*, em 1859, sempre se referiu a ele com entusiasmo, salientando sobretudo o seu lado inovador. Vejamos um exemplo:

> O que se nota neste artista, e mais do que em qualquer outro, é a naturalidade, o estudo mais completo da verdade artística. Ora, isto importa uma revolução; e eu estou sempre ao lado das reformas. Acabar de uma vez essas modulações e posições estudadas, que faz (sic) do ator um manequim hirto e empenado, é uma missão de verdadeiro sentimento da arte. A época é de reformas, e a arte caminha par a par com as sociedades (*CT*, p.45).

Furtado Coelho aprimorou-se na arte de representar com naturalidade, conforme pregava o realismo teatral. A importância do trabalho que desenvolveu durante os anos de 1859 e 1860 como ator e ensaiador do Ginásio foi muito bem compreendida por Jean-Michel Massa:

> Os historiadores do teatro brasileiro não evidenciaram, de maneira alguma, como os anos 1860 corresponderam a um esforço intenso de renovação do texto e da técnica teatrais. (...) Furtado Coelho... foi o artesão e a figura mestra destas tentativas de renovação. Sem que fosse o Antoine brasileiro, teve ação decisiva, o que permitiu à cena brasileira se desvencilhar da declamação e do entorpecimento[11].

Sem dúvida alguma, o trabalho do Ginásio preparou o terreno para a renovação da dramaturgia brasileira, que iria se concretizar a partir da segunda metade do ano de 1860 e durante os dois anos seguintes. É simplesmente extraordinário o número de originais brasileiros que, no período mencionado, subiram à cena no Ginásio. Fazemos questão de listá-los – sem contar as comédias em um ato e as cenas cômicas –, para que se tenha a idéia exata de quando e como se processou a afirmação do realismo teatral em nossa dramaturgia: 1) na segunda metade de 1860: *Luxo e Vaidade*, de Joaquim Manuel de Macedo, e *A Época*, de Aquiles Varejão. 2) em 1861: *O Cínico*, de Sizenando Barreto Nabuco de Araújo; *Os Mineiros da Desgraça*, de Quintino Bocaiúva; *A Torre em Concurso*, de Joaquim Manuel de Macedo; *A História de uma Moça Rica*, de Pinheiro Guimarães; e *A Resignação*, de Aquiles Varejão.3) em 1862: *De Ladrão a Barão*, de Francisco Manuel Álvares de Araújo; *Os Tipos da Atualidade*, de França Jr.; *Amor e Dinheiro*, de Valentim José da Silveira Lopes; *Um Casamento da Época*, de Constantino do Amaral Tavares; *À Borda do Mar*, de Quintino Bocaiúva, e *Lusbela*, de Joaquim Manuel de Macedo. Registremos ainda que em julho de 1860 *Onfália*, de Quintino Bocaiúva, foi encenada pelo Teatro das Varieda-

---

11. MASSA, Jean-Michel. *A Juventude de Machado de Assis*. Rio, Civilização Brasileira, 1971, p.263.

des e que em outubro de 1862 o Ateneu Dramático representou *O que é o Casamento?*, de Alencar.

Como vemos, a dramaturgia nacional já teve seus bons momentos. E o Ginásio, que nos primeiros anos de sua existência ressentiu-se da falta de originais brasileiros, pôde então provar concretamente de que lado estava. Em contrapartida, com exceção de Joaquim Manuel de Macedo, nenhum dos jovens escritores relacionados acima teve alguma peça de sua autoria representada na companhia de João Caetano.

9. *O que é o Casamento*

As decepções acumuladas por Alencar em sua breve carreira de dramaturgo não foram poucas, conforme pudemos observar em capítulos anteriores. Já pensava em desistir definitivamente de escrever para o teatro quando a imaginação fértil ditou-lhe a penúltima das suas peças – *O que é o Casamento?* – em 1861. Ainda agastado com a recusa de *O Jesuíta* por João Caetano, não resistiu à tentação de ironizar o famoso ator numa das cenas. Henrique, enciumado porque tem "provas" de que sua esposa Clarinha o enganou com Sales, não percebe que é vítima de uma artimanha e reage como marido traído, provocando o riso da moça e o seguinte comentário:

CLARINHA – Oh! Reconheço que a situação é grave... gravíssima! (*Ri-se*) Perdão! não é culpa minha! Posso conservar-me séria, vendo-o com esses ares de João Caetano no *Otelo*?...

A comparação é ferina. Alencar ridicularizava a "interpretação de maior prestígio artístico" (*JC*, p.28) de todos os trinta e tantos anos de teatro de João Caetano. Uma interpretação, conta Joaquim Manuel de Macedo, que impressionava "pela exageração dos impulsos apaixonados, pelos gritos ou rugidos selvagens e desentoados" (*JC*, p.28). Ora, o riso incontido de Clarinha dirigia-se também ao estilo romântico de interpretação, cujas "caretas e exagerações" não mais eram levadas a sério pela nova geração de dramaturgos.

Com *O que é o Casamento?* Alencar reingressa, por conseguinte, na esfera do realismo tetral, trazendo mais uma vez para o palco a sociedade polida, a família aburguesada, as discussões moralizadoras, as lições edificantes. O ponto de partida da peça é a definição de casamento dada pelo protagonista Augusto Miranda, 36 anos, casado com

Isabel, pai de uma menina, político em franca ascensão. Logo na primeira cena, fazendo as vezes do *raisonneur*, ele explica ao amigo Alves o que é o casamento. Que o espectador/leitor também preste atenção:

> MIRANDA – ... O casamento, Alves, é o que foi entre nós há algum tempo a maçonaria, de que se contavam horrores, e que no fundo não passava de uma sociedade inocente, que oferecia boa palestra, boas ceias. Há dois prejuízos muito vulgares: uns supõem que o casamento é a perpetuidade do amor, a troca sem fim de carícias e protestos; e assustam-se com razão diante da perspectiva de uma ternura de todos os dias e de todas as horas. (...) O outro prejuízo é daqueles que supõem o casamento uma guerra doméstica, uma luta constante de caracteres antipáticos, de hábitos e de idéias. Esses, como os outros mas por motivo diferente, tremem pela sua tranqüilidade. Entretanto a realidade está entre os dois extremos. O casamento não é nem a poética transfusão de duas almas em uma só carne, a perpetuidade do amor, o arrulho eterno de dois corações; nem também a guerra doméstica, a luta em família. É a paz, firmada sobre a estima e o respeito mútuo; é o repouso das paixões, e a força que nasce da união.

Não nos surpreendemos mais com as tiradas anti-românticas de Alencar. Afinal, as preleções sobre as vantagens do casamemto e da vida em família estão presentes em todas as suas comédias realistas. Nas palavras transcritas acima está claro que o dramaturgo desromantiza o amor, redefinindo-o em função do casamento, e ligando-o à família, não à paixão devastadora que não respeita as convenções sociais – ou a moralidade burguesa, se quisermos. Esclareçamos, porém, que não se trata absolutamente de suprimir o sentimento amoroso nas relações entre marido e esposa, mas sim de mantê-lo dentro de certos limites, ou seja, em temperatura nem muito alta nem muito baixa. O amor conjugal, ensina Augusto, "é sério, e calmo; vive pela confiança recíproca e alimenta-se mais de recordações do que de desejos".

A idéia central da peça é mostrar que a verdadeira felicidade, para o homem e para a mulher, está no casamento, no aconchego do lar. Mas como fazer isso, se o *conflito*, elemento básico e determinante de toda ação dramática, inexiste na paz doméstica? Alencar encontrou um caminho curioso: colocou em cena a "guerra doméstica", isto é, o que *não deve ser* o casamento. Desse modo, a resposta para o título da peça não está na ação dramática propriamente dita, mas nas reflexões moralizadoras de Augusto e Isabel, inseridas em vários diálogos que travam com outras personagens. Em cena, o que temos são dois casamentos em crise, nos quais predominam suspeitas de adultério, desconfianças, desprezos, humilhações, indiferenças, ameaças. Podemos dizer que Alencar pretende ensinar o certo mostrando o errado. O espectador/leitor certamente não invejará a infelicidade e a tristeza das personagens que não souberam cultivar a paz doméstica, mas, por outro lado, estará atento às explicações do que deve ser o casamento e às descrições da felicidade conjugal.

Já observamos que o primeiro ato se inicia com uma definição de casamento. O problema é que Augusto é bom na teoria e ruim na prática. Como marido, deixa muito a desejar, pois se preocupa mais com a carreira política do que com a família. Isabel se queixa delicadamente, como convém a uma esposa submissa do século passado, e acaba considerando normal que Augusto passe a maior parte de seu tempo fora de casa, ocupando-se da política. Para Alencar, há algo errado nesse casamento, ou, melhor dizendo, há uma inversão de valores: a felicidade doméstica, que deve ser a primeira preocupação na vida em família, está relegada a um segundo plano, por culpa de um marido ambicioso. A crítica a essa situação é feita por Siqueira, pai de Isabel, na oitava cena do primeiro ato. Como porta-voz do autor, ele afirma, categórico: "Atualmente uma moça deixa a família, separa-se dos pais, casa com um homem a quem ama para ter um companheiro de sua vida; e o que ela encontra no casamento é a solidão e a viuvez de todas as afeições". Isabel não concorda com o pai. Acha que o marido necessita de uma "ocupação séria", pois, sendo um homem inteligente, talentoso, não pode viver só para o família. Siqueira retruca: "E a educação dos filhos? E a felicidade doméstica? (...) Não são ocupações sérias e dignas mesmo de uma grande inteligência?".

Por essas palavras percebemos com que espírito Alencar escreveu *O que é o Casamento?*. A defesa da família é a sua grande preocupação nessa peça em que as lições edificantes e as sentenças moralizadoras são obviamente dirigidas a uma classe social ainda em processo de formação, mas já suficientemente numerosa para sustentar os poucos teatros do Rio de Janeiro. Desse modo, as falhas de Augusto como marido, apontadas por Siqueira e presentes na própria ação dramática, são evidenciadas para que solteiros e casados aprendam a evitá-las, já que elas podem acarretar danos irreparáveis ao casamento. É essa a idéia que está por trás da cena final do primeiro ato: Augusto chega em casa depois de uma reunião com políticos e ouve as últimas palavras de Isabel dirigidas a alguém que saltou pela janela de seu quarto. Existe maior castigo do que o adultério para o marido que descuidou da felicidade conjugal? O espectador/leitor certamente se lembrará de que a esposa insistiu com ele para que ficasse em casa naquela noite. Isso impediria não o adultério, que não houve, mas a imprudência de Henrique – sobrinho de Augusto – que, apaixonado por Isabel, veio despedir-se dela, dar-lhe o último e desesperado adeus, antes de partir para sempre do Rio de Janeiro. Façamos um parêntese necessário: ao escrever *O que é o Casamento?*, em 1861, Alencar caracterizou Augusto e Henrique como irmãos. Em 1873, reescrevendo-a parcialmente, alterou o grau de parentesco. Num passo adiante trataremos desse assunto mais demoradamente. A última cena do primeiro ato é tensa e nervosa. Augusto quer o nome de quem fugiu pela janela, mas Isabel se recusa a dizê-lo, evidentemente porque a revelação o magoaria muito. Uma rosa jogada no chão o faz acreditar que Sales, um *dandy* que freqüentava a casa, era o amante. Indignado, ele carrega duas pistolas, mas a filhinha que acorda com o barulho da discussão e bate na porta, chamando-o, impede a tragédia: "Minha filha! Ah! é preciso viver para ela... e para o mundo! Quanto a vós... morremos um para o outro".

Não é preciso dizer que nos atos seguintes a vida de Augusto e Isabel, sob o mesmo teto, é um enorme martírio para ambos. Afinal, sem a confiança recíproca e a mútua estima, o que é o casamento? A ação dramática da peça responde: para a esposa que o marido acredita infiel, um dia-a-dia de sofrimentos e humilhações; para o marido que se crê desonrado, uma existência aviltada e vergonhosa. Assim, quando os vínculos morais que unem os cônjuges são rompidos, o casamento cai por terra, a paz doméstica é destruída. O segundo ato – cuja ação se passa cerca de um ano depois da cena final do ato anterior – mostra exatamente isso. Vejamos um diálogo entre Augusto e Isabel, que exemplifica a situação conflituosa em que eles se encontram:

MIRANDA – Senhora!... Nesta carteira encontrará toda a sua legítima.

ISABEL – Não entendo! Que significa isto?

MIRANDA – Quando nos... Quando seu pai ma entregou, ela estava em apólices e prédios. Foi necessário vender tudo, vender pelo seu justo preço. Por isso esperei quase um ano!... Só agora acabo de recebê-la. Deus sabe quantos amargores me custou cada dia que demorei esta restituição.

ISABEL – Senhor! Esta riqueza lhe pertence e à nossa filha! Eu não a quero, não a aceito.

MIRANDA – É verdade que uma lei me daria o direito à metade dela, se ainda fosse seu marido. Não o sou!... Esta riqueza é sua, unicamente sua. Pode dispor dela como entender: está em vales ao portador. Para *minha* filha e para mim basta o meu trabalho.

É claro que esse diálogo reflete um casamento em crise. Mas além disso ele traz à tona um problema mais amplo, que Alencar discutiu em outras peças – *O Demônio Familiar* e *O Crédito* – e que foi largamente abordado nas comédias realistas francesas: trata-se da *question d'argent*, ou, especificamente, das relações entre o amor, o casamento e o dinheiro. Não é evidente a lição moral na atitude e nas palavras de Augusto? Ele tem todas as características do herói burguês, tal como idealisticamente o delinearam François Ponsard e Émile Augier, pois ao restituir o dote a Isabel prova que é honesto e íntegro, que não se casou por dinheiro e que acredita na riqueza do trabalho. A *question d'argent* não é, porém, o tema central da peça. Aparece apenas de passagem, no diálogo que transcrevemos acima. Desta vez interessa a Alencar o casamento já realizado, a vida em família. Por isso, no segundo ato ele aprofunda as reflexões moralizadoras do primeiro, colocando em cena mais um casal em crise: Henrique e Clarinha. Sua intenção é mostrar os erros de dois jovens que não souberam compreender o casamento, para comentá-los e corrigi-los por meio de intervenções de Augusto e Isabel. É tempo de observar que a peça não tem um *raisonneur* fixo, um personagem como Meneses, de *As Asas de um Anjo*, por exemplo. O casal protagonista e Siqueira são os porta-vozes do dramaturgo, nas ocasiões em que a própria ação dramática lhes permite tecer comentários de feição moralizadora. Todo o segundo ato, aliás, parece estar construído em função de dois diálogos instrutivos para o espectador/leitor: um, entre Isabel e sua prima Clarinha; outro, entre Augusto e Henrique. No primeiro, Alencar procura definir o papel da mulher no casamento, numa perspectiva visceralmente burguesa. A conversa começa com uma pergunta aparentemente banal de Isabel: "Tu amas teu marido, Clarinha?". E em seguida ela explica à prima que a esposa deve amar o *marido*, não o *homem* com quem se casou:

ISABEL – Como amamos nós o homem que escolhemos e com quem nos casamos? Como moças que não conhecem o mundo, e apenas sabem da vida os sonhos doirados. É um bonito romance que fazemos, todo cheio de emoções, de sorrisos, e de flores. Foi assim que eu amei Augusto e que tu amaste Henrique.

CLARINHA – E ainda não mudei.

ISABEL – Estás bem certa disso?... O casamento mata esse primeiro amor que dura alguns meses, o primeiro ano quando muito. Desaparece a ilusão: o marido não é mais um herói de um bonito romance, torna-se um homem como qualquer outro, e às vezes mais ridículo, porque o vemos de perto. Então sente-se n'alma um vácuo imenso que é preciso encher.

Isabel acrescenta que ao sentir sua paixão por Augusto diminuir, após o primeiro ano de vida conjugal, ficou desesperada. O problema é que ela não havia até então compreendido o casamento. Quando isso se deu, encontrou a verdadeira felicidade:

ISABEL – ... Achava-me tão só no mundo, longe da família que eu tinha deixado, e mais longe da nova família que eu ainda não sabia compreender. Era um deserto, em que minha alma vagava sem abrigo. Oh! nunca sofras tu, Clarinha, o que eu sofri!... Mas Deus salvou-me. Amei meu marido.

CLARINHA – Como?

ISABEL – Amando minha filha. Refugiei-me nessa afeição. Aí encontrei de novo o homem que eu tinha amado: associei-me a essa vida que outrora me parecia tão seca e tão egoísta: acompanhei-o de longe, e vi quanta generosidade e quanta delicadeza encobre a sua reserva. A minha solidão foi-se povoando: o governo da casa, os cuidados domésticos, o desejo de tornar doce e cômoda a existência daquele que se dedicava à felicidade da família, deram-me as emoções mais agradáveis e mais puras que tenho sentido.

Como vemos, a descoberta da família é a descoberta da verdadeira felicidade. No casamento, a mulher representa não o papel de amante apaixonada, mas o de esposa e mãe. O amor-paixão, sentimento instável e irracional, cede lugar à postura equilibrada diante da vida, à estima, ao respeito mútuo. Teria Alencar lido Montaigne, um dos primeiros pensadores da burguesia? Também ele, no longínquo século XVI, aconselhava os jovens de sua classe social a não levarem para dentro de casa o amor-paixão:

Não sei de matrimônios que mais cedo falham e desmoronam do que os realizados tendo por base a beleza e os desejos amorosos.(...). Um bom casamento, caso haja, deve recusar a companhia e as condições do amor e ater-se às da amizade. É uma doce comunhão, cheia de constância, de confiança e de um número infinito de úteis e sólidos deveres e obrigações[1].

Ora, para a burguesia emergente o casamento nada mais era do que uma instituição destinada a preservar a família e a propriedade. Por isso, não podia ter como base um sentimento mutável como o amor. Alencar assimilou essa visão de mundo racionalista, desromantizada, mas não chegou ao extremo de considerar o casamento um negócio. Ao contrário, sempre defendeu o casamento por amor, o que o levou, conseqüentemente, a reconhecer o direito de rapazes e moças de escolherem os futuros companheiros. No diálogo entre Isabel e Clarinha, transcrito há pouco, a primeira afirma que ambas se casaram por sua livre e espontânea vontade, isto é, sem a interferência das respectivas famílias, o que não era comum na nossa sociedade patriarcal de meados do século passado. Sem dúvida alguma, a posição de Alencar era avançada para a época. No entanto, se por um lado ele defendeu o casamento por amor, por outro desromantizou a vida em família, falando do "repouso das paixões", da tranqüilidade doméstica, das emoções puras, de um amor que não queima a alma, mas aquece o lar.

O que é o Casamento? reflete, portanto, a preocupação de Alencar com a formação de uma consciência burguesa no Brasil de seu tempo. Por isso, ele define não apenas o papel da mulher no casamento, mas também o do homem. Eis o que Augusto diz a Henrique:

MIRANDA — ...devemo-nos todos à pátria e à humanidade. Mas, acreditame, a primeira ocupação e a mais séria do homem é a sua felicidade doméstica. Não há neste mundo mais sagrado sacerdócio do que seja o do pai de família; ele assemelha-se ao Criador, não somente quando reproduz a criatura, mas quando desses anjos (entra RITA *com* IAIÁ) que Deus lhe envia, ele prepara as futuras mães e os futuros cidadãos. É só depois de cumprida esta santa missão, que temos o direito de dar a outros misteres as sobras da nossa alma.

O pai de família, equilibrado, ponderado, cônscio das suas responsabilidades para com os seus e a sociedade, eis o perfil do herói do teatro burguês, que substitui o jovem rebelde e apaixonado do teatro romântico. Há uma certa dose de autocrítica nas palavras de Augusto, que se acredita parcialmente culpado da ruína do seu casamento, por ter

---

1. GIDE, André. *O Pensamento Vivo de Montaigne*. São Paulo, Martins, 1975, p.69.

se dedicado mais à política do que à felicidade doméstica. Ao ver que Henrique está incorrendo em erro semelhante – o rapaz passa a maior parte do seu tempo no meio do mato, caçando, mas sonha com a carreira política –, ele o adverte e o recrimina com severidade: "... Não confessaste que, ao lado de tua mulher, sentes um vácuo n'alma; e tão grande que passas dias longe de casa, pelos matos a caçar? Queres ocupá-lo com a política! Isto é, queres encher o coração de cascalho". Augusto aprendeu, com o próprio sofrimento, a reconhecer o valor inestimável da felicidade conjugal. No diálogo que trava com Henrique, caracteriza-a como a flor agreste e rasteira, à mão de todos, mas inescrupulosamente desprezada pelos homens desejosos de flores mais vistosas, nascidas em locais difíceis de serem alcançados, como os cimos das montanhas e as bordas dos abismos.

Se nos dois primeiros atos de *O que é o Casamento?* as idéias são mais importantes do que a ação, nos dois últimos dá-se o contrário. A peça deixa de ser um feixe de lições e reflexões, torna-se mais movimentada e caminha rumo à solução dos dois conflitos que foram criados. A partir do terceiro ato cresce a figura de Clarinha, disposta a pôr um fim na carreira de caçador de Henrique, para que ele inicie a de marido. Com bastante perspicácia, ela simula ser uma esposa adúltera, deixando ao alcance dele um bilhete que recebeu de Sales. Repete-se a situação do final do primeiro ato: o castigo para o marido que não soube cultivar a felicidade doméstica é a infidelidade da mulher, a ruína do casamento. Henrique cai na cilada de Clarinha, sente ciúmes, descontrola-se, carrega uma espingarda e se dirige ao local onde supostamente os amantes deveriam se encontrar. Junto dele está Augusto, tentando impedir a tragédia, lembrando ao rapaz que ele também é culpado, por ter dedicado mais tempo à caça do que ao lar. Obviamente nada de grave acontece e na manhã seguinte Clarinha esclarece tudo a Henrique, dizendo-lhe, a certa altura: "O Sales não teria a audácia de escrever-me se visse que meu marido me amava e que eu vivia feliz".

O adultério é o fantasma que ronda os lares abandonados pelos maridos, ensina a peça. Henrique aprendeu rapidamente a lição, reconciliando-se em seguida com a esposa. Resolvido o primeiro conflito, inclusive com cenas espirituosas, era preciso acabar com o sofrimento do casal protagonista para que a comédia tivesse um final feliz. Parece-nos, porém, que Alencar não se saiu bem nessa tarefa, pois deixou que o conflito se resolvesse por obra do acaso: atrás de uma porta, Augusto ouve a conversa entre Henrique e Isabel, na qual vem à tona tudo o que aconteceu na noite em que ele quase cometeu uma desgraça. Segundo Machado de Assis, essa é a única falha da peça, aliás bastante elogiada por ele, como veremos a seguir:

> É certo que o desenlace, que o acaso precipita, seria talvez melhor se nascesse do próprio remorso de Henrique, uma vez sabida por ele a situação doméstica de Isabel. O perdão de Miranda, arrancado pela confissão sincera e ingênua do irmão,

levantaria muito mais o caráter do moço, aliás simpático e humano. Mas fora deste reparo, que a estima pelo autor arranca à nossa pena, a peça do Sr. J. de Alencar é das mais dramáticas e das mais bem concebidas do nosso teatro. O talento do autor, valente de si, robustecido pelo estudo, conseguiu conservar o mesmo interesse, a mesma vida, no meio de uma situação sempre igual, de uma crise doméstica, abafada e ocultada (*CT*, pp.251-252).

Não compartilhamos do entusiasmo de Machado. A nosso ver, *O que é o Casamento?* é apenas um boa peça, superior, digamos, a *As Asas de um Anjo* e *O Crédito*, mas inferior a *O Demônio Familiar* e *Mãe*. Além do desenlace forçado e artificial, ela apresenta, entre outros defeitos, cenas que contradizem o espírito da comédia realista. O final do primeiro ato, por exemplo, é demasiadamente pesado. Augusto aparece *"rindo convulso"*, segundo a rubrica; depois, *"cobre o rosto com as mãos e soluça"*; e, finalmente, aponta a pistola para a esposa – que deve estar ajoelhada e desesperada –, quando então o grito da filha impede a tragédia. Um diálogo tenso e nervoso entre os cônjuges completa o quadro de exagerada intensidade dramática. E o que dizer da cena final do segundo ato? Cremos que ela estaria melhor num melodrama do que numa comédia realista: Augusto, angustiado, "suplica" a Isabel que lhe diga se a filha é dele e não de Sales. Finalmente, há pelo menos outra passagem na peça em que a naturalidade tão preconizada pela estética teatral realista é esquecida: trata-se da cena em que Henrique, lendo o bilhete que Sales enviou a Clarinha, reage violentamente e prepara-se para lavar a sua honra com sangue. É claro que essas poucas cenas não chegam a comprometer a peça. Mas o fato é que Alencar carregou nas tintas mais do que o necessário. Apontaríamos ainda como defeitos de *O que é o Casamento?* a extensão de alguns diálogos – em particular o do final do quarto ato, entre Isabel e Henrique, que Augusto ouviu atrás da porta – e as longas digressões acerca do casamento, da família, da felicidade conjugal, inseridas sobretudo no primeiro e segundo atos.

*

Apesar de escrita em 1861, *O que é o Casamento?* subiu à cena apenas no ano seguinte, estreando a 10 de outubro no Ateneu Dramático. Alencar, na ocasião, já estava completamente afastado do teatro – dedicava-se à política e reiniciava a elaboração da sua obra romanesca – e não assumiu a autoria da peça. Mais uma vez, obviamente, o anonimato foi inútil. Relembra Machado de Assis, escrevendo em 1866:

A extinta companhia do Ateneu Dramático representou durante algumas noites uma peça anônima, intitulada *O que é o Casamento?*. O autor, apesar de ser a obra bem recebida, não apareceu, nem então, nem depois; mas o público, que é dotado de uma admirável perspicácia, atribuiu a peça ao Sr. J. de Alencar e a cousa passou em julgado (*CT*, pp.247-248).

A leitura dos jornais da época revela que *O que é o Casamento?* obteve um sucesso menor do que *Mãe* ou *O Demônio Familiar* e que não despertou nenhum entusiasmo entre os intelectuais da corte. O censor do Conservatório Dramático, por exemplo, elogiou a moral "puríssima" da peça, mas fez restrições à linguagem empregada por Alencar[2]. No *Jornal do Comércio*, a 12 de outubro, um dos redatores observou que a peça seria melhor definida como drama do que como comédia, pois, apesar de tudo acabar em paz, contém passagens de emoção muito forte. Além disso, criticou o "modelo" de casamento apresentado por Alencar:

Temos pois dois matrimônios, e em ambos eles o marido descuida um pouco a mulher, um por causa da política, outro por amor da caça (...) Como se vê, há uma tal ou qual uniformidade nos dois casamentos apresentados como protótipos, donde se deve inferir que é desta sorte que o autor encara o casamento. Diremos, porém, que é isto *o que é o casamento?* Não o podemos, preferindo antes a definição posta na boca de uma das personagens: é a aliança fundada na mútua confiança, e a força que resulta da união.

A conclusão do redator do *Jornal do Comércio* é um tanto forçada, embora tenha sua lógica. Ele interpretou o que viu no palco – a ação dramática – como uma resposta à interrogação do título da comédia. Alencar não gostou dessa interpretação que distorcia suas idéias e respondeu prontamente, em artigo assinado com a inicial "J". Por se tratar de mais um texto disperso de sua autoria e por guardar uma explicação acerca do enredo da peça, vale a pena transcrevê-lo quase na íntegra:

Alguém, que muito interessa na comédia *O que é o Casamento?* na ausência do autor, pede permissão ao ilustre redator do *Jornal do Comércio* para fazer uma simples observação ao autorizado juízo emitido sobre aquela produção.

Todos sabem quanto é difícil, senão impossível atender a todos os incidentes de uma comédia na sua primeira audição. É muito natural, pois, que alguma coisa escapasse à ilustrada redação. Os dois casamentos, ou melhor as duas vidas conjugais, que existem na comédia, não as apresenta o autor como tipos ou modelos; não. São exemplos de uma verdade, que as uniões feitas sob os melhores auspícios podem ser perturbadas, quando o marido e a mulher não tiverem compreendido e cultivado a verdadeira felicidade doméstica.

É isto o que pela parte da mulher exprime Isabel no 2º ato, falando a Clarinha; e pela parte do marido pinta-o Miranda no 3º ato interpelando Henrique, seu irmão, no momento em que este se julga traído. Juntem-se essas duas revelações, a da mulher que temeu um instante deslizar-se da virtude, e a do marido que sente, já tarde, a conseqüência fatal de seu erro, unam-se essas duas vozes da consciência, ter-se-á nelas o tema e o título da comédia.

Não apreciasse eu em muito o voto da ilustrada redação do *Jornal do Comércio*, que me abstivera dessa observação; estou certo porém que assistindo a outra representação da comédia, fará ela justiça ao autor. A obra seria realmente defei-

---

2. O parecer, assinado por Tomás José Pinto Serqueira e datado de 7 de outubro de 1862, encontra-se na Seção de Manuscritos da Biblioteca Nacional, no Rio de Janeiro.

tuosa se tivesse por fim apresentar como modelos dois casamentos em que a felicidade doméstica esteve a desaparecer para sempre.

Mas, repito, esses dois casamentos, filhos ambos do amor e da estima recíproca, porém logo perturbados pela proverbial indiferença conjugal, que é a primeira causa de tantas desgraças, esses dois casamentos são pedras de toques ou lições, não modelos. De modelos o que há na obra são os sentimentos de Isabel e Miranda, depois da provança por que passaram.

Quanto à classificação de *comédia* que a ilustrada redação pareceu estranhar, preferindo a de drama, seja-me lícito um reparo.

É certo que a literatura moderna admitiu uma distinção entre comédia e drama, significando aquela a obra cênica mais ou menos jocosa relativa aos costumes, e este a obras de assunto grave versando especialmente sobre as paixões humanas.

Mas na literatura clássica, segundo os primeiros mestres da arte, os gregos, *drama* é um vocábulo geral que exprime a fábula destinada à representação teatral, e nada mais: é o gênero. As espécies eram a *tragédia* e a *comédia*: a tragédia versava sobre assunto heróico, a comédia sobre assunto vulgar, *humilis, privatus*. A tragédia era a epopéia dramática, como era a comédia o lirismo em cena.

O autor cingiu-se à lição clássica: se errou, errou com os mestres. De resto, são questões de gosto, impossíveis de submeter a regras invariáveis[3].

A preocupação com a função moralizadora e civilizadora do teatro está evidente no texto de Alencar: os dois casamentos da peça devem ser compreendidos como "lições", não "modelos". Para o redator do *Jornal do Comércio*, porém, o título induzia o espectador à conclusão contrária. Num segundo artigo, reafirmou sua crítica:

Se julgamos dever considerar como protótipos apresentados pelo autor os dois casamentos sobre que versa a sua comédia, induziu-nos a isso o título. Quer este seja problema, quer pergunta, devíamos procurar no seu desenvolvimento a solução ou a resposta, e em ambos os casos concluir que é isto que, segundo o autor, é o casamento. Tem o título sua importância, e parece-nos que este pode facilmente ser causa de se apreciar mal a intenção da comédia, como se diz que fizemos[4].

Quanto à classificação de *O que é o Casamento?* como drama ou comédia, o articulista concordou que se tratava de uma questão aberta, a respeito da qual cada um poderia manter o seu próprio juízo.

As escoriações sofridas pela peça no *Jornal do Comércio* foram aliviadas pelos elogios da redação do *Diário do Rio de Janeiro*, a 12 de outubro:

Observação profunda de paixões e de costumes, naturalidade, interesse de ação, dedução lógica de acontecimentos, facilidade e mimo de diálogo, tais são os

3. *JORNAL DO COMÉRCIO*, 13 out. 1862, p.2.
4. *Idem*, p.2.

méritos que à primeira vista aparecem na comédia de que tratamos. (...) *O que é o Casamento?* ficará no repertório nacional como uma obra de incontestável mérito, quaisquer que sejam as restrições que a crítica minuciosa possa fazer.

O *Diário do Rio de Janeiro* publicou ainda dois longos artigos sobre a comédia: um, assinado por Clímaco Barbosa, em 16 de outubro; outro, por J. M. Velho da Silva, em 20 de outubro. No primeiro, apesar de uma ou outra ressalva, predominaram os elogios ao enredo, "desenvolvido pelo autor com toda a natureza das coisas reais deste mundo, com toda a lógica dos fatos, sem uma cena forçada. Seus diálogos são frases mimosas e familiares que encantam pela simplicidade e pelo espírito. Aí se reúnem o bom, o belo e o útil". No segundo, a ação dramática foi parcialmente elogiada, mas o título foi mais uma vez criticado: "Temos para nós que o batismo da comédia não foi de feliz inspiração".

O que é o Casamento? foi a única peça que Alencar deixou órfã no palco. Além disso, não a publicou. O que há por trás desses procedimentos? Apenas desinteresse pelo teatro, depois de tantas decepções, ou vaidade pessoal? Talvez um pouco das duas coisas. Mas não custa lembrar que, na ocasião, a gaveta de textos teatrais inéditos do nosso dramaturgo guardava *O Crédito* e *O Jesuíta*, duas peças mal sucedidas. *O que é o Casamento?*, como vimos, não teve um acolhimento digno de seu ilustre progenitor.

*

Alguns passos atrás mencionamos que na comédia de Alencar os personagens Augusto e Henrique foram caracterizados como irmãos, numa primeira versão, e como tio e sobrinho, numa segunda. É preciso explicar em que circunstâncias ocorreu essa mudança, bem como desfazer os equívocos que existem em torno de *O que é o Casamento?*.

Na "Nota Editorial" do quarto volume da *Obra Completa* de José de Alencar, publicada entre 1958 e 1960 pela editora Aguilar, Afrânio Coutinho ressalta o ineditismo de alguns textos, entre eles "a peça *O que é o Casamento?*, nunca impressa e que Mário de Alencar projetou publicar com o título de *Flor Agreste*". No mesmo volume, as peças de Alencar são precedidas de um ensaio de R. Magalhães Jr., intitulado "Sucessos e Insucessos de Alencar no Teatro", no qual se pode ler, a certa altura:

Os quatro atos de *O que é o Casamento?* são um tanto ou quanto vaudevilescos. Um distinto cavalheiro, o Sr. Augusto Miranda, entrando em casa de surpresa, supõe encontrar a esposa no fim de uma entrevista criminosa, pois o suposto amante salta pela janela. Surgem grandes desgostos, porque a esposa, dizendo-se honesta e declarando ter reagido às investidas do cortejador, não quer declarar quem era este. É que não quer colocar um irmão contra outro irmão. O fugitivo outro não era senão seu próprio cunhado, Henrique de Miranda.

A situação descrita acima é o ponto de partida para o desenrolar da peça, mas o grau de parentesco entre Augusto e Henrique, segundo o texto publicado no volume citado é outro: eles são respectivamente tio e sobrinho, não irmãos. A que se deve o equívoco de Magalhães Jr.? Certamente, ao fato de ter escrito o seu ensaio antes de *O que é o Casamento?* ser publicada, o que o levou a se basear apenas no resumo que Machado de Assis fez da peça ao analisá-la em 1866. Com efeito, o mesmo Magalhães Jr., ao escrever *José de Alencar e sua Época*, alguns anos depois, registra a sua estranheza diante da discrepância e, apoiado no estudo de Machado, no qual efetivamente Augusto e Henrique são referidos como irmãos, arrisca um palpite para explicar o que teria ocorrido:

> Como Machado não poderia se ter enganado sobre o grau de parentesco, tão viva estava em sua memória a lembrança da peça, com todas as minúcias, uma conclusão se impõe: o empresário ou diretor do espetáculo mudou o parentesco, de sobrinho para irmão, a fim de reforçar a dramaticidade da situação e justificar melhor o obstinado silêncio da esposa, Isabel, que não diz de quem se tratava[5].

Na verdade, porém, os fatos se passaram de outra maneira. Foi o próprio Alencar quem caracterizou os dois personagens como irmãos, quando escreveu a peça, em 1861. Uma prova disso é o texto de sua autoria que transcrevemos na segunda parte deste capítulo, no qual há uma referência explícita aos irmãos Miranda. A mesma referência está presente no parecer do Conservatório Dramático e nos artigos publicados na imprensa a respeito da peça. Esclarecido esse ponto, resta saber por que no texto editado pela Aguilar o grau de parentesco é outro. Comecemos pela transcrição de um dos vários anúncios de espetáculos teatrais publicados entre 21 e 27 de abril de 1873, no *Jornal do Comércio:*

> Prepara-se para subir à cena, o drama (sic) em 4 atos, escrito pelo Sr. Conselheiro José de Alencar em 1861 e agora revisto pelo autor e destinado à cena do Ginásio Dramático, intitulado A FLOR AGRESTE[6].

---

5. MAGALHÃES JR., R. *José de Alencar e sua Época*. 2.ed., Rio, Civilização Brasileira, 1977, p.189.
6. Curiosamente, a peça deixou de ser anunciada depois do dia 27 e não foi representada. Ignoramos os motivos. Em vão procuramos nos jornais uma nota que esclarecesse o que houve.

Aproveitemos para desfazer outro equívoco que existe em relação a *O que é o Casamento?*: a peça não foi rebatizada pelo filho do escritor, Mário de Alencar, como pensa Afrânio Coutinho. Não sabemos qual a fonte em que se baseou o organizador da edição Aguilar para incorrer nesse engano, mas isso é irrelevante, já que os anúncios do *Jornal do Comércio* esclarecem tudo: Alencar não só modificou o título da peça – deve ter se lembrado das críticas que recebeu – como alterou o grau de parentesco entre Augusto e Henrique, talvez até para atenuar a dramaticidade referida por Magalhães Jr. Uma leitura atenta do texto publicado pela Aguilar revela também que o dramaturgo cometeu pelo menos duas falhas graves ao reescrevê-lo: uma, na sexta cena do segundo ato, quando Sales diz a Isabel que ela precisava passar algum tempo em Petrópolis com o *cunhado* (era necessário dizer *sobrinho*); outra, na nona cena também do segundo ato, quando Clarinha diz a Henrique: "Era bom que tomasse algumas lições com seu *irmão* (grifo nosso), e visse como um marido deve tratar sua mulher". Ambos os equívocos demonstram que na versão original da peça – a que foi representada em 1862 e analisada por Machado de Assis – Augusto e Henrique eram irmãos. A alteração, efetivamente, ocorreu em 1873. E dizemos isso baseados não apenas no anúncio teatral que transcrevemos acima, mas também num manuscrito apógrafo da peça – que contém várias correções feitas por Alencar – que está guardado na Divisão de Documentação e Divulgação do Museu Histórico Nacional (Rio de Janeiro). A folha de rosto desse manuscrito tem em seu centro o título

FLOR AGRESTE

comédia em 4 atos

e mais abaixo a seguinte nota assinada por Alencar:

Esta comédia escrita em 1861, foi agora revista pelo autor e destinada à cena do Ginásio Dramático, a pedido de um colega.

J. de Alencar

25 de abril de 1873

A respeito dos documentos de Alencar depositados no Museu Histórico Nacional, escreve Fábio Freixieiro:

Em 30 de abril de 1961, Léo de Alencar, filho de Mário de Alencar, dirige carta ao Dr. Josué Montello, então Diretor do M.H.N., na qual cumpre a promessa feita de remeter os manuscritos do Escritor, que formavam o arquivo organizado por Mário. Essa carta informa que a edição Aguilar 1958-1959-1960 (4 volumes), a cargo de Afrânio Coutinho, foi inspirada no projeto primitivo de Mário de Alencar de publicar uma edição de obra completa do romancista cearense em 1929 – projeto efetivamente frustrado em 1925, com a morte do filho do ficcionista. Inclusive, para esta edição Aguilar, houve consultas ao referido arquivo[7].

Diante desse último dado, ficamos um tanto perplexos, pois, lendo atentamente o texto de *O que é o Casamento?* da edição Aguilar, percebemos várias incorreções que no manuscrito do Museu Histórico Nacional estão sanadas por emendas feitas pelo próprio Alencar. Para que tenhamos uma idéia da extensão do problema, vejamos dois exemplos:

1) primeiro ato, oitava cena (p.360 da ed. Aguilar):

SIQUEIRA (*a* Henrique, *que baralha as cartas*) – E negam que este mundo não anda às avessas! Quando eu tinha sua idade, deixava o baralho às velhas que se ferravam na bisca, e nós os rapazes armávamos um joguinho de prendas, ainda que não fosse senão para ter o prazer de abraçar uma moça bonita como Clarinha, e pôr o tal senhor Sales de lampião de esquina.

HENRIQUE – Ele representa melhor de candeeiro de sala. Não vê como está tão lustroso!

SALES – Estava admirando o seu vestido. É realmente de muito bom gosto.

Há algo estranho nesse diálogo. Mas se introduzirmos entre as falas de Henrique e Sales uma de Clarinha – "Calou-se outra vez, Snr. Sales". –, que no manuscrito é uma emenda de Alencar, não perceberemos nada de errado.

2) Segundo ato, décima segunda cena (p.377 da ed Aguilar):

HENRIQUE (*a rir*) – Nada, meu tio! Eu sou, e o confesso para minha confusão, o filho pródigo da fortuna. Essa deidade caprichosa, guiada pela mão do melhor dos homens, de um pai extremoso (*aperta a mão de* MIRANDA) encheu-me de benefícios; e o ingrato, apesar de todos os carinhos da sorte, ainda deseja.

A última frase não tem sentido. No manuscrito, a correção a deixa assim: "... e o ingrato, apesar de todos os carinhos da sorte, ainda deseja alguma coisa?".

Ora, ou o organizador da edição Aguilar não se baseou no manuscrito que foi doado ao Museu Histórico Nacional – existiria outro manuscrito? – ou, caso o tenha feito, ignorou as emendas de Alencar. De qualquer forma, nossas investigações revelam que há um trabalho por fazer: uma edição crítica de *O que é o Casamento?* que dê a devida importância aos procedimentos metodológicos que devem orientar a publicação de um texto deixado inédito pelo seu autor.

---

7. FREIXIEIRO, Fábio. "O Documento e o Sonho". Separata dos *Anais do Museu Histórico Nacional*, (24): 159, 1973.

10. A "Questão Guarani"

Nos anos que se seguiram à encenação de *O que é o Casamento?*, o nome de Alencar praticamente desapareceu da cena teatral brasileira. Algumas representações esporádicas de *Mãe* e *O Demônio Familiar*, no Ginásio Dramático, ainda faziam sucesso junto à platéia fluminense. Contudo, após cinco anos de dedicação ao teatro brasileiro, o dramaturgo desiludido abandonara a ribalta para dedicar-se à política e à literatura romanesca.

A geração de dramaturgos da qual Alencar fez parte não demorou muito tempo para seguir o seu exemplo. Após intensa produção nos anos de 1860, 1861, 1862 – conforme assinalamos no oitavo capítulo –, diminuiu sensivelmente seu ritmo em 1863 e extinguiu-se no ano seguinte. Seu último autor representativo foi Aquiles Varejão, cuja peça *O Cativeiro Moral*, representada pela primeira vez no Ginásio a 8 de dezembro de 1864, pode ser vista como o fecho de um período bastante fértil da nossa dramaturgia. A partir de então, a seriedade do drama de casaca foi substituída pela descontração do gênero ligeiro: Dumas Filho cedeu lugar a Offenbach e a cena nacional foi inundada por *vaudevilles* e operetas francesas, geralmente desprovidos de qualidades literárias. Para a intelectualidade da corte, a situação do teatro brasileiro era deplorável. Machado de Assis, por exemplo, já em fevereiro de 1866 manifestava seu descontentamento em termos bastante contundentes:

Molière, Victor Hugo, Dumas Filho, tudo passou da moda; não há preferências nem simpatias. O que há é um resto de hábito que ainda reúne nas platéias alguns espectadores; nada mais; que os poetas dramáticos, já desiludidos da cena, contemplem atentamente este fúnebre espetáculo; não os aconselhamos, mas é talvez agora que tinha cabimento a resolução do autor das *Asas de um anjo* de quebrar a pena e fazer dos pedaços um cruz (*CT*, p.205-6).

Alguns anos depois, em 1873, o mesmo Machado dava um depoimento ainda mais duro acerca da situação teatral:

> Hoje, que o gosto público tocou o último grau da decadência e perversão, nenhuma esperança teria quem se sentisse com vocação para compor obras severas de arte. Quem lhas receberia, se o que predomina é a cantiga burlesca ou obscena, o cancã, a mágica aparatosa, tudo o que fala aos sentimentos e aos instintos inferiores?[1].

O predomínio do gênero alegre em nossos palcos a partir da segunda metade da década de 1860 foi absoluto. E é nesse contexto que, por duas vezes, o nome de Alencar volta a aparecer com grande destaque nos anúncios de espetáculos teatrais: em meados de 1869, com a reencenação mal sucedida de *As Asas de um Anjo*, e em fins de 1870, com a ópera *Il Guarany*, extraída de seu romance homônimo por Carlos Gomes.

A noite da estréia da ópera, a 2 de dezembro, foi simplesmente apoteótica, segundo a descrição feita por Luís Guimarães Jr., folhetinista do *Diário do Rio de Janeiro*. A comoção e o delírio tomaram conta da platéia; o maestro foi chamado à cena oito ou dez vezes; os espectadores invadiram o palco e carregaram-no nos braços; D. Pedro II, comovido, chamou-o ao seu camarote imperial e louvou-o exuberantemente. As aclamações populares estenderam-se ao autor do romance. Depois do espetáculo, uma multidão dirigiu-se à casa de Alencar: "Aí ergueram-se vivas ao chefe da literatura nacional contemporânea, ao romancista do poema notável donde saiu a majestosa ópera, que o público deslumbrado saudara de uma platéia louca de entusiasmo". Educadamente, Alencar ouviu os discursos, poemas declamados, elogios e agradeceu a todos, "desejando à mocidade as glórias do futuro e os louros que o trabalho reparte e celebriza"[2]. Aos amigos mais íntimos, porém, confessou que não gostara da adaptação do romance. Eis a confidência que fez ao Visconde de Taunay: "O Gomes fez do meu *Guarani* uma embrulhada sem nome, cheia de disparates, obrigando a pobrezinha da Ceci a cantar duetos com o cacique dos Aimorés, que lhe oferece o trono da sua tribo, e fazendo Peri jatar-se de ser o *leão* das nossas matas"[3].

Descontente com as deturpações que sofreu o texto original, é de se crer que a partir de então Alencar não gostaria de ver qualquer das suas obras em forma adaptada. Contudo, em meados de 1873, provavelmente com o sucesso da ópera na cabeça, Jacinto Heller, empresário do Teatro Fênix Dramática, teve a idéia de montar um drama imitado

---

1. MACHADO DE ASSIS, J. M. "Instinto de Nacionalidade". *Obra Completa*, Rio, Aguilar, 1973, v.3, p.808.
2. *Diário do Rio de Janeiro*, Rio, 4 dez. 1870, p.1.
3. TAUNAY, Visconde de. *Reminiscências*. Rio, F. Alves, 1908, pp.87-88.

de *O Guarani* e acrescido da música de Carlos Gomes. Dois jornalistas e homens de letras, Visconti Coaraci e Pereira Silva, aceitaram o desafio de unir numa só obra as qualidades do romance e da ópera. Em dezembro do mesmo ano, apresentaram ao empresário um drama em um prólogo, quatro atos e onze quadros, intitulado *O Guarani*.

Os entendimentos com Alencar, para que permitisse a representação da peça extraída de seu romance, foram iniciados. No dia 3 de março de 1874, o escritor devolvia o manuscrito a Visconti Coaraci, acompanhado da seguinte carta:

Ilmo Sr. V. Coaraci
Envio-lhe pelo portador o manuscrito que me confiou e que lhe pertence.
Quanto porém à representação do drama tirado do meu romance *O Guarani*, permita-me a V.S. dizer-lhe que não pode ter ele lugar sem que previamente o Diretor do Teatro se tenha obrigado pelas condições de que já falei a V.S.
Uma delas é como lhe disse o número de representações.
No mais tenho o maior desejo de ser-lhe agradável.
De V.S.

mt^o at. venor. e cr^o
José de Alencar

3 de março de 1874[4].

Tudo indica que houve uma conversa anterior entre ambos, na qual Alencar impôs algumas condições, não explicitadas na carta que trancrevemos. Coaraci respondeu-lhe depois de alguns dias:

Exmo. Sr. Conselheiro José de Alencar
Muito atarefado nestes dias, não me foi possível, como desejaria e era dever meu, procurar V. Exa. e não querendo retardar a comunicação que tenho de fazer, uso deste meio que V. Exa. se dignará relevar.
Com o drama, apresentei ao empresário do Fênix as condições indicadas por V. Exa. e ele aceitou-as. Tendo em vista as grandes despesas que fará para montar a peça no Teatro Lírico, do pessoal que terá que empregar, etc., marcou o número de 100 representações que aceitei atendendo aos poucos lucros que o teatro hoje deixa aos empresários.
É isto o que cumpro o dever de participar a V. Exa. de que me subscrevo

Respor. e admor. mt^o at^o
Visconti Coaraci[5].

---

4. MENEZES, Raimundo de. *Cartas e Documentos de José de Alencar*. 2.ed., São Paulo, Hucitec, 1977, p.93.
5. *Idem*, p.94.

Como vemos, Coaraci também não especificou as condições que Alencar impôs, a não ser a que dizia respeito ao número de representações, a nosso ver, excessivo para a época. Os entendimentos não estavam ainda formalizados, quando o *Jornal do Comércio*, em meados de abril, começou a anunciar a estréia da peça para o dia 3 de maio. Alencar, não consultado, irritou-se e fez publicar uma nota áspera nesse mesmo jornal – intitulada "O Guarani" – afirmando não ter consentido a representação e acusando o Conservatório Dramático de negligente. Ei-la na íntegra:

> *Consta-me que está anunciada a próxima representação de um drama extraído de meu romance. O Guarani.*
>
> *O empresário que anuncia não obteve licença minha, e, sem ela, creio que ninguém pode explorar o que me pertence pelo mais legítimo dos títulos de propriedade.*
>
> *Como autor, eu devia esperar que o Conservatório Dramático, instituído para regenerar a arte, não consentisse semelhante espoliação.*
>
> *Pretendo pugnar pelo meu direito. Os tribunais decidirão se neste país do monopólio há ou não uma propriedade literária, e se aos teatros desta corte é lícito viver dos remendos de obras alheias, cerzidas em farsas e chocarrices.*
>
> *J. de Alencar*
>
> *18 de abril de 1874*[6].

Com esta nota teve início o que a imprensa da época denominou "Questão Guarani". Trata-se de uma polêmica que não foi devidamente investigada pelos biógrafos de Alencar. Nosso objetivo, neste capítulo, é comentá-la com base no conjunto de artigos que a compõem e que foram publicados no *Jornal do Comércio*, entre abril e setembro de 1874.

Quem se ofendeu com as palavras de Alencar foi Cardoso de Meneses, presidente do Conservatório. Afinal, a entidade era acusada de ser conivente com uma "espoliação". Em sua defesa, publicada também no *Jornal do Comércio*, ele alegou que o drama nem sequer tinha sido apresentado ao Conservatório e que, além disso, faltava-lhe autoridade para proibir a representação de uma peça pelo simples fato de ser ela imitação de uma obra qualquer. E esclarecia:

> *Pelo decreto n. 4.666 de 4 de janeiro de 1871, cabe nas atribuições do presidente do Conservatório pôr o veto nas peças dramáticas que ofenderem a moral, a decência e a religião, e no exercício da censura literária para com os outros teatros subsidiados não lhe é lícito repelir da cena, antes lhe cumpre acolher com benevolência as boas imitações de produções laureadas.*

---

6. *Jornal do Comércio*, Rio, 19 abr. 1874, p.2.

O decreto português de 1860 concede um prêmio aos imitadores de composições dramáticas: o projeto de regulamento para os teatros, que tive a honra de submeter à aprovação do ministério do império, contêm idêntica disposição (20 de abril).

Alencar irritou-se com a resposta de Cardoso de Meneses e voltou à carga afirmando que o Conservatório era uma entidade inútil, já que os teatros anunciavam peças ainda não licenciadas e a censura se limitava à moral, embora "arrogasse" a denominação de dramática. Acrescentava, porém, que não era esse o problema que o preocupava:

Meu caso é outro. O art. 261 do código criminal, que reconheceu e garantiu a propriedade literária e artística do cidadão brasileiro, pune como furto o fato de imprimir, gravar, litografar ou "introduzir" um livro alheio.

O termo introduzir é amplo e abrange todos os modos e meios de reprodução, além dos que a lei especialmente indicou.

Assim, o indivíduo que se apossa de um romance de outrem, que dá-lhe forma de drama para representar e obter lucros com o trabalho alheio; esse indivíduo é um introdutor, na frase do código.

Não obsta a mudança da forma extrínseca. O livro está na substância da composição, sem a frase própria do autor, o título da obra, e tudo quanto constitui a sua invenção (21 de abril).

Alencar acreditava estar sendo espoliado e ameaçava mais uma vez recorrer aos tribunais. Sustentava sua argumentação com base no artigo 261 do código criminal, que punia a contrafação por considerá-la furto. Além disso, reafirmava sua convicção de que cabia ao Conservatório não licenciar "um manuscrito que é o corpo de delito e o termo de confissão de um crime punido pelo código".

Cardoso de Meneses defendeu-se outra vez, argumentando que cabia aos tribunais judiciários, e não ao Conservatório, julgar se houve contrafação ou não:

Não temos lei que regule a propriedade literária. Os juízes brasileiros, socorrendo-se da interpretação doutrinal e dos arestos proferidos pelos tribunais das nações cultas em matéria de contrafeição de produções da inteligência, são os que devem decidir se a acepção em que o Sr. conselheiro J. de Alencar toma a palavra "introduzir", empregada pelo código criminal no art. 261, pode, ou não, ser juridicamente aceita. A eles compete julgar se o drama extraído do Guarani é ou não uma contrafeição, ou furto literário, e se o autor dele imprimiu, gravou, litografou ou 'introduziu' um livro alheio para obter lucros com o trabalho de outrem.

Apesar dessas palavras, Cardoso de Menezes não se eximiu de dar uma opinião a respeito do assunto. Citando trechos de dois legisladores europeus – Batbie e Dalloz –, demonstrou que a contrafação não se havia configurado, pois, segundo eles, era preciso ter havido prejuízo pecuniário do autor para que então se justificasse uma ação judicial:

> *Todas as vezes que o plagiato nenhum prejuízo causar à propriedade de outrem e a segunda obra não prejudicar a primeira, a questão do plagiato não é da competência dos tribunais.*
>
> *(...) Pertence aos tribunais manter a propriedade do autor, mas sua reputação na república das letras, sua reputação como autor é abandonada à sua própria defesa* (22 de abril).

Alencar não se deu por vencido. Pesquisou nos seus compêndios de jurisprudência e voltou à polêmica com outro argumento:

> *Não quero antecipar uma questão que há de ser debatida perante os tribunais; mas para que não passe incólume a singular teoria expendida por S. Ex., vou pôr-lhe um embargo, um só; os outros virão a seu tempo.*
>
> *Em face da jurisprudência estrangeira, como da nossa, o simples título Guarani, essa palavra tupi escrita no frontispício de uma obra é minha exclusiva propriedade, tão sagrada e inviolável como a planta que o lavrador regou com o suor de seu rosto.*
>
> *Não me acredita S. Ex.? Nesse caso leia a decisão do jurisconsulto que citou. "O autor é proprietário do título de sua obra? Não há dúvida na afirmativa!". São palavras de Dalloz.*
>
> *Mais positivo foi Merlin. "O título, disse ele, é o que pertence mais essencialmente ao autor; tirai o título, já não há meio de anunciar a obra ao público, de a depor na biblioteca nacional, de vendê-la e tirar dela vantagem".*
>
> *(....)*
>
> *Por conseguinte, o único livro que pode ter no frostispício esta palavra O Guarani é o meu romance, ou aquele no qual eu consinta fazer-se uso da minha propriedade* (23 de abril).

Além dessa nova argumentação, Alencar mantinha a tese de que o Conservatório consentia uma "espoliação". Não fosse isso, talvez Cardoso de Meneses não voltasse a dar-lhe resposta. Sua preocupação, como podemos notar em seguida, era com a reputação da entidade que presidia:

> *Nunca me desvaneci com a veleidade de fazer mudar de opinião ao ilustrado autor do Guarani. Acudindo ao apelo de S. Ex., e retorquindo as arguições do seu segundo artigo, foi meu único propósito desviar da corporação a que presido a odiosa e injusta imputação de cumplicidade num latrocínio:*
>
> *Nenhuma força tiveram as minhas observações para abalar a convicção de S. Ex.*
>
> *O Sr. conselheiro J. de Alencar acredita ter justificado o seu asserto, isto é, que o Conservatório Dramático "consentiu numa espoliação".*
>
> *Foi, portanto, em pura perda o esforço despendido para demonstrar que ao Conservatório Dramático falecia competência para vedar esse latrocínio, verdade aliás confessada no protesto de S. Ex. de recorrer aos tribunais judiciários; não aproveitou o fato de não haver o drama O Guarani entrado no protocolo do Conservatório, de nada valeu a declaração cavalheirosamente reiterada de que, se espoliação literária se verificasse, haveria oficiosa lealdade para com o espoliado* (24 de abril).

A "QUESTÃO GUARANI" 143

Quanto ao argumento levantado por Alencar, de que o título do romance era sua exclusiva propriedade, Cardoso de Meneses respondeu-lhe que concordava, mas insistindo mais uma vez que o Conservatório era incompetente para dar solução ao impasse criado. No mesmo dia em que o *Jornal do Comércio* publicou o artigo de Cardoso de Meneses — 24 de abril —, um provável assinante, sob o pseudônimo de Guaycuru, se intrometeu na discussão para lembrar aos que a acompanhavam que em 1854 imprimia-se na tipografia de Paula Brito, bem perto da casa de Alencar, um periódico que tinha o título de *O Guarani*. Era uma acusação de plágio por demais direta para que ficasse sem resposta:

> *Até este momento ignoro que antes de mim alguém escrevesse qualquer coisa com o título* O Guarani.
>
> *É possível que existisse alguma efêmera gazeta. Nunca a vi, nem dela tive notícia; e no mesmo caso creio que está a quase unanimidade do público.*
>
> *Do contrário, ao começar em 1856 (sic) a publicação do* Guarani, *no Diário do Rio, teria eu achado, mercê de Deus, muitos outros títulos a escolher.*
>
> *Este incidente, porém, não tem a menor influência na questão.*
>
> *Há dezoito anos que meu romance está na posse contínua do seu título, sem que ninguém se lembrasse de o disputar. Cinco edições, contando a do folhetim tem tido a obra, o que prova a sua constante circulação.*
>
> *Até que do Guarani se tirasse com permissão minha um libreto de ópera, nenhum outro livro apareceu na circulação com esse título, e com ele foi nomeado, na imprensa, nas livrarias e bibliotecas.*
>
> *Se alguém, pois, se julga com melhor direito, apresente-se francamente a reclamar a sua propriedade, como eu estou fazendo, pela consciência que tenho de meu direito.*
>
> *Em todo o caso seria ignorância, se não fosse má fé, confundir a coincidência de pensamento de dois escritores na escolha de um título, com a contrafação acintosa e indecente, feita depois da formal reclamação do autor* (25 de abril).

Para se ter uma idéia de como essa polêmica despertou a atenção da intelectualidade da corte, basta dizer que ela "teve forças para abafar por alguns dias nas palestras da Rua do Ouvidor e dos cafés a monumental e eterna contenda religiosa, incluindo D. Vital e o *Apóstolo*"[7]. Outros jornais a comentavam, evidentemente, e as opiniões se dividiam: não era tudo obra da "caturrice" do escritor? Ou da sua vaidade? Mas não estaria ele no seu direito? E assim por diante. A verdade é que Alencar não queria permitir a representação do drama porque os entendimentos entre ele e os adaptadores foram apenas verbais, o que não lhe dava garantias de que as condições que impusera seriam cumpridas pelo empresário do teatro. Isso veio a público já a 25 de abril, quando Jacinto Heller publicou no *Jornal do Comércio* um longo artigo, em que historiava os fatos, e também com a pronta resposta de Alencar. Vejamos os textos:

---

7. *A Vida Fluminense*, Rio, 2 maio 1874, p.1804.

Caricatura publicada no Jornal *Mequetrefe*, de 3 de outubro de 1874. José de Alencar "come" o empresário Jacinto Heller por uma perna.

Questão Guarany
ei de comel-o por uma perna.

Caricatura do Semanário *Mephistopheles*, por ocasião da "Questão Guarani".

Acudindo-me à idéia levar à cena um drama imitado do romance O Guarani, *e da ópera do mesmo título, cometi esse trabalho aos Srs. Visconti Coaraci e Pereira da Silva, que mo apresentaram pronto em fins de dezembro do ano passado.*

Por ocasião de fazerem-me a leitura da peça, ainda em borrão, disseram-me os autores que haviam dirigido ao Sr. conselheiro José de Alencar, autor do romance, e então no Ceará, uma carta fazendo-lhe o oferecimento da obra, e não sei se lhe pedindo permissão para a representação.

Tendo posteriormente notícia da chegada a esta corte do Sr. conselheiro Alencar, um dos autores, estando o outro ausente em São Paulo, como ainda está, dirigiu-se pessoalmente a S. Ex., deixando o drama em seu poder.

Cerca de dois meses depois, e quando se aproximava a época de encetar os ensaios da peça, a instâncias minhas o autor obteve de S. Ex. a restituição do drama, e entregou-mo, declarando-me que S. Ex. não punha obstáculos à representação da peça, e que exigia as seguintes condiçoẽs:

1º Não se imprimir o drama.

2º Em todos os anúncios que se fizesse declarar que o drama era extraído do seu romance com o mesmo título.

3º Dar-se-lhe um camarote em todas as representações.

4º Não poder o drama ter mais do que uma série de representações.

5º Marcar o empresário o número de representações suficiente para não ser prejudicado nas despesas que fizesse.

Sem indagar se ao Sr. conselheiro José de Alencar assistia ou não o direito de tais exigências, aceitei essas condições, e em princípio de março comunicou-me o autor que dera disso conhecimento ao Sr. conselheiro, o qual respondera, em carta que me foi mostrada e que li, reduzindo o número de 100 representações, que eu marcara, a 50, que ele julgava suficiente para ressarcir-me das despesas e dar-me lucros, exigindo então que os autores e eu nos responsabilizássemos por escrito ao cumprimento dessas condições.

Afeito a sustentar quanto verbalmente trato, não podia hesitar em assinar o compromisso e respondi ao autor que assinaria, o que não se fez logo, por achar-se ausente em São Paulo um dos autores, cuja assinatura era também necessária; e, vendo na carta de S. Ex., como veriam todos que procedem de boa fé, uma permissão implícita, permissão a que faltava somente a formalidade da escrita, à qual nunca me passara pela idéia esquivar-me, e sem mais inquirir se dessa permissão carecia, dei princípio aos ensaios do drama, retirando e fazendo cessar outros trabalhos em andamento, bem como proceder à pintura dos cenários e manufatura dos acessórios e vestimentas, contratei artistas, aumentei o pessoal dos coros e comparsas, e ocupei-me exclusivamente dos preparativos para a representação da peça (25 de abril).

A resposta de Alencar, curta e seca:

Na exposição que faz hoje o empresário da Fênix há omissão e falsa informação que não se animou a firmar com seu nome aquele que a prestou.

Nunca o autor do Guarani deu seu consentimento, que se tornou sempre dependente de condições que deviam ser estipuladas e escritas, e que não o foram.

O resto da explicação é confusão que se aproveita (26 de abril).

Esclarecidos os motivos que desencadearam as discussões, tudo ficou mais fácil de ser resolvido. Alencar, Coaraci, Pereira da Silva e Jacinto Heller se reuniram, deixaram as desavenças de lado, acertaram as condições, assinaram um contrato e a peça pôde estrear a 9 de maio, no Teatro Lírico Fluminense. Os termos do contrato, entretanto, não foram divulgados pela imprensa na ocasião. O acordo foi feito a portas fechadas. Para alguns jornalistas, tudo não passara de um golpe publicitário, o que não é verdade, como veremos ao comentarmos os desdobramentos desses fatos. Antes, porém, cremos ser interessante transcrever uma parte do anúncio publicado nos jornais, para que tenhamos uma idéia aproximada do que foi a representação da peça:

DENOMINAÇÃO DOS ATOS E QUADROS E DESCRIÇÃO DO CENÁRIO
TODO NOVO E PINTADO PELOS CENÓGRAFOS HUASCAR E GIÁCOMO

Prólogo e 1º quadro

O Segredo das Minas

Mata virgem à beira de uma montanha
(Trabalho do Sr. Huascar)

2º quadro

O Mar de Prata

Interior das Minas
(do mesmo)

3º quadro

Palácios Encantados

Interior de um palácio encantando, onde as
huris e virgens formam graciosos grupos.
(do mesmo)

1º ato – 4º quadro

O Guarani

Terreiro em frente à casa de D. Antônio
(trabalho do Sr. Giácomo)

Ato 2º – 5º quadro

Os Aventureiros

Terreiro da casa de D. Antônio, cercado por uma muralha
(trabalho do Sr. Huascar)
Este quadro terminará, cantando o ator Arêas a célebre

AVE-MARIA

acompanhado pelo corpo de coristas

Ato 3º – 6º quadro

Desafio e Traição

Varanda aberta do pouso dos aventureiros. Rochedo
por toda a parte, grande cascata ao fundo. Efeito de luar
(trabalho do Sr. Giácomo)

Neste quadro cantar-se-á a conhecida canção

SENZA TETTO, SENZA CUNA

cantada pelo Sr. Arêas e corpo de coros

7º quadro

A Revolta

A mesma cena do 1º ato

8º quadro

A Seta do Índio

Aposento de Cecília à elegância da época
(trabalho do Sr. Giácomo)

ato 4º – 9º quadro

O Campo dos Aimorés

Campo à beira da mata virgem. Ao fundo a cabana do cacique
(trabalho do Sr. Huascar)

Neste quadro em que tomam parte mais de

250 pessoas[8]
terão lugar

A banda selvagem;
Os grandes bailados;
O passo das flechas;
A marcha dos Aimorés;
A corrida veloz e fantástica;
A grande entrada triunfal;
O cacique no seu Palanquim;
Entrada dos aventureiros;
Combate final.
   tudo ensaiado pelo 1º bailarino

POGGIOLESI

que toma parte em todos os bailados
em companhia da 1a. bailarina

BERNARDELLI

10º quadro

A Explosão

A mesma cena do 1º ato

---

8. Sem dúvida alguma, o número de figurantes é surpreendente. Lembramos, todavia, que o Lírico Fluminense não era um teatro pequeno. Henrique MARINHO (*O teatro brasileiro*. Rio, Garnier, 1904, p.70-1.) conta que, certa vez, Gottschalk regeu ali "um concerto verdadeiramente memorável, de mais de trinta pianos, acompanhados por uma orquestra de cerca de quatrocentos músicos". Quanto ao espaço ocupado pelos espectadores, o historiador informa: "Possuía esse teatro quatro ordens de camarotes: 30, a 1a.; 29 a 2a. e 32, a 3a. e 4a. e 248 cadeiras de 1a. classe na platéia; 443 de 2a. e 147 gerais".

11º quadro e último
A Inundação
O Rio Paquequer em ocasião de enchente
a sumir-se ao longe, iluminado pelo
ARCO-ÍRIS
(trabalho do Sr. Huascar)
PERI E CECÍLIA ABRAÇADOS
são levados pela corrente atravessando a cena
sobre o grelo de uma Palmeira.

Como vemos, tratava-se de um espetáculo aparatoso – bem ao gosto da época –, que combinava os efeitos especiais da mágica com a música, a dança e a ação dramática propriamente dita. Tal adaptação, observou ironicamente Alencar, era prova de que "para certa gente o principal do teatro é o tambor, a corneta, os panos pintados, os fogos de Bengala, etc., e entre os acessórios, último de todos, depois da caixa do ponto vem o drama, que fala à inteligência". Efetivamente, os tempos eram outros. O teatro se afirmava como *espetáculo*, distanciando-se da literatura e incorporando uma linguagem específica que tinha no texto dramático apenas um dos seus vários componentes. Era essa transformação que Alencar e grande parte dos literatos da época não conseguiam aceitar. Mas de que valia a indignação dos homens de letras se a bilheteria era mais importante? O sucesso do drama *O Guarani* foi extraordinário. E os elogios mais rasgados da imprensa ficaram para a montagem, sobretudo para as cenas grandiosas. O *Jornal do Comércio*, por exemplo, assim comentou a estréia:

> A peça pelos aplausos manifestados nos dois últimos quadros agradou bastante. E nem poderia deixar de ser assim, visto que a empresa nada poupou para apresentá-la com grande brilho. Se excetuarmos um ou outro senão da cenografia, que, no geral, é bonita e produz efeito, a *mise en scène* é merecedora de elogios, destacando-se o vestuário dos artistas, coristas e comparsaria, que está com riqueza e bom gosto. A grande cena do campo dos Aimorés, onde tem lugar o bailado, e a entrada triunfal do chefe dessa tribo, é digna de ser vista, e muito contribui para que a peça se eleve à posição que chegou. O mesmo se dá com a cena final do desmoronamento e da inundação, que é na verdade surpreendente (11 de maio).

O comentário de *A Vida Fluminense* não foi muito diferente: "O efeito produzido pela representação é grandioso. O interesse que logo no prólogo se grava no ânimo do espectador aumenta, cresce, avulta até chegar à cena final da inundação, que supreende, enleva, extasia" (16 de maio).

As representações do drama sucederam-se com a vasta sala do Teatro Lírico Fluminense – quase mil lugares – sempre lotada. A 2 de julho, os jornais anunciavam a vigésima quinta e última representação. A pedidos, porém, *O Guarani* subiu à cena mais seis vezes, sendo que uma delas para festejar o aniversário da Princesa Isabel. A 11 de agosto, o anúncio dos jornais dizia: "última representação finalmente – récita dos autores". Seria a trigésima segunda se Alencar não a embargasse, alegando ter havido infração da segunda cláusula do contrato que assinara juntamente com Jacinto Heller e os autores do drama. Vejamos, pois, o que rezava esse contrato, divulgado pelo empresário Heller a fim de tentar provar que o embargo não procedia:

> *Os abaixo-assinados, a fim de obterem do Exm. Sr. conselheiro José de Alencar o consentimento para extraírem de seu romance* O Guarani *um drama, e fazê-lo representar nesta corte, obrigam-se às condições seguintes:*
>
> *1º Que não se imprimirá o drama em tempo algum, nem por qualquer outro modo serão seus exemplares distribuídos e expostos à venda;*
>
> *2º Que o drama somente poderá ser representado pela empresa da Fênix Dramática e por duas séries de representações, não excedendo em ambas o número de 50 récitas; obrigando-se os autores a não cedê-lo a nenhuma outra empresa;*
>
> *3º Que nos anúncios se fará a declaração de que o drama é extraído do romance* O Guarani, *do Exm. Sr. conselheiro José de Alencar, com o consentimento do autor.*
>
> *E pelo cumprimento destas obrigações responderão na forma da lei.*
>
> *Rio de Janeiro, 30 de abril de 1874. – (Assinados) – J. A. Visconti Coaraci. – Luís José Pereira da Silva. – Jacinto Heller.*
>
> *Mediante as condições acima exaradas dou, como autor do romance* O Guarani, *o meu consentimento aos Srs. J. A. Visconti Coaraci e Luís José Pereira da Silva para extraírem um drama do dito meu romance, e aos mesmos senhores e ao Sr. Jacinto Heller para fazerem representar aquele drama, na forma convencionada.*
>
> *Rio de Janeiro, 29 de abril de 1874. – (Assinado) – José Martiniano de Alencar* (12 de agosto).

De fato, a segunda cláusula do contrato não especifica o número de cada série de representações. Mas Alencar procedeu ao embargo julgando ser vinte e cinco. E desta vez, ao invés de esbravejar na imprensa, dirigiu-se logo à Justiça, movendo uma ação de indenização e intimando Jacinto Heller por meio da seguinte contrafé:

> *Ilm. Sr. juiz de paz da freguesia de S. José, 2º distrito. – Diz José Martiniano de Alencar, que tendo Jacinto Heller, empresário da Fênix Dramática, se obrigado a não representar o drama* O Guarani, *extraído do romance do suplicante, mais do que em duas séries; e, tendo infringido essa condição, pretende o suplicante demandá-lo pela indenização do uso de sua propriedade e prejuízos, perdas e danos causados pela extorsão. Requer, pois a V. S. sirva-se mandar citar ao dito Jacinto Heller, para na 1a. audiência deste juízo conciliar-se com o suplicante e pena de lançamento à revelia, haver-se por não conciliado. – E. M. R. – Rio, 3 de agosto de 1874. – José Martiniano de Alencar* (12 de agosto).

Também essa contrafé foi divulgada por Jacinto Heller, num longo artigo em que protestava contra a "violência" da qual fora vítima. Era o reinício da polêmica em torno da adaptação teatral de *O Guarani*, que mais uma vez se tornava o assunto predileto de uma boa parcela da intelectualidade da corte. Alencar respondeu com desdém ao empresário, apenas para justificar o pedido de indenização junto à opinião pública:

Sem o menor interesse, dei meu consentimento para a representação de um drama extraído do Guarani.

Exigi apenas que esse drama não fosse impresso e desaparecesse ao cabo de duas séries de representações.

A isto obrigaram-se os interessados naquela empreitada teatral.

Tendo, porém, faltado às condições estipuladas, recorri aos tribunais para obter a indenização devida.

Essa indenização destino-a à Santa Casa de Misericórdia do Ceará.

Se o fruto de meu trabalho vale alguma coisa, aproveite ele aos pobres enfermos da terra que me deu o ser (13 de agosto).

Pequenos jornais como *A Vida Fluminense, Mefistófeles* e *O Mosquito* criticaram o procedimento de Alencar e o ridicularizaram por meio de caricaturas grotescas. No *Jornal do Comércio*, Visconti Coaraci e Pereira da Silva protestaram contra o embargo e prometeram – mas não cumpriram – escrever uma série de artigos para esclarecer a opinião pública. Nesse mesmo jornal, o advogado de Jacinto Heller, José Antonio Fernandes de Lima, publicou um artigo recheado de citações de legisladores europeus, no qual procurou demonstrar que Alencar não era proprietário nem do drama nem do título *O Guarani*. Como um dos seus argumentos, quanto ao segundo ponto, era o de que Gustave Aimard publicara antes de 1857 um romance intitulado *Les Guaranis*, Alencar respondeu-lhe para esclarecer que esse livro aparecera, na verdade, em 1864.

As discussões na imprensa não se estenderam, visto que a questão estava entregue à Justiça. No entanto, quarenta dias após o embargo, a situação era a mesma. Jacinto Heller, que estava tendo grandes prejuízos, preferiu então entrar em entendimentos com Alencar. No dia 23 de setembro, o *Jornal do Comércio* publicou a seguinte nota, assinada pelo empresário:

Declaro que tendo chegado a um acordo com o Exm. Sr. conselheiro Alencar na questão de infração da cláusula 2a. do contrato, datado e assinado em 30 de abril do corrente ano, obriguei-me a depositar a quantia de 1000$ em benefício da Santa Casa de Misericórdia do Ceará.

Entendi que, assim terminando a questão, poupava-me a desgostos e prejuízos certos em demanda que prometia ser longa.

Aproveitando a oportunidade, dirijo ao meu advogado e particular amigo, Dr. Fernandes Lima, pelo zelo e perícia que desenvolveu em defesa dos meus direitos, os protestos de minha eterna gratidão e subida estima.

Assim terminou a "Questão Guarani". Pela segunda vez nesse episódio Alencar saiu-se vitorioso, mas à custa de novas inimizades e antipatias pessoais. Quanto ao drama, a partir de 24 de setembro voltou a ser representado, alcançando a 13 de dezembro sua quadragésima segunda e última apresentação.

11. O Jesuíta
/Manuscritos Inacabados

Nos últimos anos de sua vida, Alencar foi um homem doente, abatido, desencantado com a política e a literatura. Machado de Assis, numa página cheia de sentimento, escrita em 1887, relembrou o que foram os últimos tempos do escritor, quando comumente o encontrava passeando solitário nas alamedas do Passeio Público:

> Sentia o pior que pode sentir o orgulho de um grande engenho: a indiferença pública, depois da aclamação pública. Começara como Voltaire para acabar como Rousseau. E baste um só cotejo. A primeira de suas comédias, *Verso e Reverso*, obrazinha em dois atos, representada no antigo Ginásio, em 1857, excitou a curiosidade do Rio de Janeiro, a literária e a elegante; era uma simples estréia. Dezoito anos depois, em 1875, foram pedir-lhe um drama, escrito desde muito, e guardado inédito. Chamava-se *O Jesuíta*, e ajustava-se fortuitamente, pelo título, às preocupações maçônico-eclesiásticas da ocasião; nem creio que lhe fossem pedir por outro motivo. Pois nem o nome do autor, se faltasse outra excitação, conseguiu encher o teatro, na primeira, e creio que única, representação da peça[1].

Aí está a última decepção – e talvez a mais dolorida – que Alencar experimentou com o teatro. *O Jesuíta* teve apenas duas representações, a 18 e 19 de setembro de 1875, e não despertou nem o interesse nem a curiosidade do público fluminense. Para se ter uma idéia de como o drama foi friamente acolhido, basta dizer que na noite de estréia o número de espectadores não chegou a cem e que as récitas anunciadas para os dias 21 e 23 de setembro foram suspensas, pois o Teatro São Luís encontrava-se praticamente vazio.

---

1. MACHADO DE ASSIS, J. M. "José de Alencar: O Guarani" In: *Obra Completa*, Rio, Aguilar, 1973, v.3. pp.924-925.

A indiferença do público para com *O Jesuíta* pode ser creditada, em boa parte, ao predomínio das operetas francesas e brasileiras, *vaudevilles*, mágicas e peças aparatosas em nosso palcos, na ocasião. O gosto teatral já não era o mesmo das décadas de 1840 e 1850. O chamado "teatro sério" fora substituído pelo gênero alegre, por imposição de uma platéia que não queria senão "rir, ver mulheres bonitas, ouvir canções maliciosas e ditos picantes, tudo envolto num enredo cuja principal exigência era não dar trabalho ao cérebro"[2]. Em resumo, a platéia fluminense queria se divertir. E na noite da estréia de *O Jesuíta* isso era muito fácil, pois duas companhias francesas representavam *Orphée aux Enfers*, de Offenbach, no Alcazar Lírico Fluminense, e *La Fille de Mme. Angot*, de Lecocq, no Teatro Cassino. Neste último os espectadores eram ainda brindados com canções interpretadas por *Mlle*. Bélia, famosa cantora de óperas-cômicas francesas. Para os que não sabiam francês o São Pedro de Alcântara e o Fênix Dramática representavam, respectivamente, *O Casamento do Alto Vareta* e *Os Maçons e o Bispo*, comédias de autores anônimos.

Como vemos, um drama histórico tinha pouca possibilidade de fazer sucesso no decênio de 1870, nos teatros do Rio de Janeiro. No caso de *O Jesuíta*, porém, um segundo fator certamente contribuiu para o malogro: a grande hostilidade das camadas mais intelectualizadas da população brasileira ao clero conservador – com o qual a figura do jesuíta era identificada –, na ocasião. Essa hostilidade decorreu principalmente dos desdobramentos da conturbada "Questão dos Bispos", evento que sacudiu a opinião pública do país na primeira metade da década de 1870 e que colocou em confronto partidários do clero conservador, de um lado, e maçons, liberais, republicanos, positivistas e o próprio Governo, de outro. O conflito, inicialmente, não passou de uma perseguição aos católicos maçons levada a cabo pelos bispos D. Vital, em Pernambuco, e D. Macedo Costa, no Pará, em 1873. A interdição de igrejas e irmandades eivadas de maçonismo, porém, forçou o Governo a intervir, exigindo dos dois prelados que levantassem os interditos. Por se recusarem a cumprir a determinação do Conselho de Estado do Imperador, ambos foram presos, julgados e condenados a quatro anos de prisão com trabalhos. A "Questão dos Bispos" adquiriu, portanto, evidentes contornos políticos em seus desdobramentos. Na imprensa multiplicaram-se as discussões a respeito das relações entre a Igreja e o Estado, do regime de religião privilegiada, dos dogmas do catolicismo e de temas conexos. De um modo geral, os intelectuais da época – já bastante sensíveis aos valores do liberalismo e razoavelmente familiarizados com idéias positivistas e cientificistas – voltaram-se contra o conservadorismo e a intransigência dos bispos D. Vital e D. Macedo

---

2. PRADO, Décio de Almeida. "A Evolução da Literatura Dramática". In: COUTINHO, Afrânio, org. *A literatura no Brasil*. 2.ed. Rio, Sul Americana, 1971, v.6, p.18.

Costa, que defendiam a idéia da preponderância da autoridade espiritual da Igreja sobre a sociedade civil.

Nesse contexto, a figura do jesuíta não poderia senão lembrar o que havia de mais retrógrado e medieval na Igreja. Segundo José Veríssimo,

nunca desde as lutas dos colonos com os jesuítas por causa dos índios, ou desde o golpe decisivo de Pombal, este nome de jesuíta voltara a ser dito como um anátema e a sofrer os apodos como agora que maçones, liberais, livres pensadores, governistas, regalistas, republicanos se aliavam no considerá-lo o inimigo ou da pátria, ou da liberdade, ou da ordem, ou da sociedade civil, ou da mesma religião, que os acusavam de mal servir[3].

Foi, portanto, num clima de generalizada antipatia pelo clero que *O Jesuíta* subiu à cena. E por obra de uma coincidência infeliz a estréia ocorreu um dia depois que D. Pedro II, sob os protestos das gerações mais jovens, concedeu a anistia para os dois bispos que estavam presos. Definitivamente, as circunstâncias não eram nada favoráveis para a representação de uma peça que tinha como protagonista um jesuíta patriota e precursor de nossa emancipação política. Para os maçons e os intelectuais afeitos ao liberalismo, as qualidades atribuídas ao jesuíta Samuel não poderiam deixar de significar uma tomada de posição do político conservador Alencar em relação à "Questão dos Bispos". Desse modo, representado em péssima hora, *O Jesuíta* não foi julgado pelas suas qualidade ou defeitos de obra teatral. Aqueles que o supuseram drama de exaltação do jesuitismo simplesmente não foram ao teatro.

Ao contrário do público, a imprensa foi mais benevolente. Todos os jornais mais importantes do Rio de Janeiro comentaram o espetáculo, que recebeu críticas favoráveis e desfavoráveis. O folhetinista da *Gazeta de Notícias*, S. Saraiva, e um redator anônimo do *Jornal do Comércio* foram os primeiros a se manifestarem, dois dias após a estréia. Coincidentemente, ambos elogiaram a qualidade literária do texto, mas consideraram a ação dramática mal construída, um tanto frouxa. Quanto à caracterização de Samuel, S. Saraiva afirmou: "O jesuíta só por exceção foi o que é o Dr. Samuel, do Sr. Alencar". E o redator do *Jornal do Comércio*, após resumir o enredo da peça, ponderou:

Há aqui evidentemente um pensamento profundo, que não nos atrevemos a devassar, com receio de errar. Será ele que é aos jesuítas, cujo primeiro plano assim foi frustrado naquela ocasião, que mais tarde deveu o Brasil a sua independência? Será simplesmente que os jesuítas, a não haver sido aquela contrariedade, nos teriam dado mais cedo a emancipação pela força do seu próprio poder e o auxílio dos índios e dos ciganos? Até que ponto vai tudo isso de acordo com o espírito, fins e tendências daquela ordem?

3. VERÍSSIMO, José. *Estudos de Literatura Brasileira*. 3a. série. Rio, Garnier, 1903. p.138.

Evidentemente os articulistas partiram de uma premissa errada: a de que o drama seria a expressão de uma verdade histórica. Ora, Alencar não pretendeu fazer de Samuel o protótipo do jesuíta e muito menos glorificar a Companhia de Jesus. A idéia central de *O Jesuíta* é exaltar o sentimento de amor à pátria, a partir de uma situação inteiramente criada pela imaginação do dramaturgo. Se tal situação diz respeito à luta pela libertação do país, isso se deve ao fato de o drama ter sido escrito a pedido de João Caetano, para ser representado no dia 7 de setembro de 1861. O redator do *Jornal do Comércio* fez ainda restrições à caracterização do Conde de Bobadela, personagem que lhe pareceu um "governador de comédia", e referiu-se ao drama como "obra profundamente e por largos anos meditada", observações que provocaram a imediata resposta de Alencar, na seguinte nota:

Não foi bem informada a "Gazetilha" acerca dos antecedentes deste drama.

Um manuscrito guardado está muito longe de ser "obra profundamente e por largos anos meditada".

Sabemos que o drama foi escrito para João Caetano e no prazo de dois meses. Quando em agosto a empresa do S. Luís o pediu ao autor, este confiou-lhe a primitiva cópia rubricada pelo antigo conservatório, e não somente sem emendas, como sem a reler. Deste fato tiveram documento o atual conservatório e a empresa.

Demais em matéria de arte o tempo é acidente; dois séculos de estudo não valem uma hora de inspiração.

O ilustrado escritor da notícia estava de veia para o jocoso; somente assim explica-se ter sonhado com um "governador de comédia". Não inventar o autor um Rodomonte que estripasse meia dúzia de frades e enforcar o resto!

Não admira que o público seja intolerante, quando a imprensa que devia educá-lo mostra-se tão devota do melodrama. *O Jesuíta* não tem por certo desses erotismos ardentes que excitam as platéias; mas qualificar de frouxa sua ação é desconhecer que a luta da inteligência com o impossível seja um drama; e das mais sublimes e enérgicas da epopéia do homem[4].

No mesmo dia e na mesma coluna em que essas palavras foram publicadas, um provável assinante do *Jornal do Comércio*, oculto pelo pseudônimo de Cincinnatus, arrasou com *O Jesuíta*. Em sua opinião o drama não tem uma única qualidade, a ação é monótona, os diálogos longos demais, o enredo quase nulo, os personagens mal desenhados. Em compensação, no folhetim de *A Reforma*, a 21 de setembro, Joaquim Serra referiu-se ao drama como "um trabalho cuidado, feito com pausa e calma", em que "há lances de grande beleza e de completo efeito teatral". O folhetinista elogiou também a linguagem empregada por Alencar e a caracterização dos personagens, embora tenha feito dois reparos quanto ao segundo aspecto: um, a Samuel, que lhe pareceu um pouco exagerado; outro, à presença de José Basílio da Gama em

---

4. *Jornal do Comércio*, Rio, 21 set. 1875, p.1.

papel secundário, o que diminuía, a seu ver, o valor do grande homem que foi o autor de *O Uraguai*. Além disso, Joaquim Serra descartou qualquer possibilidade de se considerar o drama mais um panfleto pró ou contra jesuítas, lembrando que ele fora escrito muito tempo antes dos eventos que culminaram na "Questão dos Bispos".

As críticas mais simpáticas a *O Jesuíta* apareceram a 22 de setembro no folhetim sem assinatura de *O Globo*[5] e, no dia seguinte, nas páginas de *O Brasil Americano*, em artigo de Luís Leitão. O folhetinista de *O Globo* elogiou bastante a produção do romancista e dramaturgo Alencar, lamentou a decadência do teatro brasileiro e recriminou a indiferença do público para com o drama, "um trabalho de mérito, de valor real no fundo e na forma", apesar de um ou outro senão. De acordo com suas palavras, erraram aqueles que não consideraram *O Jesuíta* um drama histórico, baseados no fato de que Samuel não existiu: "Também a *Lucrécia* de Victor Hugo é um drama histórico, e Gennaro, o filho da famigerada Bórgia, nunca existiu senão no pensamento e inspiração do autor. Nem por isso, entretanto, a história sentiu-se ofendida, que os seus domínios, ela bem o sabe que são outros". Dentro dessa linha de raciocínio, o articulista de *O Globo* foi um dos poucos que compreenderam o significado de Samuel no interior do drama: "O Dr. Samuel é o sentimento, a palavra de liberdade, que um século antes da independência do Brasil balbuciava o gigante americano sem força ainda para quebrar as cadeias coloniais que o algemavam, e foram-lhe *graciosamente* tiradas dos pulsos quando o calor dos corações patrióticos fundiam-nas como a elos de cera". Em outras palavras, Samuel é a encarnação de uma idéia – a da independência da pátria, evidentemente –, o que também foi compreendido por Luís Leitão em sua interpretação do final alegórico do drama, no qual o protagonista foge por uma porta falsa: "... não puderam agrilhoar o corpo, porque ele representava uma idéia e a idéia ficou esvoaçando serena e fúlgida sobre o continente de Colombo"[6]. Acertadamente, o articulista de *O Brasil Americano* observou que um dos grandes intentos do dramaturgo foi o de

fazer estremecer a fibra patriótica do povo, rasgar aos olhos do país uma das perspectivas do seu passado e, quem sabe, mostrar que, assim como Antonio Vieira um século antes aconselhava a transladação da monarquia lusitana para a América,

---

5. Afrânio Coutinho atribuiu erradamente a Joaquim Nabuco a autoria do folhetim de *O Globo*, na ocasião em que organizou e publicou os textos da polêmica Alencar-Nabuco. Wilson MARTINS, no terceiro volume da sua *História da Inteligência Brasileira* (São Paulo, Cultrix, 1977. p.474-8.), demonstrou cabalmente que o folhetim de *O Globo*, favorável a *O Jesuíta*, não poderia ter sido escrito por alguém que confessou não ter assistido à representação do drama e que depois de alguns dias tentou demolir toda a obra de José de Alencar.

6. LEITÃO, Luís. "O Jesuíta". In: ALENCAR, José de *O Jesuíta*, 2.ed. Rio, Garnier, 1900, p.XXVI.

era possível pelo simples progresso do tempo que, na época da agitação de todos os espíritos ilustrados, na solidão dos claustros brasileiros ecoassem muitos anelos pela emancipação da colônia[7].

Luís Leitão foi o crítico mais entusiasta de *O Jesuíta*, a seu ver o melhor drama histórico escrito em língua portuguesa. Mas à parte um ou outro elogio exagerado, ele escreveu o melhor de todos os artigos que apareceram na imprensa da época, apontando as características românticas do drama de Alencar com base em idéias desenvolvidas por Victor Hugo no prefácio a *Maria Tudor*. Nesse texto datado de novembro de 1833, o escritor francês afirma que o drama deve ser o amálgama de duas qualidades, o verdadeiro e o grandioso, e que Shakespeare foi quem primeiro conseguiu realizar com maestria a tarefa de conciliar as duas qualidades quase opostas. Para Luís Leitão, *O Jesuíta* não só pertence à família shakespeariana como também possui "as três qualidades essenciais para, segundo a crítica histórica, imortalizarem uma obra dramática: a verdade, o sentimento e a grandeza. Da reunião judiciosa dessas três condições a obra de arte forma um conjunto harmonioso e correto que fala ao mesmo tempo aos olhos, ao coração e ao espírito"[8]. Toda a análise se desenvolve a partir dessa idéia inicial de filiar o drama a uma linhagem dramática que começa com Shakespeare e ganha sistematização com Victor Hugo. Esse caminho, aliás, parece-nos bastante correto, pois *O Jesuíta* é a única peça que Alencar escreveu com o pensamento deliberadamente voltado para a estética teatral romântica. Luís Leitão, como outros articulistas, não deixou de protestar contra a decadência do teatro brasileiro e a insensibilidade do público que abandonou o Teatro São Luís às moscas, preferindo assistir aos espetáculos estrangeiros.

O fracasso de *O Jesuíta* foi um dos assuntos prediletos de pequenos periódicos humorísticos como *O Mequetrefe*, *O Mosquito* e *A Vida Fluminense*, que aproveitaram a ocasião para ridicularizar e criticar o dramaturgo. Num deles, por exemplo, alguém lembrou ferinamente o sucesso do drama *O Guarani* – mais de quarenta récitas num teatro quatro vezes maior que o São Luís – e arrematou:

> É de crer que, em sinal de gratidão para o público, volva o excelente escritor aos seus romances, pedindo a Deus que novos "remendeiros" e "cerzidores" venham com novas "espoliações" tornar mais célebre o seu nome, criando-lhe ensejo novo para novos contos de réis... em favor da irmandade do Ceará[9].

Dos pequenos periódicos apenas o *Mefistófeles* saiu em defesa de Alencar. Um articulista anônimo lamentou o malogro de *O Jesuíta* e censurou o público que lhe foi indiferente:

7. Idem, p.XXV.
8. Idem, p.XII.
9. *O Mequetrefe*, Rio, 23 set. 1875, p.6.

Não teve razão o público em não acudir à primeira representação da peça, obrigando a empresa a fechar suas portas nas 3as. e 4as. récitas anunciadas: não devia contribuir para a sua queda, principalmente com o procedimento que teve na primeira noite, antes de saber o que a peça era (...).

A novidade do drama, o título prendendo-se a uma questão da atualidade, e o nome do autor, sobretudo o nome do autor, eram sobejo motivo para que se enchesse o teatro.

Mas deixemos essa vergonha ao público; punja-lhe a ele o remorso de seu ato desrespeitoso[10].

Todas as críticas até aqui mencionadas apareceram na imprensa fluminense entre 20 e 25 de setembro de 1875. Alencar, que já havia respondido com uma pequena nota aos reparos feitos a *O Jesuíta* por um redator do *Jornal do Comércio*, decidiu dar a sua opinião acerca do malogro do drama, defendê-lo de censuras que lhe pareceram equivocadas, explicar em que circunstâncias o escreveu e como o concebeu. Tudo isso foi feito em uma série de quatro artigos intitulada "O Teatro Brasileiro: a propósito do Jesuíta", publicada no jornal *O Globo* entre 26 de setembro e 4 de outubro. Vejamos então as principais idéias desses artigos, introduzindo sempre que julgarmos oportuno o nosso próprio juízo crítico a respeito do drama em questão, para melhor apreciá-lo.

Inicialmente, Alencar procurou justificar-se. Não era por despeito que buscava a impresa, mas por "cortesia" e "dever de honra" para com os críticos teatrais. Sua preocupação nesse primeiro artigo, porém, não foi outra senão a de encontrar as possíveis causas do fracasso de *O Jesuíta*. A primeira delas, a seu ver, foi a falta de sentimento patriótico da platéia:

... um drama cujo pensamento foi a glorificação da inteligência e a encarnação das primeiras aspirações da independência desta pátria repudiada; semelhante produção era em verdade um escárnio atirado à face da platéia fluminense... os brasileiros da corte não se comovem com essas futilidades patrióticas; são positivos e sobretudo cosmopolitas, gostam do estrangeiro; do francês, do italiano, do espanhol, do árabe, de tudo, menos do que é nacional (*PAN*, p.24).

Essas palavras revelam o escritor formado na década de 1850, batendo na velha tecla do nacionalismo, mas inteiramente equivocado em sua colocação. É evidente que o insucesso do drama está relacionado com a mudança do gosto teatral, conforme já observamos no início do capítulo, e não com a questão do patriotismo. A segunda causa apontada por Alencar igualmente não convence, pois decorre da primeira. Respondendo aos folhetinistas que se mostraram surpresos com o fato de o seu nome não ter atraído um bom público ao teatro, ele alegou possuir uma "frágil" reputação literária na cidade do Rio de Janeiro,

10. *Mefistófeles*, Rio, 25 set. 1875, p.3.

embora muitos pensassem o contrário. E explicou que a maioria dos seus leitores encontrava-se espalhada nas províncias, onde o sentimento nacional mantinha-se protegido contra os estrangeirismos. Ora, Alencar era lido e aceito tanto na corte quanto nas províncias. O que lhe faltou nesse episódio foi um pouco de humildade para reconhecer que o drama pertencia a um repertório considerado velho em meados da década de 1870. Finalizando o artigo, o dramaturgo afirmou que a derrocada de *O Jesuíta* deveu-se também a um boicote da maçonaria e do próprio clero conservador:

> A intolerância e o fanatismo maçônico não podiam levar a bem que se pusesse em cena um frade, com intuitos generosos, e credor de alguma admiração nas mesmas explosões de seu terrível fatalismo.
>
> Por outro lado a intolerância e o fanatismo ultramontano incomodaram-se com a idéia de ver desenhado um vulto de *Jesuíta* ao molde de Malagrida, embora encaminhando a uma idéia generosa e patriótica os recursos da política veneziana, ensinada no limiar da idade moderna por Maquiavel, o grande mestre dos papas e dos reis (*PAN*, p.27).

No início deste capítulo já tecemos algumas considerações acerca dos motivos que teriam levado maçons, liberais, positivistas e republicanos a hostilizar *O Jesuíta*. Não cremos, todavia, que o clero conservador tenha se empenhado em provocar a deserção do público. Uma atitude dessa natureza não poderia ser motivada apenas pelo parentesco que Alencar diz haver entre Samuel e Gabriel Malagrida, o controvertido jesuíta italiano que foi acusado de ter participado do atentado contra D. José I, em 1758, e morto em 1760 pela Inquisição, que o julgou falso profeta e herege. Era preciso algo mais: um ataque frontal à Igreja, por exemplo, o que absolutamente não existe no drama. Além disso, é preciso observar que a própria caracterização de Samuel como uma personagem para quem os fins justificam os meios é modificada no quarto ato, quando ele se sensibiliza com a força do amor que une Constança e Estevão e desiste do plano de fazer do rapaz o continuador da sua obra. Quer dizer, o jesuíta se curva diante do sentimento e recupera a parcela de humanidade que havia perdido em sua trajetória de conspirador maquiavélico.

No segundo artigo Alencar explicou em que circunstâncias escreveu *O Jesuíta* e como o concebeu. Num primeiro passo lembrou que João Caetano lhe pedira um drama para ser representado no dia 7 de setembro de 1861 e que, honrado com tal pedido, não se furtou à tarefa. Para levá-la a cabo, porém, teve que superar algumas dificuldades, entre elas a escolha do assunto: "Destinado a solenizar a grande festa patriótica do Brasil, devia o drama inspirar-se nos entusiasmos do povo pela glória de sua terra natal" (*PAN*, p.28). Alencar descartou de imediato a hipótese de escrever sobre a Independência – evento muito recente na época e inadequado à "musa épica" – e mergulhou em nosso passado colonial à procura de um episódio digno de ser recriado artisticamente num drama histórico. Primeiramente teceu considerações acerca da abnegação de Bartolomeu Bueno da Ribeira, que recusou ser rei em São Paulo. Em seguida, discorreu sobre a guerra holandesa. Chegou à conclusão, porém, de que ambos os episódios não serviam. A seu ver, não havia elementos para uma ação dramática na fidelidade de Bueno à coroa lusitana, um gesto que lhe parecia mais de prudência do que de grandeza. Quanto à guerra contra a Holanda, havia o inconveniente de que a crônica histórica fizera do português João Fernandes Vieira seu principal herói. Ignorar esse dado e escrever um drama centrado na figura do brasileiro e patriota André Vidal de Negreiros seria um desastre, pois a platéia do teatro dirigido por João Caetano, portuguesa em sua maior parte, não o aceitaria. Concluiu então o dramaturgo: "Seria longo dar conta da excursão que fiz pela história pátria à busca de um assunto; basta dizer que não achei então um fato que me inspirasse o drama nacional, como eu o cogitava. Resolvi portanto criá-lo de imaginação, filiando-o à história e à tradição, mas de modo que não as deturpasse" (*PAN*, p.30-31).

Com essas palavras Alencar não só deixa claro com que propósito escreveu o drama como também responde aos críticos que erroneamente procuraram nele a verdade e não a verossimilhança. Não perceberam esses críticos que *O Jesuíta*, enquanto drama histórico, pertence à mesma linhagem de *O Guarani*, um romance histórico que idealiza e mitifica os fundamentos da nacionalidade brasileira. Não fosse assim, Alencar não teria concebido Samuel como "a personificação de um povo e de uma raça que surgia no solo americano" (*PAN*, p.31). Quer dizer, o personagem e seu plano arrojado de colonização e libertação do país – frutos da imaginação do dramaturgo – são símbolos da construção de um país emancipado, livre de preconceitos, bem como da força e grandiosidade do sentimento patriótico do homem brasileiro. Diante disso, é evidente que qualquer tentativa de enquadrar *O Jesuíta* nos limites do realismo redunda em equívocos.

Mas é no terceiro artigo que Alencar explica mais detalhadamente como delineou Samuel, antes de fazê-lo entrar em cena. Político da escola do absolutismo, jesuíta de setenta e cinco anos de idade, cinqüenta dos quais dedicados à causa da emancipação da pátria, é um homem que vive para uma idéia e que considera válidos todos os meios para realizá-la. Tal obstinação, entretanto, o faz sofrer nos momentos em que o coração condena o que a razão determina. Vejamos as próprias palavras do dramaturgo:

> Mas esse homem não é fanático, nem perverso. Não é Ravaillac, nem Torquemada. A alucinação não o cega; o sangue não o deleita. Como o general que defende uma causa, ele não hesitará, se for preciso, em arrasar uma praça, dizimar o inimigo e aniquilar o obstáculo.
>
> Mas terá consciência de seu ato. Sua razão lhe advertirá que perpetra um crime, e seu coração nobre e generoso padecerá com a implacável necessidade. Sacrificar-se-á ele primeiro. Apelará da lei para o destino; dos homens para Deus; e se-

guirá sua marcha providencial, como os grandes criminosos da história, que se chamam heróis e conquistadores.

Nesta religião de uma idéia, ante a qual se curva uma razão vigorosa em coração pujante; nesta sublime idolatria da pátria, apenas sonhada, e ante a qual já emudecem todas as virtudes, como todas as paixões; não há um drama belo, enérgico e majestoso? (*PAN*, p.33).

O Jesuíta está construído em função da caracterização do protagonista e de sua trajetória, ou, especificamente, do "embate da idéia com o sentimento"[11], como apontou Luís Leitão. Quer dizer, a ação dramática nasce no momento em que Samuel se encontra numa situação limite, qual seja, a de permitir ou não que o seu filho adotivo Estevão se case com Constança. Em caso positivo, seu plano de libertação da pátria cairia por terra, pois os setenta e cinco anos de idade lhe pesam nas costas e Estevão, ao contrário do que desejava, não mais seria o continuador da sua obra. Em caso negativo, sacrificaria a felicidade daquele a quem amava como filho. Colocado entre o amor a Estevão e o amor à pátria, ou seja, entre o sentimento e a idéia, Samuel oscila, tem dúvidas. No primeiro ato, após mentir a Constança, declarando-lhe que Estevão é frade, ele diz: "Meu Deus! Se o que acabo de fazer é uma desgraça, perdoai-me! Se é um crime, puni-me!". Mas o que prevalece mesmo é o senso político do jesuíta formado na escola de Maquiavel. Na cena final desse ato, depois de ceder estrategicamente aos protestos do rapaz, permitindo-lhe que procure Constança, ele monologa:

SAMUEL (*só*) – Rude combate!... Senti que a minha coragem vacilava! Não, ainda que devesse profanar a pureza dessa menina!... Ainda que fosse necessário sacrificar a sua vida!... O que é a criatura neste mundo senão o instrumento de uma idéia?... Ele amará!... Mas compreenderá, enfim, qual amor é digno do filho desta terra virgem! (*Absorto*) Brasil!... Minha pátria!... Quantos anos ainda serão precisos para inscrever teu nome hoje obscuro no quadro das grandes nações? Quanto tempo ainda serás uma colônia entregue à cobiça de aventureiros, e destinada a alimentar com as tuas riquezas o fausto e o luxo de tronos vacilantes?

A razão e a determinação política dominam o coração do velho jesuíta, que nos dois atos seguintes continua com o propóstio de fazer de Estevão o libertador da pátria. Mas enquanto alimenta essa idéia, seus planos são ameaçados por alguns fatos novos. Ele decifra uma mensagem de Gabriel Malagrida, segundo a qual os jesuítas deverão ser presos e expulsos do Brasil no dia 14 de novembro de 1759, por ordem do Marquês de Pombal. Como os dois primeiros atos se passam no dia 29 de outubro, restam poucos dias a Samuel para tentar impedir que a ordem seja cumprida, pois sem os jesuítas espalhados pelo Brasil – uma das três forças imprescindíveis para a revolução, ao lado dos índios e dos ciganos – nada seria possível fazer. Outro problema que Samuel enfrenta é a perseguição do Conde de Bobadela, Governador do Rio de

---

11. LEITÃO, *O Jesuíta*, p.XX.

Janeiro, que quer prendê-lo por conspirar contra a coroa portuguesa. Não bastassem esses dois fatos, o Conde, tido como protetor de Constança, consente o casamento dos jovens e convence Estevão a se tornar militar. Samuel não vê muitas alternativas para dar curso a seu projeto revolucionário. No terceiro ato, que se passa no dia 13 de novembro, ele rapta Constança, coloca-a a par do destino glorioso que havia reservado a Estevão e por meio de uma argumentação poderosa a faz desistir do casamento. Além disso, profanando a pureza da moça, convence-a de que ela deve oferecer ao rapaz a sua castidade. Estevão, que contracena com ela em seguida, fica indignado com o oferecimento e a deixa. Resta ainda outro obstáculo para Samuel: impedir a expulsão dos jesuítas, marcada para o dia seguinte. Mais uma vez Constança será usada, pois ela é, na verdade, filha de uma aventura amorosa do Conde de Bobadela. O maquiavélico jesuíta soube disso no confessionário e, em favor da revolução, utiliza o segredo para pressionar o Governador a não cumprir a ordem de Pombal. Caso não seja atendido, afirma que matará Constança. O terceiro ato termina com um desafio mútuo, que faz crescer a tensão dramática:

CONDE (*com dignidade*) – Feriste-me o coração, sicário! Mas o coração, tu o disseste, é do pai que não está mais aqui. Esse que vedes, jesuíta, é o Conde de Bobadela, governador deste Estado. Ordeno-vos que entregueis o tesouro da Companhia; e dou-vos esta noite para cumprirdes a minha ordem.

SAMUEL – Esta noite, dou-vos eu, Conde de Bobadela, para refletir.

CONDE (*imperativo*) – Ao primeiro toque da alvorada aqui estarei.

SAMUEL – (*com altivez*) – Eu vos espero[12].

O impasse criado pela obstinação do jesuíta é de forte efeito teatral, pois aumenta a expectativa em torno da decisão do Conde, que se encontra numa situação delicada. Ele deve voltar no dia seguinte ou como Governador ou como pai, optando ou pelo dever ou pelo amor à filha. Samuel, quando colocado em situação parecida, optou pela idéia, sacrificando a felicidade do filho adotivo. Suas atitudes, sobretudo no terceiro ato, demonstram como o homem se torna hediondo quando abandona os valores éticos e humanos, os sentimentos e o bom senso, para impor a todos a sua vontade. Quem percebe isso é o próprio Estevão, após refletir sobre a conversa que teve com Constança. Ele compreende que Samuel é o causador da sua infelicidade e, desesperado, chama-o de "sacerdote da prostituição" e "louco", no tenso diálogo que travam no início do quarto ato. Numa de suas falas mais contundentes, afirma:

12. Nesse momento Samuel aparece pela primeira vez vestido como jesuíta e surpreende a todos identificando-se como o vigário-geral da Companhia de Jesus no Brasil. Durante dezoito anos ele viveu disfarçado de médico italiano para melhor servir a causa que abraçou.

ESTEVÃO – ...Concebestes um projeto extravagante, e para realizá-lo todos os meios são bons! A desgraça de um filho a quem educastes, a desonra de uma menina que não vos fez mal, o desespero de ambos; tudo vos parece virtude, tudo vos parece inspirado por Deus! (...) Estais bem certo que a vossa razão, gasta pelos anos, não delira? Que essa grande idéia não seja apenas uma alucinação de vossa inteligência enferma?

Esse é o momento mais dramático de *O Jesuíta*. O desespero, a dor de Estevão comovem Samuel. O revolucionário torna-se pai, o coração domina a razão. E assim, no embate do sentimento com a idéia, desenvolvido desde o primeiro ato, a vitória final é do sentimento, como convém, aliás, a um drama romântico. Samuel desiste de levar avante seu plano de emancipação da pátria e abençoa a união de Estevão e Constança aos pés do altar. A súbita transformação do personagem pode parecer um tanto forçada, já que em poucos minutos ele desiste de uma idéia pela qual trabalhou cinqüenta anos. Mas essa ressalva não procede, se observarmos que no drama romântico o herói geralmente concilia as qualidades do grande e do verdadeiro. Lembrando Maria Turdor, personagem que Victor Hugo queria grande como rainha e verdadeira como mulher, podemos dizer que Alencar esmerou-se na caracterização de Samuel: grande como revolucionário, verdadeiro como pai. É essa segunda qualidade, subjacente à primeira ao longo de três atos, que lhe dá forças para mudar radicalmente de idéia no quarto ato. Um personagem dessa estatura não pode, evidentemente, acabar preso como o mais comum dos homens. Assim, quando o Conde de Bobadela chega para prendê-lo, ele, encarnação de uma idéia que não pode ser aprisionada, faz o seu último discurso patriótico, no qual prevê para depois de um século a libertação da pátria, e desaparece por uma porta falsa.

De toda a galeria teatral de Alencar, Samuel é "a personagem mais elaborada e reunindo maior número de intenções"[13], escreveu acertadamente Sábato Magaldi. De fato, não há como compará-lo aos heróis de casacas das comédias realistas, como Eduardo, Rodrigo ou Augusto Miranda, retratos de homens comuns, preocupados apenas com o cotidiano de suas existências. Samuel, observou Alencar, "não é um homem; é quase a humanidade. Na cena ele deve ser simultaneamente o padre, apóstolo da igreja, o sábio, apóstolo da idéia, e o patriota, apóstolo da liberdade". E mais: ele reúne "as maiores forças do homem; a sua consciência, o seu coração, e a sua inteligência... a consciência, era a do ministro da religião, o coração, o de um pai, e a inteligência, a de um gênio" (*PAN*, p.33). Um personagem com todas essas características sustenta o vigor de qualquer peça tetral. Não admira, pois, que Alencar o tenha criado especialmente para João Caetano, o único ator brasileiro do século passado que conseguiria dar-lhe vida plena no palco.

---

13. MAGALDI, Sábato. *Panorama do Teatro Brasileiro*. São Paulo, Difel, 1962, p.105.

Vejamos agora outros aspectos do drama, com base no quarto e último artigo da série "O Teatro Brasileiro: a propósito do *Jesuíta*". Inicialmente, Alencar remete o leitor ao texto de Luís Leitão, considerando que o articulista fez uma análise lúcida e completa de sua peça. Em seguida, passa a responder a algumas críticas que apareceram na imprensa. Neste ponto vale a pena destacar, em primeiro lugar, a resposta à observação de que *O Jesuíta* possui uma ação dramática frouxa e alguns personagens secundários dispensáveis. Alencar começa explicando que as peças escritas de acordo com a orientação clássica concentram a ação nos personagens estritamente necessários, mas que o método shakespeariano, longe de concentrar a ação, "ao contrário, a prende ao movimento geral da sociedade pelo estudo dos caracteres; nas composições deste gênero há personagens alheias ao drama, e que representam a época, o país, o centro enfim, do fato posto em cena" (*PAN*, p.33). Quando comentamos *Mãe*, no sétimo capítulo, referimo-nos a essa diferenciação feita por Alencar, colocando-a em termos de peças de estrutura fechada, próprias do Classicismo, e de estrutura aberta, próprias do Romantismo. Está claro para nós que *O Jesuíta* é um drama de inspiração shakespeariana e romântica, quer pela grandiosidade do herói e de suas idéias, quer pela força dos sentimentos, quer pela inexistência de unidade de tempo e espaço. Quanto à ação dramática, é o próprio autor quem imodestamente argumenta que ela está tão bem construída que mesmo as figuras secundárias são indispensáveis:

... cada uma tem em si um fio da ação. Sem D. Juan de Alcalá a notícia da expulsão da Companhia, o fato capital, não chegaria ao Rio de Janeiro; e sem José Basílio, que retém o espanhol, essa notícia em vez de ficar com o Dr. Samuel, iria ter ao Conde de Bobadela. Daniel, o cigano, além de representar um dos elementos da obra revolucionária do precursor, é quem rapta Constança e a leva ao convento. Garcia, o paraguaio, símbolo da raça indígena, outro elemento da revolução, é a mão implacável de Samuel que ameaça a vida da inocente donzela, e suspende a catástrofe. Fr. Pedro, o reitor, explica a influência do médico italiano sobre o Colégio dos Padres; é por ele que o segredo do espanhol se transmite ao protagonista.

Resta Inês, a criada de Samuel, que se não é essencial à ação dramática, não podia ser dispensada pela verdade artística. Colocada a cena na habitação do médico italiano, como prescindir de uma caseira ou criado, para receber na ausência do amo as pessoas que o buscavam? Pretenderão fazer-nos voltar à simplicidade da cena de praça pública, ainda usada por Moliére? (*PAN*, p.38).

Os personagens mais diretamente ligados à ação dramática – Samuel, Conde de Bobadela, Estevão e Constança – também foram alvo de críticas que Alencar rebateu. Para quem considerou Samuel "exagerado", ele lembrou que o reparo só teria razão de ser se o personagem fosse rigorosamente histórico. Quanto à aparência cômica do Conde de Bobadela, observou que se tratava obviamente da má interpretação do personagem no palco. Aproveitemos, aliás, para reconhecer o acerto de Alencar na caracterização do Conde. Evitando qualquer exagero, ele colocou em cena não um tirano sanguinário a perseguir ferozmente os jesuítas, mas um Governador sensato, um fidalgo cônscio da sua responsabilidade e cumpridor de seu dever. Um dos críticos mais severos de *O Jesuíta* afirmou que o amor entre Estevão e Constança não era importante para a ação do drama. Alencar respondeu com objetividade:

> Quem assistiu à representação do drama, ou conhece seu entrecho, pode aquilatar da inexatidão com que se afirmou ser o amor de Estevão e Constança um enxerto completamente estranho à ação principal e com ele mal travado. Sem esse afeto tornava-se impossível o drama. Basta recordar que o ponto culminante da ação, a crise, resulta desse amor; a indignação de Estevão por causa da cruel abnegação que Samuel inspirou à Constança de sacrificar honra e castidade, é que subverte a alma sobre-humana do jesuíta, e o abate aos pés do altar (*PAN*, p.37).

Alencar fez também a defesa da verossimilhança histórica de *O Jesuíta*, lembrando que "a separação das colônias da América, foi um dos sonhos da Companhia, quando sentia que a Europa escapava-lhe", respondeu a observações sobre alguns detalhes menos importantes do drama e concluiu com um ataque violento à decadência do teatro brasileiro.

Podemos hoje ver com reservas e considerar até irrepresentável um drama tão grandioso como *O Jesuíta*. Mas no seu gênero, devemos reconhecer, é um dos melhores da nossa dramaturgia. Os personagens são bem delineados, a ação dramática é bem construída, o espaço é muito bem aproveitado, sobretudo quando as cenas se passam no Colégio dos Jesuítas, onde há recantos secretos só conhecidos por Samuel. Não fosse esse detalhe, teria sido impossível manter Constança prisioneira sem que os demais jesuítas a vissem. Outra qualidade do drama são os diálogos, alguns excepcionalmente vigorosos, cheios de vida, escritos com a rara habilidade do dramaturgo que sabe criar a tensão e evitar o melodrama. Completando nossa apreciação final, citamos o juízo abalizado de Décio de Almeida Prado, com o qual concordamos plenamente:

> *O Jesuíta* está para *O Demônio Familiar* assim como *O Guarani*, ou *As Minas de Prata* para *Senhora*. É um belo drama histórico, arquitetado e realizado de acordo com todas as regras do gênero. Mantém a tensão de princípio a fim, vai de expectativa em expectativa, de surpresa em surpresa, entrelaça habilmente, conforme a praxe, vários diferentes interesses: um enredo de amor; uma história de segredos e mistérios; uma causa nobre e patriótica, a independência do Brasil; e uma idéia moral, a relação entre os meios e os fins[14].

Diante dessas observações, é de se lamentar que *O Jesuíta* não tenha tido oportunidade de ser bem-sucedido na cena. E pior, recusado por João Caetano em 1861 e encenado tardiamente em momento inconveniente, proporcionou apenas decepções ao escritor que tanto se empenhou em es-

14. PRADO, "A Evolução da Literatura Dramática", p.17.

crevê-lo com arte e com o mais profundo sentimento da nacionalidade. Sua representação em 1875, como vimos, foi o triste e desgastante desfecho de uma carreira de dramaturgo encetada com brilho quase vinte anos antes, sob o aplauso unânime da platéia fluminense.

*

Não poderíamos terminar este trabalho sem nos referirmos às duas peças inacabadas que Alencar deixou em forma manuscrita: *Gabriela* e *O Abade*. Inéditas, ambas fazem parte do acervo de documentos do Museu Histórico Nacional, juntamente com outros manuscritos do escritor.

Gabriela seria um "drama em 4 atos", se Alencar não tivesse interrompido o trabalho na quarta cena do primeiro ato. A ação se passa no Rio de Janeiro e envolve apenas cinco personagens: Gabriela Figueiredo, dezessete anos de idade; seus pais – Joaquim e Elisa –; Maurício Duarte, vinte e cinco anos; e o Barão de Oliveira, trinta e sete. É impossível saber do que o drama trataria exatamente, mas as quatro cenas iniciais indicam a existência de um triângulo amoroso formado pelo Barão, Gabriela e Maurício. O Barão é um homem rico e polido que disfarçadamente corteja Gabriela, apesar da diferença de idade. Ela parece aceitar a corte, mas se resguarda para que a mãe não perceba. Maurício é o primo pobre que viu Gabriela crescer e está perdidamente apaixonado por ela. Na terceira cena ele comunica a Elisa que vai partir do Rio de Janeiro para viajar pelo mundo e na cena seguinte diz a Gabriela que vai embora por amá-la sem esperanças. Essa situação é parecida com a que Alencar criou em *O que é o Casamento?*, na qual Henrique diz a Isabel que vai partir para Montevidéu, a fim de sufocar o amor impossível.

O primeiro ato de *Gabriela* deveria ter sete cenas, de acordo com algumas anotações no manuscrito, o segundo e o terceiro, cinco cenas, e o último, sete. Os dois primeiros se passariam na casa de Joaquim Figueiredo e os outros dois na casa do Barão. Há também no manuscrito o seguinte rascunho do plano da peça:

2º ato – A confissão da mãe / ..../ Vem o Barão –
Ameaça. Vem o noivo. – conversa, confiança – chega
o pai, aceita o casamento.

3º ato – O casamento – Despedidas do pai e da mãe –
Câmara nupcial com o noivo.

4º ato – Com o amante – Com a mãe – com o pai
cena do marido – lógica fatal.

Tudo leva a crer que o casamento e o adultério, temas de comédias realistas, seriam os ingredientes da peça. E como o manuscrito não é datado, é de se pensar também que as poucas cenas de *Gabriela* tenham sido escritas no período em que Alencar mais se dedicou ao teatro, ou seja, entre 1857 e 1861. Nossa afirmação se baseia no fato de que algumas falas de Elisa traduzem a mesma preocupação com a moralidade que encontramos nas comédias realistas do dramaturgo. Na primeira cena, por exemplo, ela diz ao Barão que jamais levará Gabriela a bailes, para não expô-la às seduções da sociedade. Na cena seguinte, após dar lições de bom proceder à filha, conclui: "Ah! tu não sabes o que valem tua pureza e inocência, Gabriela! Não há prazer neste mundo que pague esses bens do céu; nem sacrifício que a mulher não deva fazer para conservar a flor de sua alma".

A naturalidade das cenas é outra característica marcante dessa peça inacabada. Na cena em que Maurício declara o seu amor desesperançado a Gabriela, o diálogo entre ambos é tranqüilo, os gestos são comedidos, sem quaisquer exageros. Assim, apesar de denominado *drama* por Alencar, *Gabriela*, pelo esboço das personagens, pela preocupação com a moral e pela naturalidade das suas poucas cenas seria, se concluída, mais uma peça da família dos "daguerreótipos morais".

O manuscrito de *O Abade* traz a data de 1875 em seu frontispício. Nos rascunhos há indicações de que a peça teria pelo menos oito atos, dos quais apenas três foram escritos. Para nossa surpresa, Alencar situou a ação dramática na Espanha, em época não definida mas que pode ser o século XVI ou XVII.

Os dois primeiros atos se passam na casa do coiteiro do Marquês de Vilhena, onde moram a viúva Jacinta e sua filha Pepita. Há dois meses um velho tio de Jacinta, D. Estevão de Alfarracha Sangramor, esta ali escondido, por ter desastradamente morto um homem num duelo. Fanfarrão, bom esgrimista, ele se diverte com a jovem Pepita, a quem chama "a mais bonita rapariga de Andaluzia", ensinando-a a manejar o florete, aprendendo a dançar o fandango e conversando. Como entre eles não há segredos, ela lhe conta que está apaixonada por D. Tello de Vilhena, filho do Marquês, e que decidiu ser freira por saber impossível o amor entre uma camponesa e um fidalgo. Seu consolo é que também o rapaz não vai ser de outra, pois, como terceiro filho da família, deverá em breve professar no convento de Miraflor, cuja abadia lhe pertence por tradição. Acontece que D. Tello não quer ser religioso e já preparou sua fuga do castelo, marcando encontro com o Frei Serapião na própria casa de Pepita. Frei Serapião é um franciscano engraçado e desonesto que vive arrancando dinheiro dos ignorantes, em troca de orações. Mas é ele quem consegue os disfarces para o jovem fidalgo e seu pajem Pedrito. D. Tello parte para Sevilha, após conversar com Jacinta. Deixa um beijo para a mãe e conta à viúva que vai tentar tornar-se indigno da religião, embriagando-se nas tabernas, requestando cortesãs e adquirindo os vícios que nunca teve. Pepita ouviu a conversa e ficou aflita. Minutos depois chega a Marquesa, mulher bondosa que compreende a atitude do filho. Preocupada apenas com sua segurança, ela pede a D. Estevão que o siga e o proteja. Na cena final do segundo ato, Pepita aparece com chapéu, capa e bastão na mão e diz a Estevão que vai acompanhá-lo para ajudá-lo a proteger o homem a quem ama.

O terceiro ato se passa uma semana depois, numa taberna em Sevilha, à noite. Os amigos de D. Tello vão iniciá-lo na vida de aventuras e bebedeiras. Estão todos reunidos, se divertindo, quando Pepita entra disfarçada de abade e acompanhada de D. Estevão como escudeiro. A cena deve ser muito barulhenta, com música e gritaria, até o momento em que entra Carmen, dançando uma cachucha e estalando castanholas. Quando ela termina, todos, inclusive Pepita, lhe fazem irreverentes declarações de amor e a convidam para uma aventura. Mas para surpresa geral, D. Tello a pede em casamento e ela aceita. Pepita, vestida de abade, desafia D. Tello com a espada, dizendo-lhe que Carmen é sua. Na luta, fere-o no braço sem querer, e o socorre, oferecendo-lhe amizade. Sentam-se numa mesa e Pepita o embriaga, fazendo-o adormecer. Era a única maneira de protegê-lo das cortesãs. O terceiro ato termina com Pepita velando D. Tello:

ABADE / *contempla Tello comovido* / – Alma de minha alma! Queres descer do céu em que nasceste para manchar tuas asas neste charco imundo? Queres profanar teu coração puro nestes prazeres torpes; e só para escapar ao teu cruel destino? Ah! eu te salvarei de ti mesmo; ainda que me custe a vida e mais do que a vida! Dorme! Eu velo; meu amor te guarda e te envolve como o carinho de tua mãe, quando dormias no berço.

O Abade seria uma peça ímpar na dramaturgia de Alencar. Não tem nada a ver com as comédias realistas e de *O Jesuíta* possui apenas alguns traços típicos do drama de capa e espada, como a ação situada no passado, os duelos, os esconderijos e o uso de disfarces. Esses pontos em comum, entretanto, são irrelevantes, pois a comicidade e a irreverência predominantes nos três atos de *O Abade* contrastam vivamente com a seriedade da ação dramática de *O Jesuíta*.

É impossível saber com certeza se Alencar tinha em mente retomar a atividade de dramaturgo em 1875. Mas é possível arriscar a hipótese de que começou a escrever *O Abade* – peça denominada *drama* e que mais se parece com uma comédia – para a empresa do Teatro São Luís. Um colaborador anônimo do periódico *Mefistófeles*, após recriminar a platéia fluminense por não ter prestigiado *O Jesuíta*, deixou escapar a seguinte informação: "Esperemos pela nova peça que nos consta ter o autor do *Jesuíta* em mãos com destino ao mesmo teatro. Saberemos então de quem é a culpa deste desastre, sem igual nos nossos fastos teatrais".

Tudo indica que a "nova peça" mencionada pelo articulista seja *O Abade*, a única da dramaturgia de Alencar datada de 1875. Além disso, o seu próprio enredo parece estar ajustado ao gosto teatral da década de 1870, com muita música, dança, humor, desafios e aventuras. Se aceitarmos a hipótese de que a peça destinava-se ao Teatro São Luís, não fica difícil chegar às possíveis causas que levaram Alencar a desistir de ir além dos três primeiro atos: a decepção com *O Jesuíta* e a longa e cansativa polêmica travada com Joaquim Nabuco, nos meses de outubro e novembro de 1875.

Os manuscritos de *Gabriela* e *O Abade* estão à espera de um trabalho paciente de estabelecimento de texto, para posterior publicação. Esse trabalho poderia se estender também ao manuscrito da peça *Flor Agreste* – versão modificada de *O que é o Casamento?* –, que o organizador da editora Aguilar não levou em conta quando publicou a *Obra Completa* de Alencar. O pesquisador que se incumbir dessa tarefa encontrará na documentação alencariana do Museu Histórico Nacional várias folhas dispersas, nas quais o escritor deixou esboçados alguns esquemas e projetos de outras peças teatrais, como o que segue:

Abnegação

Consolação/Maria/

Dois irmãos enjeitados passam por gêmeos. Amam a Consolação. – Esta ama aos dois igualmente; e não sabe escolher entre ambos. Mas um é reconhecido e rico. – Consolação prefere o deserdado.

2º ato Sacrifício – miséria – vida aventureira

3º ato Casamento –/ Encontra o outro mendigo. Este é mais desgraçado. – Tu tens a fortuna.

4º ato ...

Cena no interior de Minas.

Não faltavam idéias ao dramaturgo Alencar. Eis outros projetos não levados a cabo: *"Riqueza e Pobreza* – comédia em 4 atos – cena de atualidade no Rio de Janeiro", *"O Voluntário"*, *"O Carioca"*, *"O Novo Tartufo"*, *"A Civilização"*, *"Pantera"* e *"As Belas"*.

Como vemos, a documentação alencariana do Museu Histórico Nacional, na parte relativa ao teatro, merece um estudo criterioso e especializado, para que novos dados a respeito do dramaturgo possam ser evidenciados. De nossa parte, este rápido levantamento do material inédito visa apenas chamar a atenção para o problema e demonstrar, mais uma vez, com que intensidade Alencar dedicou-se ao teatro.

12. O Percurso Revisto

A carreira teatral de Alencar, conforme pudemos observar ao longo deste trabalho, foi pontilhada de momentos gloriosos e desastrosos. Estes, mais constantes, certamente influíram em sua decisão de abandonar o gênero dramático quando tinha apenas trinta e dois anos de idade. Afinal, das sete peças que escrevera somente três tinham feito sucesso junto ao público e à crítica: *O Rio de Janeiro, Verso e Reverso; O Demônio Familiar* e *Mãe*. Quanto às demais, *O Crédito* fracassou completamente, *As Asas de um Anjo* foi tirada da cena pela polícia, *O Jesuíta* foi recusado por João Caetano e *O que é o Casamento?* não teve senão um acolhimento discreto. Desse modo, após cinco anos de dedicação ao teatro, o escritor, completamente frustrado, voltou-se novamente para o gênero romanesco. Em outras ocasiões, como vimos, esteve ligado ao teatro, mas sem o mesmo entusiasmo. Em 1865 escreveu *A Expiação* e não se empenhou em fazê-la subir à cena; em 1869 não se importou com a reencenação mal sucedida de *As Asas de um Anjo*; em 1870 viu com tristeza e resignação Carlos Gomes deturpar algumas passagens de *O Guarani*; em 1873 reescreveu parcialmete *O que é o Casamento?*, mas a peça acabou não sendo representada; em 1874 desgastou-se terrivelmente com a longa polêmica travada em torno da adaptação teatral de *O Guarani*; e, finalmente, em 1875, com o malogro de *O Jesuíta* sofreu a última decepção com o teatro.

Se por um lado o nosso trabalho reconstruiu a trajetória do dramaturgo, mostrando os seus bons e maus momentos, por outro demonstrou que, independentemente dos sucessos e insucessos, parte da sua obra dramática possui um valor artístico inegável. Peças como *O*

Rio de Janeiro, Verso e Reverso – uma comédia ligeira de muito boa qualidade – e *O Demônio Familiar* – sua única comédia realista bem realizada – poderiam ainda hoje enfrentar o palco, se bem encenadas. A segunda, aliás, adaptada em três atos por Viriato Correia, fez enorme sucesso em 1922, com Procópio Ferreira realizando no moleque Pedro uma das suas criações memoráveis. *Mãe* e *O Jesuíta* são dramas bem arquitetados, embora passíveis de pequenos reparos. Mas ninguem contestará a força da emoção do primeiro e a riqueza de imaginação do segundo. *O que é o Casamento?*, qualitativamente inferior às peças já mencionadas, se não é uma grande criação, também não chega a comprometer. Na obra teatral de Alencar são três as peças menos bem realizadas: *O Crédito, As Asas de um Anjo* e *A Expiação*. Nelas, os defeitos mais visíveis são algumas cenas construídas em total desarmonia com o enredo e a figura do *raisonneur* atrapalhando a todo instante o andamento da ação dramática com preleções exageradamente moralizadoras.

Com todos os erros e acertos, as peças de Alencar merecem um lugar de destaque na história do teatro brasileiro. Elas não só apontaram um caminho novo para a nossa dramaturgia como também estimularam toda uma geração de jovens escritores e jornalistas a se dedicar ao gênero dramático, o que possibilitou a formação de um considerável repertório de textos nacionais no final da década de 1850 e início da seguinte. Alencar desempenhou, portanto, um papel fundamental no processo de ruptura com a estética teatral romântica que predominava nos palcos do São Pedro de Alcântara – dirigido por João Caetano – e do São Januário. Num primeiro momento apoiou ostensivamente como folhetinista o trabalho renovador do Ginásio Dramático, a pequena companhia dramática que introduziu o realismo teatral no Brasil, e em seguida, exatamente no ano de 1857, escreveu quatro peças para essa companhia: *O Rio de Janeiro, Verso e Reverso; O Demônio Familiar; O Crédito* e *As Asas de um Anjo*. Excetuando a primeira, as outras são autênticas comédias realistas, construídas com base na naturalidade da ação dramática e no propósito moralizador, preceitos "modernos" que até então o público fluminense só tinha visto em peças francesas traduzidas. Nessa ocasião, Alencar considerava *La Question d'Argent* o tipo mais bem acabado de comédia realista. E seu autor, Alexandre Dumas Filho, o mestre a ser seguido. A consequência dessa admiração foi o aproveitamento de temas como a prostituição e as relações entre o amor, o casamento e o dinheiro, na França utilizados pelos dramaturgos que faziam do teatro uma tribuna para a defesa da organização social burguesa. Como no Brasil um incipiente capitalismo fizera nascer uma classe média razoavelmente numerosa nos grandes centros – sobretudo no Rio de Janeiro –, Alencar, na qualidade de seu porta-voz, pôde exaltar valores como o trabalho, a família, a honestidade, a castidade, o casamento, sem dar a impressão de estar simplesmente imitando Dumas Filho ou qualquer outro dramaturgo francês. Nesse sentido, *O Demônio Familiar* é uma realização bastante feliz, pois sua tese central, a defesa da família, está bem articulada com o assunto nacional, ou seja, com a presença do elemento escravo nos lares brasileiros de meados do século passado. Já em *O Crédito* e *As Asas de um Anjo* o abrasileiramento dos temas das comédias realistas francesas deixa a desejar. Em ambas, a "cor local" não é suficiente sequer para disfarçar a influência direta de peças como *La Question d'Argent*, *A Dama das Camélias* e *As Mulheres de Mármore* – esta de Théodore Barrière e Lambert Thiboust.

O desejo de estimular a renovação da dramaturgia brasileira levou Alencar a aceitar um tanto entusiasticamente as lições do realismo teatral francês e a criticar com certa veemência os autores conterrâneos que o precederam. No artigo "A Comédia Brasileira", como vimos, ele fez restrições a Macedo e a Martins Pena e elogiou o alcance moral e a naturalidade dos textos de Dumas Filho. Seu entusiasmo, porém, esfriou com o fracasso de *O Crédito* e a censura imposta a *As Asas de um Anjo*, eventos que o fizeram afastar-se do teatro por um período de quase dois anos. Logo recuperado dos reveses, Alencar retornou à atividade de dramaturgo com uma peça em muitos aspectos diferente das anteriores: *Mãe*, um drama de evidentes traços românticos, a começar pela caracterização da protagonista, a escrava Joana. Essa primeira incursão pela estética teatral romântica foi aprofundada na peça escrita logo em seguida, *O Jesuíta*, um drama histórico inteiramente inspirado nos métodos de Shakespeare e Victor Hugo.

A guinada de Alencar em direção ao romantismo teatral, após ter passado pela experiência realista, pode parecer à primeira vista um recuo ou uma contradição. Mas a grande verdade é que a visão de mundo do dramaturgo nunca deixou de ser romântica. Nas análises das suas comédias realistas observamos que a preocupação exagerada com a função moralizadora do teatro fê-lo sempre idealizar a realidade, ao invés de retratá-la objetivamente. Desse modo, o realismo na sua dramaturgia está presente no modo de propor a ação dramática – natural, sem "lances cediços" – e não na ação em si, sempre construída com base numa perspectiva moralizadora. Lembremos, aliás, que as comédias realistas pretendiam ser "daguerreótipos morais". E sendo "morais" não podiam, a rigor, ser "daguerreótipos". Quanto aos dramas, ressaltemos que não há em *Mãe* uma ruptura total com a estética teatral realista, pois suas cenas são construídas com naturalidade e sobriedade. *O Jesuíta*, por sua vez, é uma experiência inteiramente diferente, um drama grandioso, alegoria idealizada e mitificada da aspiração de liberdade do povo brasileiro.

Finalizando este rápido resumo do que foi a evolução da dramaturgia alencariana, acrescentemos que o nosso dramaturgo, após o sucesso de *Mãe* e a recusa de *O Jesuíta* por João Caetano, voltou a se inspirar na estética teatral realista para escrever as suas duas últimas peças: *O que é o Casamento?* e *A Expiação*. Enquanto a primeira é uma defesa da família e da felicidade conjugal, a segunda é uma infeliz retomada dos equívocos de *As Asas de um Anjo*.

Tudo pesado e medido, parece-nos indiscutível a importância da obra dramática de Alencar em relação ao conjunto da produção teatral brasileira do século passado. Obra feita de virtudes e defeitos, ela traz, no mínimo, as marcas do destemor e da combatividade que sempre foram constantes na vida literária do escritor.

Bibliografia

1. Além dos livros e artigos citados ao longo do trabalho, também foram consultados os seguintes:

ACADEMIA BRASILEIRA DE LETRAS. *Curso de Teatro*. Rio de Janeiro, Companhia Brasileira de Artes Gráficas, 1954.

AGUIAR, Flávio. *Os Demônios da Nacionalidade no Teatro de José de Alencar*. São Paulo, 1979. (Tese de Doutoramente, mimeo).

BEAUMARCHAIS, M. *O Barbeiro de Sevilha*. Lisboa, Europa-América, 1975.

BOILEAU-DESPRÉAUX, N. *A Arte Poética*. São Paulo, Perspectiva, 1979, [col. ELOS 34].

BOSI, Alfredo. *História Concisa da Literatura Brasileira*. São Paulo, Cultrix, 1970.

CAETANO, João. *Lições Dramáticas*. Rio de Janeiro, SNT, 1962.

CASTELLO, José Aderaldo. "O Projeto de Literatura Nacional de José de Alencar". *O Estado de S. Paulo*, 11 dez. 1977. Suplemento Cultural, 2 (61) dez. 1977.

CONRADO, Aldomar. "O Romantismo no Teatro Brasileiro". *Dionysos*, Rio de Janeiro, (18): 43-48, 1974.

CORREIA, Marlene de Castro, "O Jesuíta de Alencar: Erros e Acertos". *Dionysos*, Rio de Janeiro, (19, 20, 21): 78-86, 1972.

CORREIA, Viriato. "O Demônio Familiar". *A Manhã*, Rio de Janeiro, 1º nov. 1942. Suplemento Literário, *3* (13): 201, nov. 1942.

FREIXIEIRO, Fábio. *Alencar: Os Bastidores e a Posteridade*. Rio de Janeiro, Museu Histórico Nacional, 1977.

GUERRA, Flávio. *A Questão Religiosa do Segundo Império Brasileiro*. Rio de Janeiro, Pongetti, 1952.

GUIMARÃES, Pinheiro. "História de uma Moça Rica. Drama em 4 Atos". *Revista de Teatro*, Rio de Janeiro, (297): 1-16, jun. 1957.

HESSEL, Lothar e RAEDERS, Georges. *O Teatro sob Dom Pedro II*. Porto Alegre, Universidade Federal do Rio Grande do Sul, 1979.

HUGO, Victor. *Marie Tudor*. In: *Oeuvres complètes*, Paris, Vve Houssiaux, 1857, t.3.

——————. *Marion Delorme*. In: *Oeuvres complètes*, Paris, Vve Houssiaux, 1864, t.2.

LEÃO, Múcio. *José de Alencar; Ensaio Biobibliográfico*. Rio de Janeiro, Academia Brasileira de Letras, 1955.

LOPES, Hélio. "A Nacionalização da Ópera". *O Estado de S. Paulo*, 17 out. 1976. Suplemento Cultural, *1* (1) out. 1976.

MACEDO, Joaquim Manuel de. *Teatro Completo*. Rio de Janeiro, SNT, 1979, 2 v.

MENEZES, Raimundo de. *José de Alencar: O Literato e o Político*. São Paulo, Martins, 1965.

PENA, Martins. *Comédias*. Rio de Janeiro, Tecnoprint, 1971.

PRADO, Décio de Almeida. "O Teatro Romântico: A Explosão de 1830". In: GUINSBURG, J. (org.). *O Romantismo*. São Paulo, Perspectiva, 1978. pp. 167-184 [Col. Stylus 3].

SAYERS, Raymond. *O Negro na Literatura Brasileira*. Rio de Janeiro, O Cruzeiro, 1958. pp. 257-311.

SILVA, Lafaiete. *História do Teatro Brasileiro*. Rio de Janeiro, Ministério da Educação e Saúde, 1938.

SOUSA, J. Galante de. *O Teatro no Brasil*. Rio de Janeiro, INL, 1960, 2 v.

SPINA, Segismundo. *Introdução à Poética Clássica*. São Paulo, F.T.D., 1967.

2. Coleções de jornais e revistas consultadas:

O Brasil Americano (Rio de Janeiro): 1875.

Correio Mercantil (Rio de Janeiro): 1857-1862.

Correio da Tarde (Rio de Janeiro): 1857, 1858 e 1860.

Diário do Rio de Janeiro (Rio de Janeiro): 1855-1862; 1869-1870 e 1874-1875.

Gazeta de Notícias (Rio de Janeiro): 1875.

Jornal do Comércio (Rio de Janeiro): 1855-1875.

A Marmota (Rio de Janeiro): 1857-1861.

Mefistófeles (Rio de Janeiro): 1874-1875.

O Mequetrefe (Rio de Janeiro): 1875.

O Mosquito (Rio de Janeiro): 1874-1875.

A Reforma (Rio de Janeiro): 1874-1875.

Revista Dramática (São Paulo): 1860.

Revista Popular (Rio de Janeiro): 1859-1862.

Semana Ilustrada (Rio de Janeiro): 1861-1862; 1869-1870 e 1874-1875.

A Vida Fluminense (Rio de Janeiro): 1869 e 1874-1875.

Retrato de José de Alencar na maturidade.

COLEÇÃO ESTUDOS

1. *Introdução à Cibernética*, W. Ross Ashby.
2. *Mimesis*, Erich Auerbach.
3. *A Criação Científica*, Abraham Moles.
4. *Homo Ludens*, Johan Huizinga.
5. *A Lingüística Estrutural*, Giulio C. Lepschy.
6. *A Estrutura Ausente*, Umberco Eco.
7. *Comportamento*, Donald Broadbent.
8. *Nordeste 1817*, Carlos Guilherme Mota.
9. *Cristãos-Novos na Bahia*, Anita Novinsky.
10. *A Inteligência Humana*, H. J. Butcher.
11. *João Caetano*, Décio de Almeida Prado.
12. *As Grandes Correntes da Mística Judaica*, Gershom G. Scholem.
13. *Vida e Valores do Povo Judeu*, Cecil Roth e outros.
14. *A Lógica da Criação Literária*, Käte Hamburger.
15. *Sociodinâmica da Cultura*, Abraham Moles.
16. *Gramatologia*, Jacques Derrida.
17. *Estampagem e Aprendizagem Inicial*, W. Sluckin.
18. *Estudos Afro-Brasileiros*, Roger Bastide.
19. *Morfologia do Macunaíma*, Haroldo de Campos.
20. *A Economia das Trocas Simbólicas*, Pierre Bourdieu.
21. *A Realidade Figurativa*, Pierre Francastel.
22. *Humberto Mauro, Cataguases, Cinearte*, Paulo Emílio Salles Gomes.
23. *História e Historiografia do Povo Judeu*, Salo W. Baron.
24. *Fernando Pessoa ou o Poetodrama*, José Augusto Seabra.
25. *As Formas do Conteúdo*, Umoerto Eco.
26. *Filosofia da Nova Música*, Theodor Adorno.
27. *Por uma Arquitetura*, Le Corbusier.
28. *Percepção e Experiência*, M. D. Vernon.
29. *Filosofia do Estilo*, G. G. Granger.
30. *A Tradição do Novo*, Harold Rosenberg.
31. *Introdução à Gramática Gerativa*, Nicolas Ruwet.
32. *Sociologia da Cultura*, Karl Mannheim.
33. *Tarsila — Sua Obra e seu Tempo* (2 vols.), Aracy Amaral.
34. *O Mito Ariano*, Léon Poliakov.
35. *Lógica do Sentido*, Gilles Deleuze.
36. *Mestres do Teatro I*, John Gassner.
37. *O Regionalismo Gaúcho*, Joseph L. Love.
38. *Sociedade, Mudança e Política*, Hélio Jaguaribe.
39. *Desenvolvimento Político*, Hélio Jaguaribe.
40. *Crises e Alternativas da América Latina*, Hélio Jaguaribe.

41. *De Geração a Geração*, S. N. Eisenstadt.
42. *Política Econômica e Desenvolvimento do Brasil*, Nathanael H. Leff.
43. *Prolegômenos a uma Teoria da Linguagem*, Louis Hjelmslev.
44. *Sentimento e Forma*, Susanne K. Langer.
45. *A Política e o Conhecimento Sociológico*, F. G. Castles.
46. *Semiótica*, Charles S. Peirce.
47. *Ensaios de Sociologia*, Marcel Mauss.
48. *Mestres do Teatro II*, John Gassner.
49. *Uma Poética para António Machado*, Ricardo Gullón.
50. *Burocracia e Sociedade no Brasil Colonial*, Stuart B. Schwartz.
51. *A Visão Existenciadora*, Evaldo Coutinho.
52. *América Latina em sua Literatura*, Unesco.
53. *Os Nuer*, E. E. Evans-Pritchard.
54. *Introdução à Textologia*, Roger Laufer.
55. *O Lugar de Todos os Lugares*, Evaldo Coutinho.
56. *Sociedade Israelense*, S. N. Eisenstadt.
57. *Das Arcadas do Bacharelismo*, Alberto Venancio Filho.
58. *Artaud e o Teatro*, Alain Virmaux.
59. *O Espaço da Arquitetura*, Evaldo Coutinho.
60. *Antropologia Aplicada*, Roger Bastide.
61. *História da Loucura*, Michel Foucault.
62. *Improvisação para o Teatro*, Viola Spolin.
63. *De Cristo aos Judeus da Corte*, Léon Poliakov.
64. *De Maomé aos Marranos*, Léon Poliakov.
65. *De Voltaire a Wagner*, Léon Poliakov.
66. *A Europa Suicida*, Léon Poliakov.
67. *O Urbanismo*, Françoise Choay.
68. *Pedagogia Institucional*, A. Vasquez e F. Oury.
69. *Pessoa e Personagem*, Michel Zeraffa.
70. *O Convívio Alegórico*, Evaldo Coutinho.
71. *O Convênio do Café*, Celso Lafer.
72. *A Linguagem*, Edward Sapir.
73. *Tratado Geral de Semiótica*, Umberto Eco.
74. *Ser e Estar em Nós*, Evaldo Coutinho.
75. *Estrutura da Teoria Psicanalítica*, David Rapaport.
76. *Jogo, Teatro & Pensamento*, Richard Courtney.
77. *Teoria Crítica*, Max Horkheimer.
78. *A Subordinação ao Nosso Existir*, Evaldo Coutinho.
79. *A Estratégia dos Signos*, Lucrécia D'Aléssio Ferrara.
80. *Teatro: Leste & Oeste*, Leonard C. Pronko.
81. *Freud: A Trama dos Conceitos*, Renato Mezan.
82. *Vanguarda e Cosmopolitismo*, Jorge Schwartz.
83. *O Livro dIsso*, Georg Groddeck.
84. *A Testemunha Participante*, Evaldo Coutinho.
85. *Como se Faz uma Tese*, Umberto Eco.
86. *Uma Atriz: Cacilda Becker*, Nanci Fernandes e Maria Thereza Vargas.
87. *Jesus e Israel*, Jules Isaac.
88. *A Regra e o Modelo*, Françoise Choay.
89. *Lector in Fabula*, Umberto Eco.
90. *TBC: Crônica de um Sonho*, Alberto Guzik.
91. *Os Processos Criativos de Robert Wilson*, Luiz Roberto Galizia.
92. *Poética em Ação*, Roman Jakobson.
93. *Tradução Intersemiótica*, Julio Plaza.
94. *Futurismo: Uma Poética da Modernidade*, Annateresa Fabris.
95. *Melanie Klein I*, Jean-Michel Petot.
96. *Melanie Klein II*, Jean-Michel Petot.
97. *A Artisticidade do Ser*, Evaldo Coutinho.
98. *Nelson Rodrigues: Drama e Encenação*, Sábato Magaldi.
99. *O Ser e Seu Isso*, Georg Groddeck.
100. *José de Alencar e o Teatro*, João Roberto Faria.

Impresso na **Prol** editora gráfica ltda.
03043　Rua Martim Burchard, 246
Brás - São Paulo - SP
Fone: (011) 270-4388 (PABX)
com filmes fornecidos pelo Editor.